JN335371

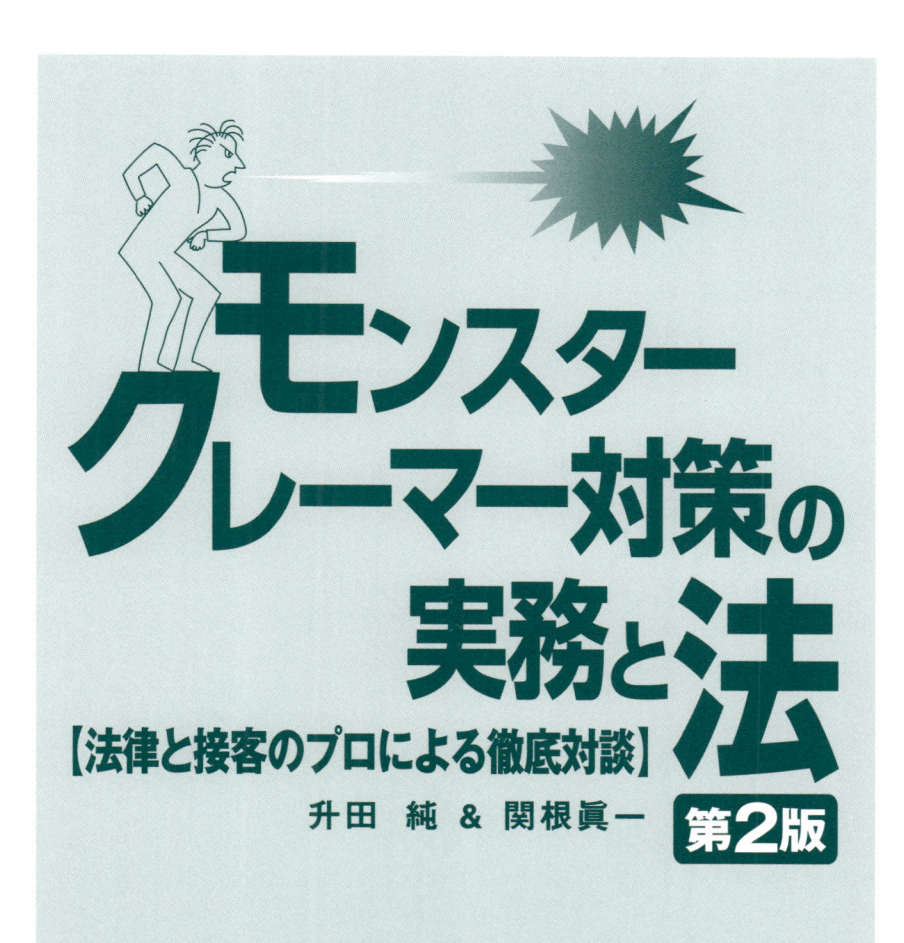

モンスタークレーマー対策の実務と法

【法律と接客のプロによる徹底対談】

升田 純 ＆ 関根眞一

第2版

発行 民事法研究会

はしがき

　本書は、近年、取引社会だけでなく、社会全体において関心を集めてきたクレーマー、さらに悪質なクレーマー（最近では、モンスタークレーマーとも呼ばれるようになっている）をめぐるさまざまな問題、課題を取り上げたものであるが、法律実務を専門とする升田とクレーム対応の実務を専門とする関根とが対談形式によって、それぞれの専門の分野の視点から分析し、問題・課題の実情、解決の方向を紹介しようとしたところに特徴のあるものである。

　クレームは、従来は一部の取引社会において事業者によりさまざまな取扱いを受けてきたが、近年は、事業者にとって顧客、取引先による重要な情報提供として位置づけられ、事業、経営の重要な情報資産にもなっていた。もっとも、従来においても、悪意のクレーム、根拠のないクレーム等の悪質なクレームによって引き起こされる弊害も指摘され、その対応も問題になってきたわけであるが、近年は、悪質なクレームが従来みられた分野以外の分野にもみられ、拡大しつつあるようである。現代は、従来型のクレーム対応が必要であると同時に、最近型の悪質なクレーム対応も重要になっているのである。

　クレームの内容、態様は、それぞれの時代の取引環境、国民の意識等の事情を背景とするものであり、時代によって変化するものであり、1つの時代のクレーム対応が後の時代にも適切に機能するともいいがたい。クレーム対応を適切に行うためには、それぞれの時代においてクレームの特徴を認識し、その原因を的確に分析し、実情に即したクレーム対応を行うことが重要である。このようなクレーム対応は、事業者にとっては経営から現場の従業員の隅々まで共通の理念と意識によって行うこともまた重要である。

　本書は、悪質なクレームを含むクレームをめぐる全般的な問題と課題について、升田と関根が異なる専門的視点から語り合い、分析した内容を紹介す

るものであり、筆者らの試みが実際にどのように読者の皆さんに参考になるのかは、初めての試みでもあるため、不安ではある。ただ、筆者ら2人は、対談を終わった後、議論をし残した感じは否めなかったものの、快い疲労感も感じたことは事実である。クレームについては、その意義・機能、原因分析、対応方法等をめぐる議論をさらに進化させるとともに、深化させることが必要であるが、ひとまず法律実務の専門家とクレーム対応実務の専門家の双方の視点から融合的に分析した成果を紹介しようとしたものであり、多角的なクレーム対応を図るための今後における研究、対策の策定につき最初の試みとしてとりまとめたものである。

　升田と関根の本書における対談の試み、その内容が、クレーム対応のさまざまな分野で活躍される読者の皆さんに少しでも参考になれば、これに過ぎる喜びはないし、読者の皆さんのさまざまな視点からの批判も仰ぎたい。

　最後になったが、本書の出版にあたっては民事法研究会代表取締役・田口信義氏および編集部の杉山弦一郎氏に大変にお世話になったことを記し、感謝申し上げる次第である。

平成21年1月吉日

升田　純 ＆ 関根眞一

第2版はしがき

　第2版では、現場でのより的確なクレーム対応の実現を図るため、業態ごとの事例をほぼ倍増しさらに充実させた。

平成21年10月吉日

目　次

第1章　クレームの現状から学ぶ

- I　クレームと時代の流れ……………………………………………… 2
  - 1　時代とともに変貌するクレーム ………………………………… 2
  - 2　企業経営におけるクレームの位置づけとは …………………… 5
    - (1)　重要になってきたクレームと企業経営の関わり ………… 5
    - (2)　経営トップの意識が大切 …………………………………… 6
    - (3)　クレーム対応には経験が必要 ……………………………… 7
    - (4)　顧客が発信する意図に敏感になれ ………………………… 9
    - (5)　いま時の消費者は勉強を積んでいる ………………………12
  - 3　クレームの多様化に対して対応も変化しているのか …………13
    - (1)　高額な交通費を請求される！ ………………………………13
    - (2)　事務処理の改善や謝罪文等を求められる！ ………………16
    - (3)　専門家からのクレームには懐に飛び込む …………………17
    - (4)　誠意をもって謝れば解決できる ……………………………18
  - 4　法制度・訴訟の変化によってクレーマーは増加したのか ……19
    - (1)　法律の条文を根拠にクレームをつける ……………………19
    - (2)　適切な対応も弁護士次第 ……………………………………21
- II　クレーム発生の不可避性 …………………………………………22
  - 1　社会はクレーマーでいっぱい ……………………………………22
  - 2　製品・サービスにおける主観的・客観的な不具合等がクレームの原因 …………………………………………………………………24
    - (1)　一番難しいのが製品・サービスに対するクレーム ………24
    - (2)　クレーム対応は購入した人の考え方・属性によって異なる ……26
  - 3　何がクレーマーを駆り立てるのか ………………………………27

目次

  (1) 製品・サービスの不満と値段の高低に関係はあるのか……………27
  (2) 事業者の対応次第で不満は増幅する………………………………29
  (3) クレーム処理に大切な感じよい耳ざわりのよい人………………30
  (4) インターネットには2つの対応……………………………………33
  (5) 窓口以外での対処法…………………………………………………34
  (6) クレーマーになるきっかけは何か…………………………………35
  (7) 言葉の揚げ足をとられるな…………………………………………37
  (8) 悪質クレーマーを見分けるコツ……………………………………39
  (9) 何が言いたいのか徹底的に聞き出す………………………………41
  (10) 公的機関などにクレームを持ち込まれた場合にどうするか……43
  (11) クレーム発生と報道は関係するのか………………………………45
  (12) 社会環境が攻撃を助長しているのか………………………………46
  (13) 法制度の変化がもたらす影響………………………………………48
 4 クレームの過程を把握する………………………………………………49
  (1) クレームの背景を理解することが解決の早道……………………49
  (2) クレーム対応の窓口は必要か………………………………………51
  (3) クレーマーを顧客に変える…………………………………………52
 5 製品の不具合等のクレームの原因を完全になくすことはできない…………………………………………………………………………53
 6 製品から生ずるさまざまなクレーム……………………………………55
  (1) 取扱説明書はクレーム回避の宝刀か………………………………55
  (2) 新製品が出た後は要注意！…………………………………………57
  (3) レベルが落ちた従業員の顧客対応…………………………………60
  (4) 様変わりするクレーム処理の態様…………………………………61
  (5) ネットを通じて拡大するやじ馬……………………………………62
Ⅲ 顧客の変化……………………………………………………………………63
 1 我慢できない顧客がいっぱい……………………………………………63
 2 責任を他人に転嫁する顧客が増加………………………………………64

3 顧客は常に学習している……………………………………………66
(1) 相手が1人ではない場合にはより警戒すべき……………………66
(2) 常識の通用しない相手には毅然とした態度が必要………………67
4 事業者は学習を怠っている！……………………………………69
(1) いちゃもんをつけているかどうかを見抜くことが先決……………69
(2) 事業者はクレーム処理の重要性を理解すべき……………………70
5 現代社会が生み出すモンスタークレーマーの登場・増加の要因……………………………………………………………………72
(1) 増加するモンスターを抑えるには……………………………………72
(2) 流行化するモンスタークレーマー……………………………………73
6 時代・社会環境とともに変化・変貌する顧客……………………75
(1) 事業者の姿勢が現場の担当者に影響する……………………………75
(2) 顧客の不満を言葉の中から探すのがカギ……………………………76
7 格差社会はクレーマー出現の温床か……………………………78
(1) 所得の高低がクレーム発生に影響しているのか……………………78
(2) 精神的に病んでいる相手の精神状況をつかむ………………………80
(3) 相手方の立場に立つことが解決の近道………………………………80
●ワンポイントアドバイス──顧客の変化●………………………82

IV 情報社会の顧客の反応……………………………………………83
1 現代社会は顧客に不満を蓄積させているのか……………………83
(1) どこにクレームをつけるかが重要問題………………………………83
(2) 弁護士業界の変化もクレームのつけ方に影響している……………85
2 現代社会が顧客のクレームを流行化しているのか………………86
3 情報社会が挑発する顧客の不満…………………………………88
(1) 法的分析だけでは適切なクレーム処理が難しい……………………88
(2) クレームをつける側にも弁護士が必要か……………………………89
4 不具合・不祥事の公表およびマスコミ報道によるクレームの誘発・増加……………………………………………………………90

(1) 報道がクレームの根拠となる危険性……………………90
　　(2) 番組づくりもクレーム誘発の大きな要因……………92
　5　クレームの悪循環現象………………………………………93
　6　クレームの終息は判断できるのか…………………………95
　7　クレームの情報化・情報の共有化が不可欠………………97
　8　クレームの経営、事業に対する影響度……………………97
　　(1) 情報の共有化がモンスタークレーマーの出現を阻む……97
　　(2) クレームの重要性を見分けられる担当者を育てられるか……98
　9　情報化社会におけるクレームの質的変化…………………101
　　(1) 都合のよい情報を根拠にするクレーマーの増加…………101
　　(2) ネット社会の出現がクレームの質をどんどん変化させる………102
　　●ワンポイントアドバイス──現代社会と顧客●……………103

Ⅴ　増加するクレームの法的根拠………………………………104
　1　クレームを生じさせる法律は１つではない………………104
　　(1) 法的根拠が不可欠か…………………………………………104
　　(2) 補償以外の請求に対してはどう対処するか………………105
　　(3) 相談窓口の担当者には法律への関心も必要か……………107
　　(4) 顧問弁護士との連携の方法…………………………………108
　　●ワンポイントアドバイス──法的根拠●……………………110

Ⅵ　さまざまな法的手段が存在する現代のクレーム…………111
　1　マスコミ、インターネットの影響は？……………………111
　2　クレーム窓口の現状…………………………………………112
　　(1) 相談窓口の担当者も裁判例を把握すべき……………………112
　　(2) 悪質クレーマーは同じ手口を繰り返す………………………113
　　(3) 事業者も表示の意味を十分に理解することが重要…………114
　3　クレームつける手段は多様化している……………………115
　　(1) クレーム対応窓口は社長と直轄・直結すべき………………115
　　(2) クレームはあらゆる方面から飛び込んでくる………………117

(3)　クレーム処理のミスが顧客を失う …………………………117
　　　(4)　従業員1人ひとりが企業の顔………………………………118
　4　クレームを受ける側の問題 ……………………………………119
　5　クレーマーのタイプを見抜くことが肝心 ……………………120
　　　(1)　組織的にクレーマーの情報を集める ……………………120
　　　(2)　クレーマーへの対応の第一声に注意！…………………121
　　●ワンポイントアドバイス──クレーマーの行動●………………122

Ⅶ　クレーム処理の組織基盤のあり方 ………………………………123
　1　クレームに対する十分な経営判断がなされているのか ……123
　2　企業のクレーム対応組織は適切に運営されているのか……125
　　　(1)　十分なクレーム対応の組織はつくられているのか ……125
　　　(2)　従業員教育の不十分さ ……………………………………126
　　　(3)　情報の共有化の難しさ ……………………………………127
　3　クレーマー対策の知識・経験をどのように活用すべきか………128
　4　日常的なクレーム対応訓練が行われているか ………………129
　　　(1)　従業員はクレーム対応だけを業務としているわけではない ……129
　　　(2)　事業者はお客さんの立場を理解していないのではないか………130
　　　(3)　お客さんの立場に立つ組織づくりが急務 ………………132
　　　(4)　クレーム対応に関心をもつ企業の増加 …………………133
　5　クレーマー対応の訓練には何が必要か ………………………134
　　　(1)　クレーマーという一括りで対応してはいけない ………134
　　　(2)　悪質クレーマーを見抜く感受性 …………………………135
　　●ワンポイントアドバイス──経営としての視点●………………137

目　次

第2章　クレーム処理の現場から学ぶ

- Ⅰ　クレームの分類と対応 …………………………………………140
  - 1　不満から被害に至るまでのレベルと法的対応 ………………140
  - 2　弁護士の交渉姿勢 ………………………………………………141
    - (1)　弁護士はクレーム処理のプロではない …………………141
    - (2)　クレーム処理のプロと弁護士との対応方法に違いはあるのか…142
    - (3)　弁護士も必要なクレーム対応技術 ………………………143
    - (4)　交渉、訴訟の相手方とのトラブルの増加 ………………144
- Ⅱ　クレームの側面 …………………………………………………146
  - 1　多様化するクレーム ……………………………………………146
  - 2　クレームが裁判に至る確率 ……………………………………148
- Ⅲ　顧客の側面 ………………………………………………………149
  - 1　顧客も多様化している …………………………………………149
    - (1)　反社会的勢力への対応方法 ………………………………149
    - (2)　常連のクレーマーにはこう立ち向かえ …………………152
    - (3)　現実に被害を受けたお客さんへの対応で大切なこと …153
    - (4)　モンスタークレーマーへの対処法 ………………………155
    - (5)　時代や環境とともに変化するクレーマー ………………155
    - ●ワンポイントアドバイス──クレーマーの多様化●………156
  - 2　クレームの動機は単純ではない ………………………………157
    - ●ワンポイントアドバイス──動機の多様化● ………………158
  - 3　顧客の職業はクレームに関係するのか ………………………158
  - 4　経済的利益を与えることが解決になるのか …………………159
- Ⅳ　企業の側面 ………………………………………………………161
  - 1　企業理念が重要 …………………………………………………161
  - 2　必要なコミュニケーション力とは ……………………………163

3　対応の準備、訓練は業種によって異なる……………………165
　　4　対応ノウハウの伝承が損失を最小限に！……………………167
　　　●ワンポイントアドバイス──企業の対応●……………………168
Ⅴ　担当者の能力・資質………………………………………………169
　1　具体的な必要事項……………………………………………169
　2　特異な発想、対応も有効……………………………………171
　　　●ワンポイントアドバイス──担当者の能力・資質●…………172
Ⅵ　クレームの法的分析………………………………………………173
　1　クレームの法的な意義………………………………………173
　　(1)　クレームを処理するにはさまざまな視点が必要……………173
　　(2)　クレーム処理に前向きに取り組むことが業績向上のカギ！……174
　　(3)　クレームを受け付けた段階で大切なこと……………………175
　　(4)　受付段階で確認すべき事項……………………………………176
　　(5)　事実確認と証拠の重要性………………………………………178
　　(6)　交渉も事実確認が前提…………………………………………179
　　(7)　解決方向の模索…………………………………………………180
　　(8)　解決手続の選択…………………………………………………181
　　(9)　提案および最終決定の段階……………………………………181
　　(10)　示談の段階………………………………………………………183
　　(11)　示談で解決できないときは？…………………………………184
　2　クレームによって提起される法律問題……………………184
　　(1)　法律問題の解決とは……………………………………………184
　　(2)　必ずしも訴訟がすべてではない………………………………188
　　(3)　事実の証明は図柄のないジグソーパズル……………………189
　　(4)　実体法と手続法の分類および法律論…………………………190
　　(5)　クレーム提起によって狙う効果、対処法……………………191
　　(6)　事実上の根拠がある場合のクレーム処理……………………193
　　【まとめ】　クレームに対する法的な考え方と対処法……………193

Ⅶ　モンスタークレーマー対策 ……………………………………198
1　学校におけるモンスタークレーマー ……………………198
(1)　強圧的なクレーマーに対する対処法 …………………198
(2)　モンスターペアレントの対処法 ………………………200
2　人格攻撃に対する対処法 ……………………………………203
(1)　弁護士に依頼することが解決に直結するのか ………203
(2)　法的対応手続は教育現場にも適用できるのか ………205
3　インターネット攻撃に対する対処法 ……………………206
(1)　匿名で書かれたものには対応しない …………………206
(2)　情報攻撃に対する法的対応は後手に回るだけ ………207

Ⅷ　クレーム処理の基本 ……………………………………………211
1　クレーム処理はだれが責任を負うのか …………………211
2　適切なクレーム処理には全社態勢が必要 ………………212
3　情報対策の観点からのクレーム処理 ……………………213
4　適切なクレーム処理には顧客の立場が不可欠 …………215
5　具体的な目標設定と実体法・手続法の視点 ……………216
6　クレーム処理は企業イメージの伝達であり、担当者は企業の顔…218
7　複数の担当者と適切な権限の付与 ………………………219
8　早期確実な受付けが重要 …………………………………221
9　迅速な調査と的確な見込み ………………………………222
10　迅速・適切な方針の決定と柔軟な変更 …………………223
11　適切な交渉技術、交渉戦略に具体化しているのか ……224
12　広範な情報の共有をすべき ………………………………225
13　顧客の意向・人柄の的確な把握 …………………………227
14　顧客のとりうる手段を把握せよ …………………………229
15　交渉過程のシナリオを想定する …………………………232
(1)　落とし所を想定する ……………………………………232

(2)　ミスは謝り話を元へ戻す……………………………233
　16　精神力の向上と気分転換……………………………234
　17　解決結果の書面化……………………………………235
　18　次につながる記録の確実な作成・保管………………237
　19　経営資源としての波及効果…………………………239
　20　クレーム処理は多角的に活用すべき…………………240
　　●ワンポイントアドバイス──個人情報保護対策●……………241

第3章　具体的事例から学ぶ正しいクレーム処理

【事例1】　コンビニエンスストアでのクレーム……………………244
【事例2】　携帯電話販売会社でのクレーム…………………………246
【事例3】　歯科医師へのクレーム……………………………………250
【事例4】　健康器具製造会社へのクレーム…………………………253
【事例5】　児童公園での事故と慰謝料請求…………………………258
【事例6】　レストランへのクレームとアルバイト店員の教育……260
【事例7】　居酒屋でのトラブルと損害賠償請求……………………263
【事例8】　運動会での事故と治療費・慰謝料の請求………………265
【事例9】　いじめによる中学生の不登校と責任追及………………267
【事例10】　モンスターペアレントからのクレーム…………………269
【事例11】　開業医へのクレーム………………………………………275
【事例12】　顧客から銀行へのクレーム………………………………276
【事例13】　美容院での低温やけどのクレーム………………………280
【事例14】　不動産売買に絡むクレーム………………………………282
【事例15】　百貨店への取り付け不備のクレーム……………………285
【事例16】　証券会社への株売買に関するクレーム…………………286

【事例17】 ディスカウントショップでの事故と責任追及…………289
【事例18】 新築建物の瑕疵に関するクレーム…………………291
【事例19】 百貨店で購入した食品による食中毒………………294
【事例20】 宅配業者へのクレーム………………………………295
【事例21】 マンションの騒音に関するクレーム………………300

第4章　モンスタークレーマー最終章

Ⅰ　さらに重視されるクレーム処理対策……………………308
　1　変化に応じて柔軟に対応すべき……………………308
　2　クレーマーの気持も考える…………………………310
Ⅱ　おわりに……………………………………………………312

第2版あとがき……………………………………………………313
著者略歴……………………………………………………………315

第1章

クレームの現状から学ぶ

I　クレームと時代の流れ

1　時代とともに変貌するクレーム

【升田】　クレームは、現在、日本社会全体、たとえば、商品の販売といった場面だけでなく、病院でも、学校でも、役場でも、あちこちで見られ、社会の関心を集めています。また、その行き過ぎが社会問題、法律問題になっている事例もあります。今回、クレームをめぐるさまざまな問題について、その実情を踏まえて、いろいろな視点から見ていきたいと思っています。クレームに関する問題でたくさんの著書を出しておられる関根さんをお迎えして、クレーム問題全般について現状および対策と法の問題について、議論していきたいと思います。関根さんについては皆さんもご存じだと思いますが、たとえば、『苦情学』とか、『苦情対応力』とか、『となりのクレーマー』、さらには、最近、『ぼくが最後のクレーマー』という本も出しておられます。いろんな事例を通じて、これまでクレームに関する問題に、自ら現場で直接関わってこられたわけです。『ぼくが最後のクレーマー』について、趣旨は違うと思いますが、関根さんご自身がクレーマーなのかなと思わせるタイトルで、思わず買って読んでしまいました。いずれにしても、さまざまな読者の皆さんが非常に関心を持っておられる分野について、さまざまな観点から、これまでクレームといった問題について分析をしてこられた方です。

　まず最初に、関根さんのこれまでの体験を踏まえまして、最近変化の著しいクレームの現状と変化の流れについてご紹介いただきたいと思います。関根さん、いかがでしょうか。

【関根】　私はこの世界に入ってすでに13年目になりますが、入った当初から気づいていたことがあります。実は、世界的にみるとクレームの分析という

のは、グッドマンという統計学者が、1984年にアメリカのカリフォルニア州で、コカコーラの満足度の調査をしたことから始まりました。ただ、それ以後、大規模な苦情、あるいはクレームの調査は行われていないような気がします。グッドマンの調査によると、クレームというのは26件に1件がわれわれに到達する、すなわち企業に到達するという分析になっていて、それを解決するにあたっては、クレームがうまく解決すれば企業のためになるし、それが解決できないと企業としては不利になることを示しています。さらに言えば、企業は消費者教育を含めた消費者活動の中に、苦情やクレームを取り入れていくということが、大事であるということを示しているんです。

ところが、日本の場合、運が悪いことに、1984年という時代は、高度成長期も陰りをみせ、百貨店もやや傾きだした、あるいは傾きが3割ぐらい始まっているというところでした。そのような時代背景を踏まえたときに、はたして1984年のグッドマンによる統計を日本の場合にもあてはめていいのかどうかということがあります。実は、2009年7月に『日本苦情白書』という、広い分野を対象にアンケートを集積、分析した結果を、私の会社で制作しました。白書を制作するにあたってのアンケートも5000件以上集めましたから、そうなると苦情の根源というものがどこにどうあるか、業界ごとに違うデータが出てくるので、このデータにより、日本のクレーム分析が本格的にスタートするのではないかと思っています。

やや本題から外れたかもしれませんが、クレームの変化は、ここ60年の間に非常に加速しておりまして、終戦後ものがなかった時代には、全くクレームが起こらなかったと言ってもいいくらいです。というのは、クレームを言うより、生きるほうが先だったし、そのような時代を生きてくると、隣近所とは助け合い仲良くしなければならないということが当然ありました。私は田舎におりましたから、キュウリをもらったり、サツマイモをもらったりなど、もちろん米は私の育つ頃にはありましたが、そういう時代にはクレームというものはなくて、たとえば隣の家の柿の枝が我が家に伸びてきても、「もらっていくよ」と言ってそれで済んでいました。今は柿の枝が伸びてく

るだけで大騒動になるんです。この時代背景を踏まえてクレームの現状を考えることが、非常に大事な視点だと思います。

　そして1945年、買ったマッチに火がつかないというトラブルに対して、婦人団体の抗議行動が大阪で起こりました。この頃でも、不良品に対する申し入れはあったようです。それから後、今の時代に至るまで、クレームもさまざまな変化をしているように見えます。この点、商業の世界において、百貨店は1980年代の終わりごろから、景気が下降線に向かいました。百貨店業界は、クレームの世界でもジャンルが多岐にわたり、個々の対応が相当進んでいる世界だったと思います。といいますのは、百貨店に求められる姿勢が、質のいいもの、そして完全なものというものを求められており、当初の対応では期待を裏切りながらも、1980年代に入ると要求に応えられるようになりましたが、このように、需要と供給のバランスがぴったり合った頃から、クレームが徐々に増えてくるわけです。地方の店舗にクレームが生じたのは比較的遅かったですが、都内、あるいは大都市の百貨店へのクレームは早い時期から多かったのです。

　そして、クレームが生じたときによく起こるのは、「あなたの店で買わなくても、隣でも買えるんだよ」という客側の意識が、常にクレームの根底にあります。今、学校が騒がれています。ある地区では公立学校の自由選択制度が活発であり、その需給もクレーム発生の原因になっていると聞きます。そして、現実にクレームが発生しています。ここにきてのクレームの変化は、需要と供給のバランスから生ずるだけではなく、最近では、精神面が加わってきた印象を受けます。その意味でクレームの内容も、一概に答えられない、簡単に解決できない側面を攻めてくる人たちが増えてきました。その原因が本人にあるのか、周りにあるのか、教育の問題なのか、親の問題なのか、そこまで及ぶのではないかと、私は感じています。

2 企業経営におけるクレームの位置づけとは

(1) 重要になってきたクレームと企業経営の関わり

【升田】 今、変化の概要についてお話しいただいたわけですが、最近、取り上げられている事例でも、たとえば、学校において非常に社会的に逸脱していると思われるようなクレーム、すなわち、モンスターペアレントと言われているような場合のほか、あるいは役場に対して非常に脅迫的なクレームをつける事例や、お医者さん、歯医者さんに対して、根拠のないクレームをつけてくるような事例も報告されているわけです。こういった最近注目されるようなクレームというのは、従来であれば先生や、あるいはある程度の権威を持って受け取られていた人たちに対しても、クレームがつけられるようになってきたというようなところが、最近の特徴でもあると言えます。ちょっと昔を振り返ってみますと、今、関根さんの話にあった中でも、消費者と直接対応するような企業と、そうでない企業とでは、だいぶ違うと思います。消費者と直接対応するような企業であっても、製品、商品の種類によってもだいぶ異なると思いますが、顧客第一主義とか、あるいは顧客サービスを徹底するというような事業方針、あるいは経営方針というのが非常に重視されてきた時代の流れがあるわけです。

そういった時代の流れの中では、顧客情報というのは極めて重要な情報であって、クレームも顧客情報の重要な内容であるということで、そういった顧客に対し、あるいは消費者に対して、できるだけ丁寧な対応をする必要があるということが、非常に強く企業経営の中で言われてきたという流れがあります。しかしながら、先ほどもお話した最近の事例などを見ますと、非常に悪質と思えるようなクレームも出てきています。あるいは、社会的な常識から見て、どうもやはり逸脱しているのではないかと思われるようなクレームも出ています。さらにひどくなると、威迫的あるいは暴力的なクレームもないではないという状況になっていて、クレーム対応の仕方、これが非常に

悩ましい状況になってるんではないかと思います。従来から悪質なクレームはあったと思うのですが、最近は、それが増加したのか、目立つようになったのか、悪質クレームをめぐる問題も重視する必要性が高まっているようです。

　そうしますと、企業の経営あるいは事業の面で、クレームをどういう具合に位置付けたらいいのかということが、非常に重要な問題になってくるわけです。クレームは、何も企業だけではなく、専門家、公的な機関にも及んでいますし、日常生活の場面では、個人の１人ひとりがクレームに直面しています。当面は企業に対するクレームを取り上げたいと思います。企業といってもさまざまな業種の企業がありますが、今回はどちらかといいますと、消費者を直接相手方とする、そういった企業を念頭においてお話を聞いていきたいと思います。消費者と直接対応するような企業について、現代社会におけるクレームをどのように位置付けたらよいとお考えでしょうか。

(2)　経営トップの意識が大切

【関根】　クレームの位置付けというのは、オーナーの考える対応でいいと思います。あるいは会社の社長、トップが考えることでいいんです。その考え方によって、社会が勝手に見捨てたり、あるいは共鳴するわけです。そして、正しい対応が存在するかというと、必ず存在します。しかし、そのオーナーやトップが考えることが、店長や、あるいはリーダー、あるいはそれぞれの個別の部署のトップに伝わっているのかというときに、できていないから事件になるわけです。位置付けは理解できるのですが、どのように対応策を徹底し、教育をしていくかということが、大きな問題になるし、それ以前に指導できる人がどれだけいるかという点が、企業にとって大きな問題になると思います。

【升田】　従来、クレーム対応といいますと、クレーム対応の部署を設ければよいとか、あるいはクレーム対応の人材を配置すればよいとされてきました。後はその部署や人に任せて、何とかうまく対処してくれというような傾向が

なきにしもあらずだったと思うんですが、今、関根さんの話のように、クレーム対応というのは企業にとっては経営の基本であると考えられます。したがって、経営者自身がどう考えるかということは、非常に大きな問題であり、私も同感なんですけれども、まず、そういう基本的な考え方をもつかどうか、そしてそれを企業の中でどう具体化しているのかということが、今後、問題になるのではないかと思います。

そのうえで、経営者にしても実際の担当者にしても、クレームに対する慣れとか経験、やっぱりこういうものも重要なんでしょうね。

(3) クレーム対応には経験が必要

【関根】 ええ、本当にそのとおりだと思います。まず、日本にお客さま相談室というのが導入されて、35年から40年になるんです。大きな企業はほとんど設置しています。ところがその発足当初から10年、15年を経たとき、そして今に至るまで、お客さま相談室というのは、ほぼ外国に倣って社長直轄で動いていたんです。それが今、社長直轄で動いている企業というのは2割にも満たないと思います。それはなぜかというと、経費の問題、すなわち人件費が絡んできます。要は、ご存じのとおり、新人にクレーム対応をさせるわけにはいきませんから、年功からみても、高給とりが対応にあたるわけです。

たとえば、A百貨店の例でみても、賃金だけでも5、6千万円ほどかかっています。人数は7人か8人なんですけど、部課長級の人ばかりが対応することになりますから、それ相応の人件費がかかるわけです。そしてそれは実際の給与だけですから、税金を含めれば2割くらいアップして7千万くらいの出費になると思います。ではどうすればよいかと考えたときに、組織を社長直轄ではなくて人事部や総務部の管理下においてしまう。そうなると、今度は人事部、総務部のクレームを経営者に報告しないわけです。これでほとんどの企業がおかしくなるわけです。

また、社長もいけないのは、定期的にしっかり聞く耳を持つべきで、A百貨店でも1990年代は担当者を毎月集めてクレーム対応の報告などを一生懸命

聞いていましたが、やがて経費を理由に、3カ月に1回、半年に1回という集まりになってくる。そうなると、適切な対応がとられなくなり、やがて効果もなくなるという問題が生じました。

【升田】　クレームを適切に対応する具体的な手順は後にお伺いするとして、実際にクレームに対応する人たちの経験が相当必要ですね。

【関根】　絶対必要ですね。

【升田】　さらに言えば、企業にとってもクレームを受けている経験のあるところとないところでは、あるところのほうがより適切な対応ができるということなんでしょうか。

【関根】　おっしゃるとおりです。結局、お客さま相談室、あるいは顧客対応する部署の難しさというのは、何歳であってもお客様相談室や対応部署に入ったときは新人なんです。しかも百貨店でいうならば、あらゆる部署からそのリーダー格になった人間が来たとしても、最初は自分のいた部署のこと以外は知識がなくわからないんです。ところが、お客さま相談室に入れば、どんな質問をされても答えなくてはなりません。これが非常に大変で、実はクレームの場合、似た事例はいくらでもありますけれど、当事者が変わることから考えても、同じクレームというのは、まずあり得ないわけです。

　そうなったときに、誰もが対応できるようなマニュアルもありません。そして、対応能力が備わっているかという問題もあります。これは、持って生まれた性格にもよると思います。たとえば、やくざが来て大きな声を出すと、大体震え上がってしまうわけです。中には2度目、3度目になって慣れてしまう人もいれば、2度目、3度目になってもやくざに一言言われるとびびってしまう人がいまして、このような問題をどのように解決するかということです。

　たとえば、お客さま相談室へ来た新人が3人いたとします。すごく頑張り、張り切って、3カ月ぐらいは明るい声で元気に対応します。明るい声で電話にも出ます。それが3カ月も過ぎると、毎日がクレームの対応ですから、電話に出る手が伸びなくなります。もう嫌になった、怖くなったという状況に

なります。このような状況ですから、どこの世界でもそうだと思いますが、特にクレームの世界では経験をどう積んで、それを活かせる人をどのように発掘するか、どのように残すかということが非常に大切だと思います。
【升田】　それは各事業者にとって、そういった人材をどう育てるかということと、そういった経験をどう検証していくかということももちろん重要ですし、それ以外に企業として、そういった経験をどのように活かしていくかということも、非常に重要なんでしょうね。
【関根】　そうですね。
【升田】　そういう中で、たとえば、学校とかお医者さんというのは、従来からいろいろクレームはあったにせよ、それを必ずしもクレームとして取り上げて、きちっと処理してこなかった、あるいは経験を十分蓄積してこなかったというところに、突然いろんなクレームがついてきて、大変な事態になっているということなんでしょうか。

(4)　顧客が発信する意図に敏感になれ

【関根】　そうですね。1つは先ほども言いましたように、百貨店における需要と供給のバランスが崩れて、すでに20年が経とうとしているわけです。ですから、クレームの対応というのはとてもうまくなってるわけです。たとえば、1975年〜1980年の当初は、「クレームをつける客なんか要らないよ」と百貨店でも言えたんです。ところがそれからだんだん「お客」、「お客さん」というふうに呼び方が変わって、そのうちに「お客さま」というように、だんだん呼び方まで変わってくる。そういう現実がありまして、その経験を組織、企業としては20年も行っていますから、クレームの対応は少しうまくなったんです。これが少しなんです。20年の積み重ねではないです。
　というのは、クレーム対応をしていた人が、どんどん定年を迎えて次々に退職していくという、その歯がゆさがあると思います。では、先ほど、升田さんからお話があった、病院とか学校はどうかといった場合に、これは弁護士の世界にも当然生じてくるし、あるいは官公庁、役所にも生じている話で

すが、クレームはないものだと最初から思っているため、クレームが聞こえていなかった時代がずっと続きました。たとえば、歯医者さんの場合、患者さんが、「先生、今日は歯を抜いたら痛かったよ」と言ったときに、これは言葉からすれば完全にクレームなんですが、先生は、「よく頑張ったね」と言うんです。よく頑張ったねではなく、本当は、「おまえ、もっと強い麻酔を打ってくれればよかったのに」という言葉を隠しているんです。このように患者の真意に気がつかないで、この先も治療を続けるおそれがあると思います。ですから講演に行ったときは今のような話をして、刺激的なことを言わなければいけない。

　では、学校の先生はどうかといえば、大変失礼な言い方ですが、何もしゃべらない人が学校の先生をやっているわけはありません。なぜならば教える立場にあるのですから、授業の時間中もほとんどしゃべっているわけです。これこそ講師でなくて教師でありながら講師みたいなもの、しゃべるのが商売です。しゃべるのが商売の人は、聞くことも長けているかというと、聞くのはとても苦手で、それがクレーム対応になったとき、相手の話を全く聞け

ない人がいます。ですから先ほども言いましたけど、私が集めているアンケートの回答を見ると、一般的な業種の人はクレームに対して、総合的にみると、「もしかしたらいい意見が聞けるかもしれない」という理解をしている人が60％くらいいます。

　全アンケートの40％くらいが、ともかくクレームには無理がある、言っていることがむちゃくちゃだととらえています。それに対して、学校の先生は55％くらいが保護者が無理を言っているととらえています。要は、その15％の差は、学校の先生には相手の話を聞けない状態がいまだにあるということなんです。

【升田】　今、ご指摘の弁護士も例外ではなくて、顧客といいますか、依頼者からのクレームも相当あるわけで、実際に訴訟などの事件になっている例もあります。そういった対策として、たとえば弁護士の場合には、事前に費用、報酬について十分説明する、あるいは委任の内容については書面化する、報酬についてももちろん書面化する、そういった対策がとられています。それから事件処理の過程できちっと説明、報告をするというようなことも、非常に重要になってきているわけです。そうしますと、やはり社会において何らかの事業を行っていくうえでは、クレームは不可避であって、かつそれが現実化する可能性も最近では極めて高いという印象なんでしょうか。

【関根】　そうですね。確かにそういう時代が徐々に来ていますし、先生と言われる職業の方たちは、この先だいぶ苦しむ時代になってくると思います。役所では、地域が限定されて結局は自分の町の人だという気の緩みがどこかにあるんですね。

【升田】　そうすると事業の種類を問わず、クレームというのが本当は起こっているが、それを事業者、企業のほうで認識していないというところに、まず基本的な問題点があるということなんでしょうね。クレームにもいろいろありますから、相当深刻にならないと、認識しないこともあるんでしょうね。

【関根】　そうですね。

【升田】　そのうえで、顧客あるいは消費者のほうでクレームをつけているが、

それもまた事業者や企業のほうで認識していないということですか。
【関根】 はい、そういう場合もあります。
【升田】 しかもそういうクレームがつけられる素地、あるいは背景事情というのは、相当広範囲に広がっているというようなことをみておられるということなんでしょうか。

(5) いま時の消費者は勉強を積んでいる

【関根】 そうです、私は言う側の心理と対応する側の不認識の双方をみています。たとえばクレームが発生すると、先生や役所の方々は対応を時々誤ります。つまり、クレーム対応の知識がないまま、何とか早く解決をしようと思い答えを出しますから、それは雑になりますし、乱暴なものです。それに対して、それを今度は消費者なり、患者なり、あるいは弁護士さんへの依頼人なりというのは、実はクレームのつけ方をメディアでさんざん勉強してくるわけです。過去の事例でこんなものがある、こんなことがあるというように、これ、テレビ、新聞が全部伝えてくれるわけです。すなわち、クレームをつける側の指導をずっと続けているのがメディアといっても過言ではありません。

　ですから、私もテレビ局と話すときには、受ける側の対応についても、テレビ局がしっかり伝えないと駄目だよと言うんです。なぜならクレームを受ける側はある場面ではつける側にもなります。これ、人はすべて同じだと思います。主婦でもそうです。隣の家から文句を言われたときは受ける側、逆にクレームを言うときはつける側になるわけですから、その双方の対応能力というものを実際につけなければいけないことになります。

　すでに、アメリカの社会でもそうなんですが、クレーム対応の講師というのはほとんどの人が体験者で成り立っています。ですからクレームの世界で、体験のない理論だけの人たちがいくら答えても、答えになんかなりっこありません。私はたまたまクレーム対応の世界に身をおいたために、あらゆる世界のことを知る羽目になったわけです。私がいた百貨店のお客さま相談室に

は、隣の部屋に弁護士が常に常駐して、そこで弁護士がクレーム対応に関する法律相談を行うわけです。ただ、弁護士も困るわけです。実際に、「こんなの急に来てもね」、「これは弁護士が関わる問題じゃないよ」ということもあるんです。ここでは弁護士から法的なことを学びました。

また百貨店には、医院も入っています。眼科があり、耳鼻科がある。そういう人たちに対するクレーム対応も、百貨店の場合はお客さま相談室がお客さまに対応するんです。そこの院長が対応するというわけではありません。

そして一番良い対応、ベストの対応というものは、終わったときにベストになるのですが、まず最初からベターな対応が大切です。ベターな対応というのもすごく高度な対応能力をもっていなければいけません。そこでは心理面も含めた対応になります。その心理面も含めた対応と、事象だけでの対応では、すごいギャップがあるんです。私は、講演、あるいは個別指導をするときには、私はその高度な技術を教えます。そして、それは簡単にはできないのですが、ここまでの対応をしなければいけないんだなと気づかなければ、いつまでたっても同じところを堂々巡りの失敗を繰り返します。

私も偉そうに言っていますが、実は失敗を繰り返して5年という歴史をもっているわけです。そして、世の中全部失敗の繰り返しから力になってくるのではないかなと、私は思っていますから、教師も医師も、あるいは役所の方も慌てることなく、今後、クレーム対応をどのように行うべきかということを真剣に考えていく時期に突入したと気づいていればよいと思います。

3　クレームの多様化に対して対応も変化しているのか

(1)　高額な交通費を請求される！

【升田】　クレームがあるのにクレームを認識しないというのは論外ではありますが、クレームを認識したとしても、それでもちろん事足りるというわけではないわけです。クレームにどう対応するかということが極めて重要で、

そのことについて業種に例外はないということになります。ただ、クレーム対応というのは迅速にしなければいけないということは、あちこちで言われていて、それはそのとおりではありますが、なかなか対応能力という点では経験不足の人が多いというのも、世の中の実情だろうと思います。

　対応能力の問題は、今後検討課題にはなると思うのですが、クレーム対応の内容についても変化がみられるのではないかと思います。クレーム対応をどのようにするかという点は、後に詳細に検討することにして、従来はとにかく品物を引き取って代わりのものを渡す、返金するなど、そういった対応が多かったようには聞いているのですが、クレームが多様化している現在、そのような対応方法が、実際に行われているのでしょうか。それとも、何か対応方法の面で配慮はしておられるのでしょうか。

【関根】　以前の商業社会で考えるならば、不良品が出た、そうすると交換をする、さらには不要だと言われれば返金をする、中には代替品がないために、後日配送するということもありましたが、これで済みました。ところが今の人たちは、正当な請求ではありますが、交通費も請求してきます。しかし、百貨店あるいは企業によっては、「お電話をいただければこちらから訪問しましたから、交通費はお支払いしません」と言うところもあります。そうなると、じゃ、電話代は払うのかといったら、払わざるを得ないと、こういうことになりますね。このような状況まで生じています。

　では、それを悪用する人がいるのかというと、実際にいるんです。実は、JRも領収書を出してくれます。切符を買ったときに、「あっ、領収書ください」と言うとちゃんとくれますし、今では券売機でも領収書が発行されます。交通費をもらうということは正しいことではあるのですが、悪意をもった人は、「今日は北海道から来た」と東京に来て言うんです。なぜ東京に住んでいるあなたが北海道にいるのですかと聞くと、「たまたま仕事で行ったけど、このために帰ってきた」と言うんです。こういう相手には、徹底して対抗します。

　実例としてあったのは、「今日、宇都宮の店で化粧品を買ったら目の周り

がはれた」、「これはおかしいんじゃないか」というクレームです。そうなると、慌てふためくのは現場なんです。さらに、「そちらまで行くけど、交通費を出してくれ」と言われ、「わかりました」と答えてしまったわけです。そして、メーカーだけで対応したため、相手はタクシーで来ました。なんと、那須から宇都宮までタクシーで来たから、３万2000円かかったというわけです。現場の担当者は思わず「えっ」と絶句したのですが、さらにこれからタクシーで帰ると言うわけです。そうしたら、また「わかりました」と勝手に対処して、６万4000円支払ったんです。相手が帰る際に見張りをつけると、自家用車で来て助手席に乗って帰るわけですよ。本来であれば、対応した店員は「では領収書を、いただけますか」と言わなければいけないし、「どちらからおいでですか」ということも聞かなければいけません。このように、お客さま相談室に相談しないで、こそこそとやってしまうことが、結局大損害になるのです。

　それ以外にも、交換１つをとっても、単純に交換をして満足していると思わず、「それ以外に何かご不備はございませんでしたか」、「暑い中お越しいただきましてありがとうございます」、「わざわざお持ちいただかなくても結構だったのですが、これからもし何かございましたらお電話をいただけますか」というような言葉を加えて、心から満足をしていただかないと問題が起こるばかりではなく、本来起こるべきでない問題も抑えられないということがあると思いますね。

【升田】　今、ご指摘のお金、品物の問題以外にも、最近ではたとえば、謝罪を求めるようなこともあるのですか。
【関根】　ありますね。
【升田】　それから、社会全体にそういったことをきちっと開示するように求めるようなこともありますか。
【関根】　はい、ありますね。

(2) 事務処理の改善や謝罪文等を求められる！

【升田】 また、事務処理の改善を求めるとか、経営の改善を求めるとか、いろいろなことを要求される場合もありますね。実際、私もそういうことを見聞したこともありますし、それからさらに、今、お話のような金銭だけではなくて、精神的に苦痛が生じたと、あるいはPTSD、最近、流行りというか、耳慣れない、いろいろな精神的な苦痛、あるいは被害を生じたというようなことで、さらに慰謝料を請求されるような事例もあると聞いています。確かに根拠があれば別でしょうが、根拠もなくそういうことを請求してきたり、全く関連のないことを請求している事例もあるように思います。そのような請求方法について、関根さんの今までの体験から見て、相当変化してきているなという印象はおもちですか。

【関根】 百貨店においては、大きな変化はありません。いまおっしゃったような例は、すでに昔からありました。そのために、対応もまた慣れてまして、「大変ありがたいご意見として、承っておきます」というような対応でいつもかわすんです。それでたとえば、謝罪文の請求、新聞への掲載などという方も中にはいますけど、「この事象に関しましては、全店舗に徹底すると同時に、製造会社との話し合いも進めてまいりますので、そのような必要はございません」というように、その点をはっきり言います。謝罪文や新聞掲載を出す、出さないの問題になったときに、それを裁判沙汰にする人というのはほとんどいないでしょうから、うちは出しませんというということをはっきりと言います。

ただ、PTSDとか、あるいは精神的なものや、目に見えないものを請求された場合には、「お受けいたします」と言って、素直に対応するんです。「ただし、これにつきましては証明をしていただくなり、こちらに訴訟という形をとっていただかないと、現場では何もご対応できません」、「企業として対応しますので、ぜひ、前向きに検討してまいります」というように正直に答えます。

(3) 専門家からのクレームには懐に飛び込む

【升田】 クレームの内容が非常に多様化しているところがあるわけですが、多様化しているというのは、どこかでそういう情報が社会に提供されていて、それを参考にしながらやっているということでしょうか。それともクレームをつけている人は、それぞれ創意工夫を凝らしてつけているということでしょうか。

【関根】 実は最初から悪意をもってクレームをつける人は、普通はいません。ところがクレームの前に、問い合わせをしたときに受け付けてもらえず対応がいいかげんだったというようなことがあると、自分の主張を通すために勉強をしてくるんです。そのために、クレームをつける人の中にも、たとえば、食中毒専門の人とか、賞味期限切れ専門の人とか、衣料品のほつれ専門の人とか、ボタン落ち専門の人とか、そういったプロがいるんです。そういう人と会うときには、教わるような姿勢で相手の懐に入っていってクレームを聞く対応をするんです。それでも、やはり過去の事例から勉強していることがあるので、ああだ、こうだといって攻めがうまく、非常に賢いです。

それでお話をしてお付き合いをしていくと、やがて持参した名刺を出します。ほかの店の何々さん、あるいは警察の何々さん、保健所の何々さんってどんどん出してくると、こいつ、この道のプロだなというようにみながら対応していくんです。でもその名刺の古さとか汚れも見てとれます。これ、何年前だなと予測して臨むんです。ですから多様化されたのは、先ほども言いましたように、メディアで学んだということがあります。

また、悪の仲間という、横のつながりをもっている人がいます。どこどこの百貨店でこういう事例でこういうふうにクレームをつけたら、こんなふうに金を出したぞというと、全国にすぐ伝わります。特に、危険だった例は針の混入です。衣料品に針が入っているというクレームをつけられ、B百貨店でも300万円くらい、やくざにとられた例があります。この例の場合、双方が弁護士を立てながらとられているわけですから、やはり相当熟練したクレーマーだったのだと思います。

(4) 誠意をもって謝れば解決できる

【升田】 クレームをつける人の中には、本当に被害を受けて、どうしたらいいかわからないという人もおられて、とりあえずどうしたらいいのか、困っておられる人もいることは事実だと思いますし、そういった人にはきちっと対応しないといけないと思います。他方、いろいろ経験を積んで専門家になってるようなクレーマーもいます。このようにクレーマーになる情報源として、出版物がありますし、最近ではやはりインターネットの影響が相当あると思うのですが、そういった影響についてはどうお考えですか。

【関根】 そうですね、注意しないと逆手にとられます。クレームに関する本を出すときには、大変慎重にならざるを得ないのは、悪用されないように、相手が気づく最高の対応以上のものを対応策として提供しないと、その本を読んでくれた人のためにならないわけです。ところが、中途半端な机上論などで書いていくと、この程度のクレーマーにはこの方法でやればよいなどと、そのとおりでやっていくと、解決どころか収拾がつかなくなるんです。ある方が出した本は、やくざのところへ行くのに現金を50万円懐に入れていくな

んて書かれていますが、決して妥当な方法とは言えません。そんなことを書いたら、悪質クレーマーが読めば、このような状況になれば金をもってくるなと踏むわけです。それは書いてはならない処理方法でして、クレーム対応でお金を必要とすることはほとんどないと言ってもよいでしょう。

確かに傷害が起きたとか、あるいは補償を必要とするとか、また正しい慰謝料を請求された場合、これはお金で解決せざるを得ません。しかし不良品が生じたとか、何か不具合が生じた、あるいは腐ったものを売ってしまったなんていうときにも、食べて体を壊さない以上は、謝罪や代替品とともに、誠意をもって謝ることでほとんど対応できるんです。私はそう思っています。

4　法制度・訴訟の変化によってクレーマーは増加したのか

(1)　法律の条文を根拠にクレームをつける

【升田】　この10年、あるいは15年の間に、法制度がだいぶ見直されてきています。どういう方向かといいますと、消費者保護の方向でいろんな法制度が見直されていて、実際に消費者あるいは消費者団体に、従来からは考えられなかったような権利を認めるといった法律もできているわけです。それに応じまして、訴訟といいますか、裁判所の判決などでも消費者に対して保護しようという傾向のものもみられるようになって、法制度も訴訟も消費者保護の方向で変化しているわけですが、このような変化が実際にクレーマーの増加、あるいはクレーマーの内容の変化に影響しているとお考えでしょうか。

【関根】　ええ、そうですね。これは先ほどちょっと話しましたように、過去のクレーム申し入れで、正しいことを言っているのに認めない、あるいは正しい対応ができない人たちが、関連する法律をしっかり勉強するわけです。そんな中、最初から法律を盾にして大上段に構えてくる人は、「あっ、経験あるな」とこちらはすぐに見抜きます。見抜かないといけないと思います。そして気をつけなければならないのは、私たちはお客さま相談室であって、

法律家ではないわけですから、法律に関することは、記憶に頼って対応するのではなく、法律の条文を目の前に置いて、それを見ながら、「ちょっと待ってください」とめくりながらでも正しく答える必要があるんです。仮に、「おまえはそんなもの見ないとわからないのか」と言われたら、「わかりますが、もし間違えたらお客様に失礼でしょう」というように切り返しをしてよいと思います。

　ですから消費者は保護されすぎたために、すごく強くなってるということはありますが、ともかくこちらも事例に沿った形で、どのような法律に触れる可能性があったか、というような点を勉強していかないと、先々同じことを繰り返す危険があると思います。

【升田】　具体的に法律の個々の条文を指摘されて、クレームをつけられるということもあるのでしょうか。

【関根】　ええ、いくつもあります。

【升田】　あるいは判決でこういうものが出ていると、そういった指摘を受けるようなこともあるのですか。

【関根】　ありますね。それはたとえば、何条の何項にこのように書いてあると言ってクレームをつけてきます。そうするとインターネットなどで私たちも探しまして、「確かに書いてありますね」と、それをよく読みながら話をしていきます。たとえば、「これは解釈の問題ですね。ご存じのように法律の文章というのはどちらにもとれる場合があるのはおわかりですよね」、「私どもはこれをこのように解釈しておりますが、お客さまは違う解釈していますね」、「しかし、この問題に関しては補償はありません。ただ、当社としての過失につきましては謝罪させていただきます」ということをはっきり言う必要があります。この「謝罪のみです」という言葉は、クレーム対応の中で非常に強い言葉なんです。

　それはその筋の人にも、「謝罪のみです」と言います。その場合、「謝罪だけか」と言われた場合には、「それ以外に何かお望みですか」とこっちが切り返すわけです。

(2) 適切な対応も弁護士次第

【升田】 法制度とか訴訟とか判決の状況というものも、徐々に影響を及ぼしているということになりますと、お互いに法制度や訴訟に関する情報を知っておくということは、重要になるのですね。

【関根】 重要です。弁護士とお客さま相談室の世界というのは、現場と距離があるんです。いわゆる企業の中の総務、法務にいるような感覚です。そうではなくて、クレーマーともっと近いところにいて、常にもみ合うということをしていかないと、適切な対応はとれないと思います。決して、弁護士の考え方でお客さまに対応するわけではないのです。相手の主張してくる強さに対して、対抗力をもった現場を作っていかないといけないと思います。

【升田】 今ご指摘のあった、弁護士が適切な対応ができるかというお話ですが、率直に言えばその人次第、能力、経験によるところはあります。しかしながら、一般的に弁護士に話をしますと、すぐ法律問題として物事を考え出してしまう傾向があります。それは、日常業務が法律問題を扱っているわけですからやむを得ないのですが、それが先ほどのクレーム対応能力あるいはクレームをつけているお客さん、あるいはその関係者と適切なコミュニケーションができるかというと、それは、また別の問題であると思うのです。弁護士も人によりけりではないでしょうね。クレーム対応については、弁護士も必要な知識、経験が重要ですね。

【関根】 なるほど、やはりそうでしょうね。私も同感です。

II　クレーム発生の不可避性

1　社会はクレーマーでいっぱい

【升田】　企業が事業を行うにあたっては、クレームの存在は、当然に経営あるいは事業の内容として考えないといけないということだと思いますし、社会的にも非常に重要な問題になってきていると思います。法制度上も消費者あるいは生活者というものを重視していかないといけないということで、また、消費者庁も2009年9月に発足されています。このような時代背景の中で、関根さんの本を拝見しても、さまざまなクレーマーがいることがわかります。そして、社会全体にさまざまなクレーマーが増加しているということと、クレームの内容というものも変化していると思いますが、現代の社会状況をどのようにとらえるかということも、非常に重要だと思います。昨今、世代間のいろいろな考え方の違い、あるいは若い世代の自己主張を徹底的にする傾向に、あるいは他人から反論を加えられるということに対して、非常に抵抗感をもつ、あるいは嫌悪感をもつ、あるいは、場合によったらすぐきれるというようなことも言われているわけです。

　今までクレームが問題になるときには、個々のクレームをつける人の性格あるいは属性ということが問題にされてきたように思うのですけれども、全体的に見ますと、社会でいろんな人がクレームをつけることは、そう別に珍しいことではない。むしろだんだん普通になっていってるような気もするわけです。もちろん企業が提供する製品、商品、サービス、そういったものに不具合等の問題があるというならば、これは、きちっと対応しなければいけないとは思いますが、そうではないクレームが多いことも事実だろうと思います。そこで、関根さんが認識しておられる社会状況をみて、そういった社

会状況が、クレームの発生あるいは内容に影響しているかどうか、あるいは影響しているのだとすれば、どういう影響をしているかという点について、どのようにお考えですか。

【関根】　この問題は、根が深いと思うのですが、1つにはクレームを言う側と聞く側、それぞれが子どもの時代から受けた教育がどうであったかというところにまでトラブルの原因がさかのぼってしまうと思います。教育現場で、昔は悪いことをすれば教師が生徒を叩くということは当たり前だと思われていました。今、時代がどんどん変わってきています。そのために悪いことを正す教育の仕方も変わってきています。また、子どもたちの遊ぶ分野が広くなってきて、小学生でも携帯を持つようになり、インターネットの世界に入り込むという時代になってくる。

　そうするとそこで起こってくるのは、コミュニケーションがとれないという問題です。会話が続かないとか、話がかみ合わないといった人たちがたくさん出てくる。その結果、クレームを言う人がコミュニケーションが苦手、受ける側も同じような年代ですから下手なんです。そうすると、コミュニケーションがとれない者同士で今の時代を築いているわけですから、どうにもならない時代が来ているのかなと感じます。そこへ来て、一番影響を与えているのは、メディアですが、メディアのニュースでも、たとえば、民間でいうならば、先頃あったウナギや飛騨牛、あるいは吉兆でのトラブルがあって、偽装ということを平気でやっていたわけです。国民をだましているということに対するいらつきは、国民全体がもつわけです。

　そういうことがあって、今度はそれを摘発すべきところの監督官庁や政府は、納得するような対応をしているかというと、たとえば、中国の毒ギョーザにしたって政府は深く追及しないで終わっています。そうなったときに、「ああ、そんなことをやってもいいんだ」という印象が残ってしまうと、今度はクレームを言う人間も、そのことが頭の中にありながら、自分では言いたくもないようなことまで言ってしまうという現実があります。普通の人ですと、ここまで言ってはいけないよねとわかりながら言っているという事実

がたくさんあります。ここら辺でクレームをやめようというときに、今度は、聞く側が、ここまでは言わせてはいけないなという対応ができるかどうか、技術の問題になるわけです。本当にこれは難しい判断で、受け方1つでクレームがよい意見になって、企業への提案になってくるということが多くあるんですよね。

2 製品・サービスにおける主観的・客観的な不具合がクレームの原因

(1) 一番難しいのが製品・サービスに対するクレーム

【升田】 今、ご指摘のあったように、クレームが発生するにはもちろん個々のクレームをつける人の主観的な認識、あるいは動機、目的ということが一番大きいことは事実だと思いますけれども、それに劣らないさまざまな原因があるのだろうと思います。そういった原因の分析は、クレーム対応にとって非常に重要だと思いますし、個々の事案ごとにはいろいろ検討しておられると思いますが、もう少し広い観点からみて、社会全体がどのような状況にあるのか、クレームにどのような影響を与えてきているのかという視点も重要だと思います。

大雑把にそのような原因をみてみると、事業者が提供する製品あるいはサービスというものに問題があるという場合もあると思いますし、事業者、企業が仮にクレームになる前の段階、あるいはクレームになってからの段階でも構わないと思いますが、事業者の対応という問題もあると思います。顧客側の要因というものもありますし、それから先ほど指摘されたマスメディアを含めた社会環境、そういったことも影響すると思います。法制度が消費者にとって非常に使いやすくなっているということも、非常に大きな影響を与えていますし、それにくくられないその他の事情というものもあるのではないかと思います。

そういったさまざまな原因というのは、非常に多角的な事情が関係すると

いうことになるわけですね。製品、サービスに関して、事業者としてはきちっと製造、販売しているということは、一応言えると思うのですが、しかしそうは言っても必ずしも適正な具合になってない製品、あるいはサービスというものもあるはずです。

そういった不具合のあるものを購入する、あるいは受け取る、そういう顧客、消費者が使用しているうちに、いろんな事情からその製品に不満をもつということもありがちで、最近はそういったことに不満をもつ人も多いように思います。製品やサービスの不具合にクレームをつけるときに、さまざまな内容のクレームをつけてくると思います。実際、まともなクレームもたくさんあるとは思います。しかし、そうではない、何でこんなことにクレームをつけてくるのだろうというようなものもあるのではないかと思うのですが、その辺はどのようなご経験がおありでしょうか。

【関根】　クレームの中でも、一番難しいのは製品・サービスに対するクレームというものです。今までなかったものがいきなり出ると、異常な対応をします。たとえば、以前から、車の部品などのリコールが新聞に出ていますね。あれも不具合を申し出た1人目、2人目に対しては、通常「そんなことありませんよ」と答えていると思います。「そんなことないです。それは大丈夫ですよ」というように。それがやがて数が多くなってきて、おかしいなって気がして、では、ちょっと調査してみようかというあたりから始まっているのだと思います。一般のサービス、製品の販売、それに付随するサービスもほとんどそういった状況です。

すなわち50も100も売れているが、全然クレームがなかったものが、あるとき不具合があるんだけどと言われると、これを受けた人間は、「こいつ、いちゃもんをつけている」となるんです。やがて冷静に考えていくと、最後にこちらに手落ちがあるということがあるのですが、その辺がどこで判断できるかということが重要です。本当にいちゃもんをつけてくるクレームとは、また全然違うと思います。いちゃもんとは、全く根も葉もないことを言ってくる場合で、通常何か言ってくる場合とは、相手にとって不満足があるわけ

です。もっと気づかなければいけないのは、どんな商品でも、100個売れば、買ったほうは100とおりの使い方があり、クレームになったときは100とおりの対応の仕方があるわけです。花を売っても3日で枯れてしまったという単純なクレームに対して、その部屋の温度は何度だったのかという点も気にはなりますが、原因はほかにはないか、なぜだということを真剣に考えて、いつも真摯に受けとめる必要があると思いますね。

【升田】 製品、サービスに客観的な不具合がなくても、それを購入する、あるいは取得した顧客が主観的に満足できないということになれば、クレームの種にはなるのでしょうか。

(2) クレーム対応は購入した人の考え方・属性によって異なる

【関根】 ええ、そのとおりです。クレームの種というか、自分で納得してないということになって、何とかこれを返したいとか、返金して、違うものに買い換えたいということになると、少し難しいクレームをつけてきますね。やっぱりそうなってくると、いちゃもんにちょっと近いものが現れてきます。

【升田】 だとすると、同じ品質の製品、サービスであっても、それを購入する人の考え方、属性、そういったもので対応は違うのでしょうか。

【関根】 違いますね。たとえば、こういうことがあります。衣料品を買ったが、たまたま同じものを誰かにまたいただいてしまった。同じものが2つになったわけですね。そうするとそれを売り場に来て、「これは返したいのだけど」とだけ告げます。でも本来であれば、同じものが2つになってしまった理由を丁寧に説明して、何とかなりませんかという相談をするはずなんです。ところが、たまたま2つになったんだけど、1つは要らないとしか言わないと、「何で要らないのですか。ご使用になっていませんか」というように、相手を疑う対応をしてしまうわけです。実際はそういう事情があるならば、ちゃんと素直に言っていただければ、クレーム対応ではなく、一般的なお客さま対応になると思うんですよね。

【升田】 事業者のほうの対応の仕方でもクレームが発生するということにな

ると、必ずしも製品、サービスの品質だけがクレームの原因になるわけではないということなんですね。

【関根】 全くそのとおりです。特に、顕著に現れるのは味覚の問題ですよね。食品なんかでは、「これは腐っている」と言う人がいます。たとえば、新鮮なマナガツオを煮ても、一種独特なにおいがするわけです。初めて買った人は、それを腐っていると言ってくるわけです。それに対し受ける側が素直になるというのは、度量のいるものです。

3 何がクレーマーを駆り立てるのか

(1) 製品・サービスの不満と値段の高低に関係はあるのか

【升田】 製品、サービスを購入したお客さんは、お金も払ってるわけですから、自分なりに期待感、期待値というのがあるだろうと思いますし、それに満足できないという状況は、日常的にはしばしばありうることだと思うんです。しかしそれを不満があるからといって、具体的に事業者に対してクレームとして申し出ていくというのは、だいぶ段差があると思うのですが、いかがお考えですか。

【関根】 確かに段差があると思います。

【升田】 何か不満があっても、それをクレームとして苦情を出していくには、何かきっかけ、あるいは原因というものが、ありうるのではないかと思うんです。たとえば、製品、サービスの場合で、通常考えると、価格も相当な価格をし、そして不具合の内容もやはり我慢できないというような場合には、クレームの原因になると普通考えられるのですが、購入した人によってはそれで我慢して使っている人もいらっしゃることも事実だと思いますね。逆に非常にささいなことであっても、場合によったら取扱説明書を全然読んでいなくて、それを誤解していて使えないにもかかわらず、問題があるというようなことでクレームをつけてくる場合もあるだろうと思います。そういった製品、サービスの不具合や品質の問題で、何かクレームをつける基準のよう

なものはあるのでしょうか。

【関根】 クレームをつけてくる基準というのはないと思いますね。結局、何か文句をつけたいというときは、購入したものが期待していたほどのものではなく、満足できないっていうところで、嫌みの1つも言おうというようなクレームにはなってくると思いますね。でも、その割合は少ないです。

【升田】 値段が高ければ高いほど、やはりクレームに結びつくのでしょうか。
　ひぼう中傷するわけではないのですが、非常に安い、100円で買える品、100円ショップで買うような品物というのは、それはいわば100円程度の品質だと思います。それについてもクレームは発生するんでしょうか。

【関根】 値段でクレームに差が出ることはありません。高額品を買う人は、それに相応しい生活をしていて、小さなことではあまりクレームをつけてこないものです。その値段差の証明のように、実はここ数年、100円ショップでも店頭でクレームをつけている人を見かけるようになりました。以前はあきらめていたです。以前といっても、せいぜい4年、5年前ですが、「100円だからしょうがないよ」と言って、あきらめていたんです。たまたま私の家内が外の物干しざおに掛けるフック、100円で6個入っているものを買ってきたのですが、その下に付いている挟みが太陽の熱に弱いプラスチックであるため、2カ月もしないうちに全部割れてくるのです。
　ところが紐ビニールだけはしっかりしてますから、それに新しいものを付けてあげると、100円のものは100円じゃなくなってしまいます。本来クレームをつけていい場合ですが、クレームをつけてはいません。私の場合は、値段もクレームの原因の1つにあるということがいえるのです。
　ただ、100円ショップのドライバーは見栄えはいいのですが、使ってみるとドライバー自体が曲がってしまう不具合もやはり出てきていますから、確かにクレームはクレームとして言う人が100円ショップでも増えてきています。

(2) 事業者の対応次第で不満は増幅する

【升田】　当然ですが、製品、サービスについては、本来の品質のほかにいろいろ問題があってはいけないということで、取扱説明書のようなものをいろいろ付けて提供するわけですが、中にはそれを十分見ないでクレームつけてくるような人もいるようですが、実際にはどうなんでしょう。

【関根】　ありますね。これは非常に多くて、一番いけないのは読みにくい点にあるんです。そうかといって大きい字で書いていくと、厚い本になってしまい、とても読めないという点があります。1つには取扱説明書というのは、まだまだこれから進歩していかなければいけない分野だと思います。そしてクレームになってしまうのは、たとえ読んだとしても扱い方をどこかで間違えると作動しないという現象が現れるわけです。それは本来、自分の責任なのですが、よくあるのは、電器製品の扱いで、自分の知識が足りない、間違いなんだと思って、その確認の電話を入れるんです。確認なんです、その時点では。

　ところが受ける側は、また、この内容かとなるわけです。頻繁になされる質問ですから、声のトーンが沈みがちになったり、親切、丁寧な対応が不足したり、あるとき機械的な発言をすると、本来は教えてもらいたいと下手に出ていた人が、何だ、おまえの態度はということになり、これがクレームになるということが往々にしてあります。取扱説明書のトラブルは、この手が多いですね。

【升田】　今、事業者の対応も原因になるというお話ですし、先ほどからお話をうかがっていますと、それが相当大きなウエートを占めているのではないかというようなご指摘をされていると思うのですが、事業者の対応というのは、日常的に製品あるいはサービスを提供する段階から始まるわけですね。

【関根】　そうです。

【升田】　それからクレームがついてからの対応もあると思います。やはり事業を継続する過程での事業者のさまざまな対応、そういった対応の仕方によって、クレームになるか、ならないか、あるいはクレームになったときにど

のような方向に発展するかということは影響を受けるのですか。
【関根】　事業者の対応でいうと、クレームか、クレームでないかわからないけど、相手から問い合わせが入ったときに、全く相手を疑わないで受け入れるということができれば、一番早い解決になります。会話の中で相手が間違っていれば、それを教えますし、それ以外はこちらに落ち度があるならば、素直に聞くわけですが、最初から相手に猜疑心をもたないで聞いてあげるという、つまり「肯定」なんですが、会話で「肯定」を続けていくと相手は全部話してきますから、話すことによって納得してくるんです。それで納得したことに対して、アドバイスをすれば、クレームではなく確認ということで終わるということが多々ありますね。
【升田】　私も製造物責任の問題が生じた事例うちの幾つかをみてきて、本来であれば製品の欠陥とは必ずしも言えない事例であっても、その後の事業者の対応によって、対応があまり適切でないということから、製造物責任問題に発展し、しかも集団の問題になり、結局、製造物責任として深刻な問題に至るというような事例を見聞したことがありますが、そういうこともありうるということなのですか。
【関根】　ええ、あります。十分ありますね。クレームを大きくこじらせ時間がかかるときは、多くの場合感情が絡んでいます。

(3) クレーム処理に大切な感じよい耳ざわりのよい人

【升田】　対応の仕方、あるいは手段、方法ということも問題になりうると思うのですが、先ほど電話で、たとえば、顧客センターのようなところに電話をしたとします。その対応の仕方ということが問題にされているのですが、もちろん話の内容だけではなくて、事業者における担当者の言い方の問題でしょうか。
【関根】　はい、そうですね。
【升田】　電話ですから声に非常に神経が集中しますよね。そうすると声の感じで、この人は本当にちゃんと対応しているのかなと感じてしまうわけです。

あるいは声の質によって何か腹立たしいというような事例も、私も個人的に経験したことがあります。よく声の質に敏感な人は、そういうことでさらに腹を立てるというようなことが、往々にしてありがちなのでしょうか。

【関根】 ええ、それはありますね。実は、そのことは、苦情・クレーム対応の中でも重要なことです。これはアメリカのノードストロームという高級百貨店が、人の採用で最優先に考えるのは、感じのよい人なんです。それは学歴や職業経験がなくても、感じのよい人を一番に採用するんです。そして最後にこの2人でどちらか採用しなければいけないといったときに、やはりここでも感じのよい人になるんです。たとえば、自宅にいると勧誘だったり、何か紹介だったり、売り込みだったりという電話がありますよね。それでも、感じのいい人からの電話は会話が始まります。これなんです。だからそういう人を窓口に雇っておくべきなんです。これは、能力の問題ではありません。

【升田】 確かに地下鉄とか私鉄とかJRに乗っていて、よく延着しますよね。あるいは線路間で止まることもあります。そのときに急いでいる、特に通勤時間帯なんかは、みんな、我慢はしないといけないと思いつつ、なかなか納

得できないときがあります。しかも梅雨のような状況ですと、中の空気もあまりよくないというときに、よく車掌がアナウンスをしますが、あのアナウンスをしているときの言い方と声の質によって、我慢できないような雰囲気の人と、なるほど、よく考えて不満を抑えているなという感じの人とそれぞれ感じたことがありますが、いかがですか。そういうことも関係するのでしょうか。

【関根】 まさにそうなんですが、その感じのよい、耳に刺激を与えない声、トーンという部分と、それと語調ですね、言葉のスピード、最後にやはり声の質っていうのはあります。また、これはなかなか難しいのですけど、言葉もあるんです。たとえば、山手線の中で停止して困ったというときに、これ、差別になっちゃいけないんですけど、方言が抜け切っていない人がちょっとしゃべると誰も怒りません。これが心理なんですね。

【升田】 そのほかにも事業者の対応の手段として、もちろん面談して対応するとか、あるいは最近のことですから、インターネット上で対応するということもあるわけですね。面談して対応するときには、その人の人格そのもの、対応者の人格そのものが、相手方にクレーム対応として影響を与えると思うのですが、そのような点はどのように考えておられますか。

【関根】 対応者の人格は大きく影響します。私の先輩で硬派のお客さま相談室長がいまして、突っ張るんです。すなわち、毅然とした態度ばかりで対応するわけです。ただ、その対応の仕方だと、商売を行っている場合、最終的にお客さんを逃がすことになって、失わないでいいものを失うわけです。そのうるさいお客さんを追い返したということで、先輩は満足しているのですが、そうじゃなくて受け入れたほうがよっぽど解決が早いし、利益にもなります。こういうことがわからない人はいましたね。それと言葉の使い方をいかにうまくするかということですが、否定する場合に、「でも」とか、「しかし」と言いますよね。これも語彙を一生懸命使い回すとともに、無言にもなったりして「でも」、「しかし」を言わないで言葉をつなげるという対応術もあるんです。

「でも」と言った途端に相手は頑なになる可能性がありますから、「そういうこともありますよね」、「そうですか」というように聞きながら、ちょっと疑問のニュアンスを少しずつ入れながら、「こういうことがあったということは、一応、形として報告をさせていただきます」というぐらいに言い回しを変えていく。そうすると、「でも」、「しかし」ということを言っていないわけですから、相手はすっかり聞いてくれたのかなという対応になるんです。

(4) インターネットには2つの対応

【升田】 インターネット上の対応ですと、今度はお客さんの顔もわかりませんし、声もわからないということで、そういった点の難しさはあるのではないですか。

【関根】 インターネットの対応は2つありまして、文章を読んだときに性格まで読み取るという能力が必要なんです。この人は慣れているか、あるいは攻撃をしかけてくるのか、提案をしたいのか、そういうことを文章の中から読み取るということが大切です。それからインターネットで個人を指摘してきて、自分も名乗っているというときには、対応もしっかりしなければいけないですが、相手が見えない、匿名で来た場合には、対応もしないほうがよいと思います。それから、インターネットで問合せが来たものに対しては、インターネットの対応をすることが正しいのであって、電話番号があり、急ぎだからとうっかり電話を入れてしまうと、そこからまた新たなトラブルに発展することがあるんです。

ですからどうしても詳細を、あるいはお話をしながらでないとご説明できないというときには、インターネットを介してお電話を差し上げてよろしいでしょうか、そしてどこにしたらいいですか、何時ごろがよろしいでしょうかという点を確認したほうがよいでしょうね。

【升田】 最近ではあまり多くないというか、減ってきたような感じもしますけれども、書簡を出す場合とか、あるいは簡便な方法ではファクスによる場合というのもありますね。

【関根】 あります。

【升田】 私の見聞した範囲では、書簡ですが、毛筆の立派な字で書いてこられて、非常にそれらしい雰囲気のクレームもありました。書簡などについては、どのように対応を気をつければよいのですか。

【関根】 書簡においては、メールも同様ですが、記録が残ります。ですから、向こうもそれなりに自信があるというように考える。それから先ほどありましたように、達筆の人というのはそれを見せたい。そのときにお返事をするときは、もっと達筆な人に書かせるんです。そうすると、相手は本来言いたいことではなく、文章で争い、達筆で争ったつもりが負けたと思うと、素直になってくるという事例もあります。ですが、内容次第です。正しい文章で達筆な人には、内容をしっかり対応しなければいけないとしたら、パソコンの文字でも全然問題はないと思います。相手はその点を問題にしているわけではないですから。

ただ、ひねったクレームをつけてきているときには、気をつけて対応する必要があります。双方に記録が残りますから、いつまでも確認し合えるということをわかって対応しなければいけない。そのときに企業側として、絶対間違ってはいけないのが誤字、脱字です。それからもっと細かく言えば、句読点の位置まで真剣に校正を重ねて、そのうえで臨むことがよろしいと思います。

(5) 窓口以外での対処法

【升田】 事業者としては、現在では一般的に顧客対応の窓口というのを定めて、顧客対応の窓口において電話で受けるか、あるいはインターネットで受けるかということはきちっと決めて、それを公表しているわけですよね。

【関根】 はい、そうですね。

【升田】 そういう方法でクレームをつける人は、そのような窓口で対応すればよいと思うのですが、そのような窓口を公表しながら、それ以外の方法でクレームをつける場合もないとはいえないでしょう。そうするとそれ以外の

方法でクレームがつくというのは、それはお客さんが何らかの動機、目的、その他何か特別な思いがあって行っているのでしょうか。

【関根】　それ以外といいますと、直接クレームをつけに来るというような場合ですか。

【升田】　ええ、直接クレームをつけに来るような場合です。

　たとえば、書簡を出すような場合ですね。そのような場合、何か特別の思いがあるんでしょうね。

【関根】　店頭で起こった事象に対して直接来るときというのは、相当怒っているときや、何としても言わなければ気が済まないといった場合ですね。ですが、それはその人の性格からすれば、後でじっくり考えるのではなくて、ここですっきりして帰りたいという気持があるんです。ですからその心情を汲み取ってあげないといけません。

【升田】　そうするとクレームのつけ方によっても、そのクレームの内容とか深刻度とか、そういうものはある程度、事情として考慮しないといけないということでしょうか。

【関根】　当然です。ですから直接会った場合には、その人の表情から服装から何からすべて見て、この人はこういうレベルでこういうことを言いたいのだろうということを読み取る必要があります。それでしつこいようですが、何度となく肯定しながらずっと聞いていくと、肝心要はここだということを複数回申し述べてくるんです。そこで今度は、心理の奥底に何があるのかということを読み取る必要があります。たとえば、家庭のこと、あるいは、子どものことをちらっと言ったような場合、そのようなことがクレームに絡んでいるなということを読み取らないと、適切な対応ができません。ですから、会って話せるときは絶好のチャンスだと思っていいと思います。

(6)　クレーマーになるきっかけは何か

【升田】　事業者の対応だけではなくて、顧客の動機、目的、属性、性格、背景事情、それがもちろんクレームになるかどうか、クレームの内容をどうい

う内容にするかということに、非常に大きな影響があるというのはいうまでもないことですが、先ほど、本来であればクレーマーではないのに、対応の仕方によってはクレーマーに変身するという事例もあるとおっしゃっています。そのような事例は、何かきっかけがあるのでしょうか。また、どのような事情からそのようなきっかけになるのか、それから単にクレーマーだけじゃなくて、それが過大な要求になるとか、社会的な基準からいうと逸脱した、あるいはさらにはだんだんエスカレートして、脅迫的な言辞にも及ぶというような事例もまれとはいえありうると思うのですが、それはどのようなあたりがきっかけになると認識していらっしゃいますでしょうか。

【関根】 本来、普通のお客さまがいきなりその場でクレーマーになってくるということはあり得ないです。そういう道理はないのですが、もしあるとすれば、最初に対応したときの対応のミス、たとえば、よく問題が大きくなる事例としては、クレームの内容を聞き違えて返事をしているというばかな話が現実にあるんです。「私が言っているのはこういうことなんだよ」と言われているのに、それがわからずに、違う方向にちんぷんかんぷんな答えをしてしまう理解力のない人がいるんです。

　もう1つは俗にいう常連さんといって、いつも行きつけているショップには、好きだから行くのですが、私は常連だと思って行ってみたところ、その日に限って一般のお客さまと全く変わらないような対応をされたため、可愛さ余って憎さ百倍ではないですけれど、きれてしまってそこからクレーマーに発展していくっていうのはありますね。これもやはり対応のミスが絡んでます。

【升田】 今、きれるとおっしゃいましたが、最近は、社会全体でもきれる人が多くなっていると聞きます。若い人にもきれる人が多いのですが、中高年にもまたきれる人が多いという指摘もあるぐらいなんですね。そうしますと、世の中にきれる人がそんなにいるとなると、内容は些細だったのに、だんだん売り言葉に買い言葉ではないですが、対応の掛け違いから、だんだん本格的なクレーマーになるということは、現在は誰でもありうるのではないかと

恐れているのですが、いかがですか。

【関根】　あるとすると、若い人たちへの対応で相手がきれる場合というのは、若い人たちだけに通じる言葉を理解していない担当者が受けたときです。これは意味がわからなくて、その意味がわからないことを素直に聞けばよいのですが、聞くとマイナスになると思って、当てずっぽの答えをしだすと、「おまえ、何聞いていたんだよ」というようにきれてくる事例はありました。それからお年寄りの世界では、一種の思い込みがあります。たとえば、この言葉はこういう意味だというように。その思い込んでいるものに対して、説明を加えたり、否定したりすると、いきなりきれてくるというパターンがあります。この場合何がきれたかというと、コミュニケーションがきれるだけであって、つまり会話が通じなくなった世代、または理解できない世代から始まるのではないかと、私は思います。

(7)　言葉の揚げ足をとられるな

【升田】　もちろんクレームがつく状況においては、何らかの認識のギャップがあるだろうと思います。誤解といえば誤解だろうと思うのですが、本来であれば誤解を解かないといけないわけです、だんだん、だんだんギャップが大きくなって、あるときにきれて、突然クレームに発展するということは、一般的にありうるんでしょうね。

【関根】　やはりそれも対応のミスですから、対応がしっかりできればあり得ないはずです。誤解を生んでいるなということを感じたときは、その人を傷つけないように、どういう言葉を選んで、相手に知らしめて、相手を有利な立場においておくかという、難しい言葉の遣い回しがあるんです。カチンとこない言葉を使いながら、「あなたは間違っていますよ」とも言わないで悟らせるということですから、これは相当な高等技術になりますね。

【升田】　しかし顧客の中には、最初から悪意とは言わないまでも、元々はそういうところに敏感な人なのかもしれませんが、相手方のちょっとした間違いに非常に敏感な人がいて、そこをきっかけに攻撃に転ずるというような事

例もあると聞いています。そのような人になりますと、今度はいくら気をつけていても、その場で何とか収めようと思うと、いろんなくだけた言葉も使うということになり、そのような言葉から、またクレームをつけられるということもあるのではないですか。

【関根】　ありますね。俗にいう怖い人というのは、間違いなく言葉の揚げ足をとることを狙ってきます。そしてこちらの対応のミス、うそ、時間稼ぎ、それから誠意のなさ、こういうものを引き出そうとしてるわけですから、真っ向から受けたうえで、絶対にミスをしない対応をしなければ、怖い人たちへのクレーム対応はできません。そしてもっと言うならば、同じようにうまく対応していても、相手がうまく話が進まないなと感じたときには、大きな声を出してきます。大きな声を出すということは、こちらの判断を誤らせようとしている誘いかけなんです。そういうときには、「聞こえていますから、大丈夫ですよ」と涼しい顔をして言うぐらいに対応しないと、その人たちの術中にはまります。

　そしてお金が目的であれば、最終的には、「また来るよ」、「また来るよ」と何回も来た中で、「おれの1日の日当はな」と言って、この日当をとりにかかるわけです。だからそれをさせないために、こちらは全神経を集中させる必要があります。このような場合の対応は、狙われているなと思ったときには、最小限の言葉で通じるように話さなければなりません。余計なことはしゃべらないということです。

【升田】　そういう人が中にもいるということは、できるだけ早い段階でどういう属性、あるいは性格、あるいは背景事情のあるクレーマーなのかということを、できるだけ的確に認識するということが、最初の段階で重要なんでしょうね。

【関根】　重要ですね。これは5W1H（誰が、何を、いつ、どこで、なぜ、どうやって）ですか。相手はなかなか名乗りたくない、電話番号を言わないというときには、これだけは毅然としていいんのですが、「ご住所がわからないと対応ができかねます」、「携帯電話だけでは対応しきれません」、「この

お名前はこのご住所とご一緒ですね」とか、こういうことをきっちり確認していいと思います。それに対して相手から、「何をおまえ、疑っているんだ」と言われたら、「いや、これは確認です」ということをしっかり言わなければいけません。

(8) 悪質クレーマーを見分けるコツ

【升田】 今のように、社会的にも非常に恐怖感のある人たちもいますし、最近ではさまざまなクレームのつけ方を紹介するような、あるいはマニュアルのような本も出版されていることも事実で、そこに体験談のようなものも公表されていて、現実にそういったところで経験を積んできている人もいるわけです。そのような人たち、クレーマーについては、最初は何気なくやってきていても、ある時点から非常に深刻なクレームになる場合があります。前の会社ではこれぐらいのことは処理したのに、何でここでは同じように対応しないんだみたいなこともにおわせながら、クレームをつけてくる事例もあるということを聞いたことがあるのですが、そういうものも、ある程度見分けることはできるのでしょうか。

【関根】 できますね。今、事例にあったように、たかりとか、ものを要求するような人というのは、間違いなく話を長引かせていくと、この店ではこういう対応があったということを明確に言いますし、過去にこの店ではこんなことがあったと、全然関係ないことでも、ここはこういう対応をしてくれたなど、自慢げに言うんです。そのときに、全部話の内容を控えるんです。どこの何売り場、どこの何売り場というように。ところが、この店はよくないということを言います。この店はなっていない、ここの何々という担当はとてもなっていないというように。実は、この話から解決の糸口を見つけます。話の中に出てきた「なっていない」と言われた人は、その人をうまく追い出した人なんです。だからその人と連動することによって、こういう輩は追い返すことができます。

【升田】 私の体験からすると、言葉の少ないクレーマーよりも、あれこれし

ゃべるクレーマーのほうが、うまく対応できるのではないか、経験と能力もある程度必要ですが、しゃべってくれるクレーマーのほうが、後々の対応がやりやすいと思います。

【関根】 まさにそうだと思います。逆に、われわれが肝心要のときは言葉を慎むのに対して、相手がぺらぺら、しゃべってくれると、間違いなくぼろが出ますから、言葉だけではなく、裏の裏も探ることができ、解決の糸口がその中に見つかる場合があります。

【升田】 こちらのほうがしゃべるよりも、むしろできるだけ最初のころは時間がかかっても、どんどん質問をしてしゃべってもらうほうが、後の対応がやりやすいように思います。

【関根】 おっしゃるとおりです。そこで大事なのは、相手にしゃべらせる話術を身に付けているかということです。

【升田】 クレームがつきますと、企業によって違うと思いますが、早く解決しなければいけないという要請というか、そのような思いがどなたにもおありだと思いますし、長々と同じ人を相手にしていると、たとえば、ほかにいろんな仕事があると、ついつい電話を切り上げたくなる。時間がないとなると、向こうもそれを敏感に察知して、何かあまりその後の対応がうまくいかないように思います。

【関根】 そのとおりだと思います。私も心掛けているのは、ともかく相手が何か言ってきたら、いい、悪い、といった判断をする前に肯定するんです。その後でうそなのか、いちゃもんなのか、本当のクレームなのか、企業提案なのかということは途中で判断するわけですから、そこから態度をどんどん変えていけばいいんです。ただ、入口ではすべて肯定して、猜疑心をもたずに全部聞き出すことが大切です。そして話の核心がつかめるまでは、相手の言葉じりをとって、オウム返しにして次の話をさせるように繰り返していくんです。

　そうすると向こうが乗ってきますから、それに合わせて、よし、ここですべてわかったな、あるいは相手も全部言い切ったと思った段階で、相手方の

攻め手がなくなるわけです。
　ところがクレームを得意としている人は、攻め手がなくなることがないんです。また同じことを言い出すわけです。「実はな」、「さっきも言ったけど」というように。そうしたら、こちらも「さっきも聞いたけど」と言いたいところですが、そうではなくて、話が始まり、同じ方向へ行ってこの結論になるんだなと思ったときは、先回りして、「その状態はこうなったということですよね。先ほどお聞きしましたが？」というような話をして打ち切るんです。そのような対応が非常に大事なんです。
　そうすると、「何だ、こいつは聞いているのか」と思うわけですね。そのうえで、「さらに何かご不満な点がございますか」というように、もっと深いことを言わせるよう相手を突くんです。そうなるともうこれ以上ないっていうときに、「わかりました。じゃ、そのご不満に対して、当方としての対応を図らせていただきます」と対応します。この時点で初めて底が見えましたから、そろそろこちらのペースで対応しようということで、「それでは、そこまでしかないのでしたら、あなたの言っていることはいちゃもんですよ」と言うわけです。「間違っていますよ」と言ったときには、今度はその間違いを直すために、時間をかけて相手との会話を測りながら、少しずつ、あなたの間違いですよね、間違いですよねって悟らせるようにしながら、話を進め、それでもあなたはお客さんですという立場におかなければいけないわけです。

(9) 何が言いたいのか徹底的に聞き出す

【升田】　クレーム対応の解説で、しばしば企業側は丁寧な対応をしなさいみたいなことを言っているものがあるのですが、丁寧な対応というのもわかったようでわかりません。

【関根】　そうでしょうね。

【升田】　別にクレームが来たからどなる必要ももちろん全くないわけですが、かといって猫なで声で対応する必要も全くないわけです。その最初の段階で

一番重要なのは、具体的に何を言っているのかということを、細大漏らさず聞き出すことです。時間が迫っているからといって、時間的な制限を受けて聞くのではなく、できるだけ可能な限り聞き出すということ、それを記録に残すということが一番最低限の要請として重要だと思うのですが、今、おっしゃった話は、大体、そこに通じるのでしょうか。

【関根】　全くおっしゃるとおりで、もっと難しいことを言えば、いくら興奮して怒っていても、興奮させることを抑えながら対応するという技術もあります。

【升田】　私も基本的には同様に考えるのですが、ただ、相手方にもなかなかたけた人がいて、たとえば、長距離電話をかけてきて、そんなに長々何を言わせるんだ、早く対応しろみたいなことを言ったりするような人もいますし、関根さんの本では遠路タクシーでやって来たというような事例も紹介されていて、遠路はるばるやって来たのに、何で長々聞いているだけなんだ、早く対応しろみたいに、逆に事業者のとるであろう対応を前提として、さらに新たな作戦を仕掛けてくるクレーマーもいます。そのようなクレーマーにはどう対応すべきでしょうか。

【関根】　慌てていたり、あるいはいらついている人、そういう人に対してわれわれがとった方法は、冷静に話をさせるということです。中でも、会話には相当気遣う必要があります。ですから、「対応はしっかりさせていただきますから、ご安心ください」といった言葉も途中で入れる必要がありますし、慌ててべらべらまくしたてる人たちには、「落ち着いていただいて結構ですよ」といった会話をしながら、ともかく相手のいらつきをとることを考えます。たとえば、長距離電話のように、かけている先が遠方だとわかった瞬間に、「折り返しお電話を差し上げますが、よろしいですか」というようにです。

　ところがこれで大事件が起きるのは、相手の電話番号を聞き間違えしたときなんです。これは大事件になるんです。これは、確認するときも本当に慎重に行う必要があります。クレームの電話に対しては、確認をして、「もう

１度よろしいですか。かからないといけませんので、再度確認させてください」と言って、また聞くというぐらい慎重にやる必要があります。

　興奮してくると、自分で言ったことでも、間違えてしまうことがあるんです。

【升田】　電話番号を確認できないときもありますが、さらに相手方の中には遠距離で、しかも、公衆電話からかけているんだというような、別の方法を考えたり、世の中、いろいろ工夫する人がいます。また、携帯電話が最近普及してきて、携帯電話からかけてくる人もいます。

【関根】　ええ、います。そうすると、どこにいるかもわかりません。

　公衆電話の場合には、可能かどうかわかりませんが、電話会社に相談して、お客様がお金がなくてかけられないので、こちらからかけたいと言えば、公衆電話番号を教えてくれる場合もあります。

⑽　公的機関などにクレームを持ち込まれた場合にどうするか

【升田】　対応の仕方に時間が相当かかりそうな場合、弁護士の知り合いもいるのだから法的手続に訴えるぞというようなことを言ったりする場合があります。また、最近ですと、いろいろ消費者のクレームを受け付ける窓口は別に企業だけではなくて、公的な機関、あるいは準公的な機関といろいろありますから、そういったところにクレームつけるぞ、あるいは監督官庁に言うぞ、あるいはさらには業界団体に言うぞというような人も相当いると聞いています。そのような場合にはどう対応されますか。

【関根】　これは何通りかあるのですが、弁護士を立てて訴えるぞということになると、瞬時に判断は難しいのです。弁護士を立てて論争したって大した金額ではないというように、そちらも損をするのではないかということをわからせる必要があるわけです。誰が儲かるかといったら、弁護士さんだけですよと、素直に言います。「この件で弁護士さんを立てて訴訟を起こすことはおやめください」と、はっきり言います。

　そうすると向こうは、「おまえのところが不利になるからそう言っている

んだろう」と言うから、「いや、そんなつもりはございません」、「訴えてもらうことは構いませんし、私どもは対応はさせていただきますが、訴えて時間をかけてどれくらいの金額になると思っているんですか」、「あなたは、おけがをされているわけではないですよね」、「そういう無駄なことはやめましょうよ」、「いずれ何でも訴訟で解決する時代が来るかもしれませんが、やめましょう」というように理を諭すんです。通常、この程度のトラブルですと弁護士は依頼を引き受けませんからやめましょうという話にもっていくわけです。

　ところが、今度は公的機関に訴えるぞっというときには、「やむを得ないですね」と言うより仕方がないです。こちらとしてそれ以上の返事ができないときにいい加減な返事をすると、裏をかいてやろうと思っている相手の思うつぼになりますから。でも真正面から正しい姿勢でやっていれば、「申し訳ございません。公的機関に訴えられてもやむを得ないと思っております。私どもは言われたとおりの対応をさせていただきますが、あなたさまへの対応はいっさい変わりません」ということははっきり伝えてよいと思います。

　よくある脅かしですが、食品を買った人が翌日になって下痢をした、そうしたらこれが食あたりだったんです。寝冷えの影響かもしれないような食あたりでありながら、食中毒だと言ってくるんです。こちらは、「そんなことはありません」とは言えないものですから、「わかりました」と言って、「その残りがありますか。あるいはその食品が入っていた容器がありますか。そのことをちょっと確認して、頂戴にあがります」ということを言って、訪問する手はずを整えます。そうすると向こうは金品が目当てだと、「保健所に言うぞ」となるわけです。「申し訳ございません。そちらの所轄保健所はどちらですか」と言って、「連絡先がわかればこちらから報告いたします」、あるいは電話のときには、「保健所に言うぞ」と言われたら、「地元の保健所にお願いします」と言って、「私どもは私どもの管轄の保健所に通報いたしますので、よろしくお願いします」と言えば、脅かし用に言った言葉だと現実には通報しません。

44

⑾　クレーム発生と報道は関係するのか

【升田】　先ほど紹介しましたように、さまざまなクレームをつけるということと、不満をもつということは、だいぶ違うわけで、クレームつけるにはいろんな事情が影響するのだろうと思うのですが、たとえば、最近企業の不祥事があれこれ発覚し、報道されています。その中にはたとえば、食品偽装のようなものが問題になって、食品に対する信頼を失わせるような事態が報道されているのですが、こういった報道がされるとクレームの発生に影響するのでしょうか。

【関根】　影響します。2000年6月の雪印の事件であったのですが、牛乳で食中毒になった後、1カ月間か2カ月間は全業態で2割くらいクレームが増えたんです。もちろん、その後は減ってくるのですが。普段だったら我慢して言わないようにしていた人たちも、報道によって、このくらいは言ってもいいだろうと思うようになり、気になる事件に対しては、みんなが勇気をもってクレームをつけるようになるわけです。

【升田】　もちろん実際に不祥事を起こした企業に対して、どれくらいの数のクレームがついたかなどということも報道されます。

【関根】　そういった数が出ますね。

【升田】　そうすると、その企業だけではなくて、同業他社、あるいは同業他社以外の類似の商品を製造、販売しているようなところにも影響があると考えられます。

【関根】　それこそさっきの雪印ではないですが、クレームの数が3割とか4割、5割も増えたのではないでしょうか。全く関係ない業界も全部底上げになります。それにより、クレーム全体の件数の中で2割増えると言われています。

【升田】　場合によったら、売り上げが落ちるという事例もありました。

【関根】　ええ、あります。対応のミスによって落ちますね。

【升田】　場合によったら風評損害のようなものが生じるということもありうるのでしょうか。

数年前から食肉の問題があれこれ報道されたり、あるいは輸入品のギョーザの問題が報道されたり、最近ではたとえば、食品の使い回しの問題が報道されたり、さらにウナギの問題も報道されて、社会的には何を信じたらいいのかなどというような声もあります。そういった報道がされると、これは同業他社あるいは類似の製品を売っているところには、相当影響があってクレームも増えるんでしょうか。

【関根】　増えますね。たとえば、使い回しというのは以前からありまして、決して大きな事件でもないんです。ただ、使い回しが大きく報道されてしまうと、使い回しをしていなくても、ダイコンにキュウリがちょっと入っているような場合に、「これ、使い回ししているんだろう」といちゃもんをつけられるわけです。でも事業者も事業者で、飲み屋さんとかレストランであれば、この時期なら「当店では一切使い回しはしておりません」という看板を出すなど、そういうウイットがあってもいいと思います。それともう１つは、調理場が見える飲み屋さんというのはいくらでもあるわけで、そういったお店は絶対使い回しができませんから、使い回しができないことを書くべきです。

(12) 社会環境が攻撃を助長しているのか

【升田】　昨今では、企業の社会的責任が強く強調される時代で、非常に大きな企業であれば、大体、どこでも社是といいますか、会社の企業理念を公表しています。非常に立派なことが書いてあって、本当に目標にしているのだろうとは思うのですが、社会的に立派なことを書けば書くほど、それが攻撃の材料にされる。実際に提供している製品、サービスはなってないじゃないかと言う人もいます。そういった社会的な環境というか、そのようなことが求められれば求められるほど、何か攻撃しやすいということはあるのですか。

【関根】　確かに言われやすいのですが、それは社是ですから、こうだと思ったことはちゃんと書いておいていいと思います。それで指摘されたら、改善すべきことが、ユーザーからの声として来るのであれば、社是を変えるので

はなくて、社是に合わせるようにしていくということが社是の目的です。ですから、今、私は医療界に、自分の医院の目標を患者さんに出しなさいと説いています。その中には歯の永久的な管理であるとか、患者さんの健康をめざすとか、そのようことを入れておくべきなんです。そうでないと、今度、患者さんたちは、何か不具合があっても、どのように文句を言っていいかわからないわけです。

　「あなたのところは、ここにこのように書いてあるじゃないの」、「私のことを本当に考えているの」、というような言われ方をしたほうが気分はいいですし、先生も「申し訳ございません」、「再度診ましょう」ということになるわけです。それが今度は、信頼に変わるわけですから、会社であっても、社是は楽な社是に逃げる必要はないと思いますし、理想を表記していいと思います。

【升田】　企業にしても、個人の事業者にしても、めざすべきところは目標としてきちっとめざし、努力すればいいわけですね。

【関根】　そうです。

【升田】　場合によったらそれを見て、「何だ」と言う人がいても、それはクレーム対応としてきちっとしなさいということでしょうか。

【関根】　そのとおりです。言われやすくしたほうが、私は賢いと思います。

【升田】　先ほど関根さんもご指摘になりましたように、日々、社告といいますか、リコールが新聞等に出ることがあるわけですが、そういったリコールあるいは社告というものが出ると、現実としてクレームは増えますか。

【関根】　一時的だと思います。社告などを見た人が、一時的に「何だ、おまえのところは」と来るんです。でもその後はトーンを下げざるを得ないです。ですから、これも受け方で、「申し訳ございません。当社も本気で徹底して調査いたします。最後の１件がわかるまで探し続けます」と言うべきですね。「最後の１件がわかるまで探します」と言うのではなくて、「探し続けます」と言うことが大切です。日本語は難しいですね。

【升田】　リコールをするかどうかというときに、やはり根拠のないクレーム

が増えるのではないかという懸念があるものですから、そういった事情も考慮するかどうか、どういう内容のリコールをするかという検討はしますけれども、やはりそのリコールの具体的内容が必要で、かつ事故の起こる可能性も相当あるということであれば、リコールを行う際には、クレームが起こるということをあまり懸念してはいけないのでしょう。

【関根】　それがもし、人命にかかわる可能性があったら、何を差し置いてもリコールを行うべきです。

【升田】　生命、身体にかかわるという蓋然性というか、そういうものがあれば、きちっと対応すべきですね。

【関根】　そうですね。それともう1つは、会社がしっかり判断して、やろうとしたらそのまま邁進すべきで、隠せば某自動車メーカーのように処罰まで受け最悪の事態になります。

⒀　法制度の変化がもたらす影響

【升田】　企業のほうでもそういった社訓、社是、あるいは基本理念というような形で、自社のイメージを社会にアピールしようとしている、あるいは製品、サービスについては取扱説明書、あるいは一般的な企業活動として、できるだけそういうものをオープンにしようということはあると思います。しかしながら、それでは、本当にクレーム処理の段階に至るまで、そこの社会あるいは消費者ときちっとコミュニケーションをとっているかというと、まだまだ何か十分ではないような気もします。しかも法律制度がどんどん変わる現在のような世の中だと、法律制度に対応するだけでも非常に大変で、もう大変だ、大変だみたいなことになって、後手後手に回っているところもあるように思います。もう少し何か社会に対して、あるいは社会とのコミュニケーションというものを考えたほうがいいのではないかと思います。関根さんはどのようにお考えになりますか。

【関根】　法律とどこまでどう絡めるのかわからないですが、1つは、クレームに対応する部署には法律に長けた人もいなければいけないと思います。特

に、新製品に対する意見には、素直に耳を傾ける姿勢を大切にして、どういった状況が出てきているのか、つぶさにつかんでおかないといけないと思います。

4 クレームの過程を把握する

(1) クレームの背景を理解することが解決の早道

【升田】 今、お話を伺っていますように、クレームをつける場合に、いろいろな動機、目的、その場の状況というのがあって、実際にクレームをつけると、企業のほうでもいろいろ対応をしてくれます。そこで何らかの意味で解決に至るわけですが、そういったクレームの過程が、やはりあるわけです。クレームを生ずる端緒から、そこから顕在化する過程というものに非常に興味をもっていて、そのような過程をきっちり把握していかなければ、クレームの防止あるいはクレームへの適切な対応というのは、なかなか難しいのではないかと考えています。

実際にクレームをつける人と話をするときには、どのようなきっかけだったのか、あるいは背景の事情について、関根さんのお立場であれば、いろいろ実際に対応するときには、できるだけ聞いておられるのではないかと思います。そういうことは過去のご経験からきちっと聞いて対応したほうがよいのか、そういったことを聞いておくと、どのようなところに利用できるか、といった点をお伺いしたいのですが。

【関根】 何らかの問題が生じて、クレームを申し入れてくるわけですが、これは通常、クレームを言う側が正しいということで判断するならば、クレームを言う人はやはり何か不満とか不安とか不公平とか、そういうものに基づいて、あるいは不良品を原因としてクレームを言ってくるわけです。それに対して、今度はこちらがどのくらい冷静に聞き、対応して満足を得ていただくかということになるわけですが、過去のクレーム、今でもそうだと思いますが、クレームを言ったけど、聞いてもらえない、理解してもらえない、こ

ちらの説明がうまくないことで、お店や商品から離れる人がクレームを言った人の3割ぐらいはいると思います。

　また、逆にクレームを言った際に、対応した担当者の言っていることはわかるけど、十分な満足を得るまでに至ってないという人が、3割くらいいると思います。ですから6割くらいは何かくすぶっているのではないかと思います。後の4割は一応が付きますけど、満足というかわかったということになるわけです。私の集めている統計においても、満足した事例としては何を感じるかというと、対応する者の態度なんです。相手にとって真摯な対応というのは、態度そのものが一番重要です。そして、説明している内容がわかるということが、次に重要です。ですから、クレームの処理は、謝罪などの内容よりも、態度と言葉で誠意を見せることが、解決には一番早いんです。

　しかし、問題が大きくなっていくというのは、対応がちぐはぐであったり、あるいは仕方なく対応している姿勢が見えてしまったりする場合です。さらに、クレームをつける側も冷静に申し入れをしたかったが、相手が真摯な対応をしないということで、言葉を強く、語調を強くすることで事がだんだん大きくなってくる。そして、相手方に対して抵抗するということがあるんです。

　仮に100％こちらに落ち度があったとしても、売り手側、商業側、企業側としては、そうは言いましてもという気持があり、何も抵抗する必要がないのに必要以上に時間をかけてしまう。やがてそれでも収まりがつかないと、正しいクレームを言った人に対して変人扱いをする。「あの人、ちょっと変わってるよ」というように、それで内々で溜飲を下げているんです。

　さらに、「もうこのクレームは放置したほうがいいんじゃないの」というように、逃げの手を打つんです。そして最近の人はそれで黙ってはいませんから、もう2度とお店には来ませんし、商品を購入しません。でもそれで済まない人は収まりがつかなくなりますから、次は要求がアップしてくるわけです。最近は、こういうことを繰り返してる例が多いようです。

(2) クレーム対応の窓口は必要か

【升田】 企業としてクレームに対応するためには、まず最初にクレームがつくときに、どのような窓口で対応するかが重要ですが、企業では顧客相談室やクレーム対応の窓口のようなものを設けるところが増えてきているわけです。やはりクレーム対応をするためには、そういった窓口をまず設けるべきでしょうね。

【関根】 もちろん設けるべきです。

【升田】 クレームの入り口を明確にしておくということですね。

【関根】 はい、入り口を明確にしておいたほうが、対応の専任者がいるということで、企業としても、顧客としても安心できるというメリットはあります。

【升田】 そういう組織、部署を設けておくということを前提にすると、実際にクレームがついて一連の過程を経ていくわけですが、そのような過程の中で、どの段階が一番重要だと思われますか。たとえば、インテークというか、最初の段階でしょうか。

【関根】 最初ですね。ともかく最初の対応で受け入れることができれば、解決までの3割方が終わったのと同じでしょうね。

【升田】 私は最初の段階にどう対応するかということが一番重要で、逆にいうと最初の対応を選択できるのはクレームをつける人です。

【関根】 そうです、そのとおりです。

【升田】 クレームを受ける人は、それを選択できないわけです。そうすると常に受け身の対応を迫られる。そういう部署に担当者としているというだけではなくて、やはりいろいろな心の準備というものが必要だと思いますし、現にそうやっておられるとは思いますが、そのような緊張感というのは重要だと思われますか。

【関根】 はい、重要です。ただ、主導権は文句を言う、つまりクレームをつける側にあるのですが、どこかのタイミングで逆転しないと駄目なんです。つまりクレームを受けた側の答えが優先して、クレームつけた人の気持を組

み込んだ言葉を使うことにより、受け手側がリードしていく必要があります。お客さまをここで満足させて、ここで落としどころを見つけようという流れにもっていくわけですから、それができずにただ聞いているだけでは、結論がどの方向に行くかわからなくなります。

【升田】 さきほどの話の中で、最低限重要なことは、どういう内容のクレームであるかということを正確に伺って、記録に残すということが重要だということをお話ししましたが、それは第一段階であって、次の段階は、クレームをどのような方向にもっていくかという点が重要ですね。できればそういう積極的なアプローチもその段階でできればよいということですね。

【関根】 そうです。これも慣れになるのでしょうが、ともかく話を聞いて早い段階に、この人はこういう満足を求めているから、このあたりで落としどころを見つけようと決めます。そして対応しながら、いや、ちょっと最初の視点や観点が違っているなと思ったら、あくまでたとえですが、それを上にするとか、右に置くとか、下に落とすというような作業を、またさらに、よし、こっちへ持っていったほうが、この人には効果的だというのもあるんです。たとえば、すごく乱暴で、どこへ行ってもこの人は突っかかる人なんだろうなと思ったときは、今までこの対応をしてあげようと思ったときよりも、忠告を1つ、2つ入れた対応をして収めようということまで考えなければいけません。

(3) クレーマーを顧客に変える

【升田】 そういったクレームの中で、社会的にどうも逸脱していると思われるような例外的なものを除けば、できるだけ積極的にくみ取ってあげて、企業としての顧客として維持しておきたいということになるわけですか。

【関根】 なります。

【升田】 そうではない、社会的に逸脱した人まで取り込まなくても、別に構わないわけですし、社会的に逸脱した人に対してはまた別の対応をするのでしょうね。

【関根】　実は私の場合、社会的に逸脱したといえるような人も取り込んでしまいます。なぜかというと、こういった輩を放置しておくと、またどこかで不当なクレームをつけるんです。だからこういったクレーマーを自分の手中に入れなければいけないわけです。そして、このクレーマーにすごく距離を近づけて、友達になったふりをするんです。この人たちは友達もなく、孤独感が強いんです。だからうっかり近づきすぎると、こちらへたびたび遊びに来るようになります。

【升田】　社会的に逸脱しているようなものについても、できるだけ話を聞いてあげて、もう2度と同じようなことはやめたほうがいいよということまで教えるわけですね。

【関根】　ええ。それと、こちらから相談を持ち掛けさせるような振り付けをしていくんです。

【升田】　なるほど。どのような方向のクレーマーなのかということを、できるだけ最初の段階で的確に判断するということが、一番重要だということになるわけですね。

【関根】　そうです。

5　製品の不具合等のクレームの原因を完全になくすことはできない

【升田】　クレームといっても、最初の話にありましたように、社会のいろんな場面でどんどん発生していて、今までクレームがついていない分野でも、今後またクレームがついてくるということがあるでしょうが、そのようなクレームの種は、先ほどの原因から見ても社会から完全になくすことはできないと思います。やや問題を転じてみて、製品の製造、販売の分野に限定してお話を伺っていきたいと思うのですが、世の中、それこそ製品はたくさんあふれていて、関根さんも長年勤めてこられました百貨店なんかは、文字通り百貨を売るというところですから、製品に囲まれて仕事をしておられ、やは

り製品に関するクレームが多かったと思うのですが、現実に多いなという実感をおもちですか。

【関根】 既存の商品ではクレームになるような不具合はあまりありません。ところが、ある新しいジャンルの商品が出てきた場合にはクレームも発生します。たとえば、液晶テレビが今から10年くらい前に世の中にたくさん出ました。当時は、製造過程の不備などあらゆるクレームが出ました。これはいち早くクレームになったものを次から次へと把握し、報告をして企業側にも提案するということを行います。たとえ、些細なクレームでもそうなんです。昔の話になりますが、たとえば、1979年に発売されたウオークマンは、皆さんご存じのとおり、音飛びがしました。歩くと音が飛んだんです。1号機の場合、「それが当たり前なんですよ」で済んでいました。2号機についてはナショナルが出したのですが、それも音飛びがしました。それでやがて何号か出てくるうちに、ソニーも、また違うブランドも、全く音が飛ばないもので出てきました。

　そして、今度はCDウオークマンが出ました。これも、また音飛びがしたんです。ただ、それはもっと早い段階で音飛びが修正されるんです。こういった新製品が出てきたときには、視野を大きく広げて情報を聞くということが大事だと思います。

【升田】 なるほど。それこそ文字通り山のように新製品あるいは改良製品というものが、年々市場に出されます。もちろん製品が多様化し、かつ豊かになれば、もちろんそれはそれで好ましいことでありますし、そういうものが出ることによって、社会が豊かになるというのはそのとおりなんですが、製品が出ても、たとえば、使用している人の生命、身体に危害が生じるような欠陥があるとか、あるいは火災が発生するというような欠陥があるものは論外です。こういうものは、クレームやそういう以前の問題で、発覚した場合には、当然企業としてもきちっと対応すべきだと思います。それ以外にも、製品に関するクレームはあるんでしょうね。

【関根】 ええ。そうですね。身体にかかわるというのはめったにないのです

が、今から12年から13年ぐらい前に、女性の洋服で、ふわふわと毛羽立っている起毛材のものがあったんです。ちょっと流行っていたのですが、それが引火しやすかったんです。それでやけどをするという事例が出まして、その洋服はすぐに製造中止になりました。

【升田】　朝起きて、たとえば、ガスコンロを使用しようとし、ガスコンロに点火したときに、着ているものに火が付き全身に火が回るという問題がありました。

【関根】　ありましたね。それ以外にも、製品の不具合といったトラブルが数多くありました。

6　製品から生ずるさまざまなクレーム

(1)　取扱説明書はクレーム回避の宝刀か

【升田】　一般的にいうと、製品というものは、誰かが製品のコンセプトを考え、企画し、設計し、材料を選択し、製造、加工し、検査し、表示、警告を付け、かつ宣伝、広告をし、販売するという一連の流れがあるわけです。当然ですが、企業としては使用状況というのを想定したうえで、現在の製品について、いっさいの危険をなくすということはあり得ないわけですね。何らかの危険があるという場合、通常、誰でもわかるような危険については使う人が当然認識するだろうし、できるだけそのような危険が現実化しないような工夫もするわけです。それでも、避けられない、あるいは重大な危険が発生するという場合には、取扱説明書等できちっと表示、警告するということで、現に取扱説明書は非常に詳しくなっています。

【関根】　見やすくなっていますね。

【升田】　しかしながら、それでは実際に事故というもの、あるいは不具合というものがないかというと、実際のものを見ますと、使い方が非常におかしく、わざわざ危険な方向で使ってしまっているというように、誤使用という場合もあるし、取扱説明書に書いてあるのに、それに反する使い方をしてい

る場合もあります。また、そもそも取扱説明書なんかを、あまりよく読まないで使用している場合もあります。逆に、あまり知識、能力が十分でないのに使用している事例もあるということで、事故というものはどうしても不可避であるとは思うのですが、そういったものが生じた場合にも、このクレームが製造業者に対してつけられるだけでなく、販売業者に対してもつけられることはあるんでしょうか。

【関根】　もちろん、販売業者にもあります。たとえば、昔から多いのは、ビデオデッキのテープが入らないというクレームです。でも、ビデオデッキの中にミニチュアカーが入っていたなんていうことがあるのです。これは開けてみれば一発でわかるのですが、そんな場合でも、ユーザーは不良品として強く抗議してきます。お客さんは原因を知ってバツが悪くなるのですが、日本人はそのようなときの謝り方が下手です。

【升田】　本来、故障したときの取扱いのようなことは、取扱説明書に一応書いてありますが、そのとおり取り扱わないで、すぐ電話する人もいるんですか。

【関根】　ええ、そういう人もいます。たとえば、今のビデオデッキなんかでも、種類によっては「電流が流れていると危険なので、ここは開けないでください」と書いてあるんです。取扱説明書があって中に何かが入ってないか確認してくださいと書いてあっても、「開けないでください」という一文があると、開けないまま、業者を呼びます。ところが、修理が終わると、今度は開けないでくださいといったから、中が見られなかったのだと言うわけです。ただ、修理業者は出張費だけで7000円ぐらい取りますよね。それでトラブルが起きるんです。

【升田】　有料になったことが問題になるわけですね。

【関根】　そうなんです。

【升田】　無料であれば別にトラブルにならなかったものが、有料になった途端に、「何だ」ということで反論を受けるわけですよね。

【関根】　ええ。それはお客さんには納得していただいて伺うのですが、「だ

ってここは開けるなって書いてあるじゃないか」、「おれだって開ければわかった」というへ理屈を言いますね。それから商品の場合、業者から発生するクレームもあるんです。配送の遅れとか。そういうものが原因となるクレームもあるのですが、実はベッドを運び込む場合、階段上げと外上げという運び方があるんです。階段が通れないと外からひもで吊り上げるんです。階段で上げると2階までは無料、3階まで上げると2000円といったルールがあるんです。ところが外から上げると2階でも5000円、3階の場合は8000円というように決まっています。

　すると、悪い業者は階段から運べるのに、小遣い欲しさに外から吊り上げる場合があるんです。それでクレームになることがあります。それは、製品というより、付随するサービスに入るのでしょうけど。それから製品でいうならば、売価とコスト、つまり研究開発費がかかっている製品は価格が高いわけですよね。買うには買ったけどすごく高すぎるのじゃないか、次に出された同種の製品は6割くらいの価格になっているというクレームがありますね。

【升田】　確かに買った直後に新製品なり、改良品が出て、しかも値段が安くなってかつ能力がよくなっているような場合がありますよね。そうすると一体、何だということで腹が立つ。あきれるような事例というのもあるんでしょうね。

(2)　新製品が出たあとは要注意！

【関根】　ありますね。アップルからi phoneという携帯電話が出ましたよね。i phoneは非常にたくさんの人が買いまして、話題性がありますが、発売当初の段階ではマニュアルが英語版しかなかったわけなんです。そうなると日本語版のマニュアルがないと使いこなせない人がいて、そのことに対するクレームが出たかもしれません。しかし、それは「始めからそういう説明でしたよね」と対応されたと思いますし、器械ですから使ってみれば使えないことはない。ところが、次に売り出されるi phoneはすべて完ぺきにしたもの、

第1章　クレームの現状から学ぶ

つまり日本でこれだけ売れるということがわかれば、すぐ次の機種には日本人が訳したマニュアルがつくわけです。しかも、精度を上げてきます。

【升田】　不満の種はどこにでもあるということになりますと、製品の改良あるいは新製品を出す、値付け、そういったところでも常にクレームが起こりうるということになる。そうであれば、それなりの心構えをしておいたほうがよいのでしょうね。

【関根】　はい。覚悟をしておけというのではないですが、ただ単に1号機や新製品というものには不具合がついて回るのかなと思います。

【升田】　新製品には初期の不具合というのは発生しやすいというのは、すでに一般原則として言われているわけですよね。

【関根】　はい。

【升田】　普通の人は我慢するのでしょうが、我慢しきれない人が社会にいるとなると、それがクレームの種になるということは、予測しておいたほうがいいのでしょうね。

【関根】　さも完璧な宣伝の仕方にも問題があります。それだったら最後に、「これはｉphoneの1号機です」と出せばいいのです。1号機ということを示すということは、まだ改良の余地がありますよということを意味していますから。

【升田】　確かに宣伝、広告の仕方も非常に巧妙になっているということはありますね。

【関根】　やはり宣伝、広告の際に、見えない防御をしておかなければいけないんです。

【升田】　それを信じたと言われると、期待のギャップが生ずるということですか。

【関根】　大きなギャップですね。

【升田】　そうするとそれがクレームの種になるということですね。もちろん宣伝、広告はうそではないのでしょうが、誤解を与える事情にはなるのでしょうね。

Ⅱ　クレーム発生の不可避性

【関根】　そうですね。たとえば、食品などでも起こり得るんです。サワラという魚がありますよね。本サワラですが、日本でいう本サワラは瀬戸内海でとれるものが質の良いものとされているんです。ところが沖サワラといって沖に出てとれるサワラもいるんです。これ、種類がたくさんあるんです。ところがその沖サワラのほうが、どちらかというと味が良いことがあるんです。A百貨店の広告で本サワラを販売しているのを見て、本サワラの切り身を買ったお客さんがいたんです。実は、ご主人の誕生日を祝うために買ったんです。

　この方は、小料理屋の女将さんだったんです。それで家へ帰って、板長に焼いてもらおうと思って頼んだら、「おかみさん、これは沖サワラだよ」と言われたわけです。ショックを受けた女将さんから、メールをいただきました。「私は信用して買ったのに、A百貨店ともあろうものが」、「早くその表示を直してください」といった文面でした。この方は、格の高い方です。代替品も何も要求せず、「早く直してください」とおっしゃるだけなんです。でも本当は社会的に使命をもった百貨店とすれば、お詫び状を出すとともに、

「いついつから表示のあった本サワラは間違いであり、沖サワラでした」、「価格にも見合ったものにするために、返金いたします。あるいは新しい本サワラとお取り替えします」ということを表示しなければいけません。

そうすると買わなかった人も来る可能性がありますが、それでもそういう表示をすることが、本来、適切なクレーム処理だと思うんです。

(3) レベルが落ちた従業員の顧客対応

【升田】 いろんな競合する製品が出されている中で、やはりイメージ、ブランドを求めるお客さんというのは相当いると思いますが、そのイメージ、ブランドが裏切られたというときには、それもクレームの種になりますか。

【関根】 確かに、なります。

【升田】 従前はどちらかというと、実際に被害が生じなければ、なかなかクレームは出てこなかったという時代もあったと思うのですが、最近では、イメージなり、期待が裏切られたというように、現実に具体的な不満が生じてなくても、何か裏切られたなという思いだけでも、一言言いたいということがありますね。

【関根】 数は少ないのですが、確かにありますね。

【升田】 売るということになりますと、インターネット取引を除けば、具体的に従業員が顧客対応をするということで売ることになります。このような場合、対応の仕方もまたクレームに影響するということもあるのでしょうか。

【関根】 もちろんあります。これは先ほども少し話したかと思うのですが、従業員のレベルが落ちています。コスト面から人件費を削減しているために、現在の百貨店は過去の従業員数からすると半分ぐらいの人数で運営しているんです。では、ショップはどうかというと、テナントとして入っているところも以前は10人で対応していたけれど、今は5人〜7人で対応しているといった状況です。これくらい人数を削っていますから、商売を行っている以上、クレームも付随して発生するといってよいでしょう。ただ、クレームが多くても、訓練されていれば問題は大きくならないのですが、それができていま

せん。だから、そこで顧客対応のミスが生じますし、謝罪がうまくできないということがあります。もっと大きいのは、そのショップに店員が10人いれば同じクレームに対して、答えが統一さえされていないんです。だから対応がばらばらになり、人によって判断ミスが生じ、それがまたクレームになることがあります。

(4) 様変わりするクレーム処理の態様

【升田】 実際に売る現場の従業員、それからクレームが発生した後の従業員の対応が非常に重要だと思いますが、たとえば、クレーム処理の段階でいいますと、最近はコールセンターのようなところにクレーム処理を外注している企業もありますよね。こういったコールセンターのようなところでの対応と、そうではなくて、自社での対応で、何か違いがあるのでしょうか。

【関根】 あります。クレーム処理を自社で行う場合には、結論を出さなければいけません。ところが、自社で対応した場合のクレームが100件だとしたら、コールセンターには使用方法の確認なども含めて、問い合わせが倍の200件くらい来ます。しかし、クレームは100件来たら100件返事しなければいけません。でも、コールセンターに来たものは、200件のうちの150件、75％がその場で解決できているんです。聞いたことによって安心し、納得するわけです。そこは企業と違いますから、猛烈な文句は言ってこないんです。それで残りの50件については、「お返事を差し上げますか」という場合と、もう1つは、「会社に伝えておきますか」といった対応になるんです。もしも回答をしろと言われても、このように相手の状況をよくわかった者が冷静に返答しますから、解決も早いわけです。ですから、今後コールセンターは相当増えてくるでしょう。コールセンターは答えを出すところではありません。聞くところですから。また答えを欲しいのか、欲しくないのかという判断をさせるところでもあります。実際、熊本の歯科医がこのようなコールセンター（日本歯科医療相談センター）をつくっている例もあります。

61

(5) ネットを通じて拡大するやじ馬

【升田】　そのほかにも、先ほどのお話にありましたように、企業の経営者、経営姿勢や、リコール等の情報が報道されるといったことによっても、非常に影響を受けるということは、全くそのとおりだと思いますが、製品におけるさまざまな事例を見ましても、クレームというのはどうしても避けられないと思います。しかし製品側の原因だけではなくて、ほかにも先ほどご指摘のようなさまざまな原因があります。その中でも、特に顧客も変化しているのではないかと思われる節があって、さらに顧客に限らず、社会全体の人の考え方なり、性格、倫理観、といったものも、以前とは随分違うように思います。そういったところもクレームの内容、あるいはクレームの対応に密接に影響していると思いますが、実際経験されてみてそのようにお感じになりますか。

【関根】　感じますね。クレーム対応というのは、結局は自分のこなした件数の中から、いろいろなヒントを得て方向性を見つけていくのですが、経験もないままクレームを受け入れたり、企業の姿勢をしっかり把握していないまま、返答をしてしまうと、思わぬ失敗につながります。たとえば、東芝クレーマー事件に関しても、客側はクレーマーっぽい口のきき方をしていますし、返答をする側も、「あんたみたいなのをクレーマーというんだ」というようなことを言いました。問題なのは、「クレーマーの定義とは何か」ということです。現実に、東芝にはクレーマーの定義がなかったわけです。もっとおかしな現象は、そのやりとりに対して、ネット上でやじ馬が一気に入り込みましたよね。これは、非常に現代を表している現象ではないかと感じられますね。

III 顧客の変化

1 我慢できない顧客がいっぱい

【升田】 社会において企業と顧客、それを取り巻く環境を含めて、力関係というものが微妙に変化しているのではないかと思うんです。誤解を恐れずに言えば、顧客がそういうクレームをつけることについて、従来はいろんな制約、すなわち気持の面での制約、あるいは制度的な制約、それから人間の行動のような社会的行動を行うような意味での制約というようなものがあって、根拠のないクレームについては歯止めになっていたと思います。中には本来クレームをつけるべきなのに、逆にクレームをつけないで我慢をしていたことも多々ありました。我慢をしすぎていたなどという批判も、以前はあったように思います。

ところが、逆に今の現状をみますと、もちろん、本来つけなければいけないクレームも多々あるかとは思いますが、逆にどうしてクレームをつけるんだろう、あるいはなぜ根拠のないクレームをつけるんだろうというような事例もみられます。また、クレームをつけてもよいのでしょうが、そのつけ方が社会的な通念といいますか、常識からみておかしいのではないかというようなクレームもみられます。片方できちっと対応しなければいけないクレームもあると同時に、片方でこれはクレームとして処理すべきではなく、別の問題として処理すべきではないかと思われるような、いわばクレームがだんだん分化して、別のものになっていると思われます。それがクレーム対応として一元化といいますか、同一のものとして議論されている節もないわけではないと思います。

その原因をつらつら考えますと、端的に言えば日本の国の中が従来のよう

に、気持の面でも行動の原理にしても以前のように安定していなくて相当揺らいでいることにあるのではないかと考えられます。人によっては崩れているという人もいるかと思いますが、それが企業にとって予想しがたいものになっているというような気もするんです。そういったことが今後、やはりますます拡大していくのではないかと思いますが、たとえば、客側を見ても我慢をしなくなっているような印象を受けます。とにかく何かあったらクレームつけてやろうというようなお客さんもいて、それが別に珍しくなくなっているというような気もするのですが、お客さんを見ておられてどうお感じでしょうか。

【関根】　やはり「足るを知る」というところまで行き着いてしまうのでしょうけど。曽野綾子さんが書かれていたのですが、今の時代の特徴として、マイナス型人間というのが非常に増えてきている。つまり、自分にちょっとでも不利なことがあると、それを相手側の良いことは横において責め立てる。なるほどな、こういう社会状況なのかなと思ったときに、実はクレームをつける側も、責めながら自分でもこれ以上言ったらクレーマーだなってわかっている、すなわち足るを知っていながら、相手の不備に踏み込んでしまうということがあって、本当は「自分も言い過ぎているんだよな」とわかっている人が結構いるという事実はあるようです。

2　責任を他人に転嫁する顧客が増加

【升田】　今、おっしゃったことと関連するのですが、たとえば、製品を使って仮に事故なり、不具合が起こって、本当は取扱説明書も読んでおらず、使い方もかなり誤っていたというような場合でも、自分の責任を認めたくないがため、人に責任を転嫁しようというか、追及しようというような人も結構います。中には誤使用というのは当然に許されるものなんだ、誤使用して何が悪いんだと、いうように開き直った人もいて、世の中の常識もあいまいになっていますし、通用しにくくなっています。常識の世代観の伝承も十分に

行われなくなっています。取扱説明書の字が小さすぎるとか、あいまいな表現であるとか、そういったことに論拠を求めたりする人もいるわけですね。

【関根】　そうです、いますね。

【升田】　確かに取扱説明書にもっと詳細に書けば書けるとしても、常識的に判断できる場合や、それ以前にその製品をこういう具合に使ったら、それはどうみたって誤使用だ、そんなことは常識の問題だと思っても、その常識がなかなか通じないようになってきていると思います。そういう常識をあまり期待できない世の中になったのでしょうか。

【関根】　今の時代、クレームの世界では「常識」というものに期待はできないでしょうね。ただ、こちらは毅然とした対応で臨まなきゃいけないと思います。たとえば、拙著『となりのクレーマー』に書きましたが、水コンロの誤使用という事例がありました。お客さんが「これは普通のコンロか」と聞いたんです。そうすると売り場の係員は、通常の火のみを使うコンロも下に水をはる水コンロも、両方とも「普通のコンロ」と考えていたわけです。これは、質問の仕方も悪いし、答え方も丁寧さがなかった。ところが、水コンロを入れていた箱にはPL法の説明が付いているんです。そして中にはPL法の説明を書いた紙が入っているんです。それを見ないで水を張らずに使ったため、熱が下に移ってテーブルが焦げたというわけです。それで、「このテーブルをどうしてくれるんだ」と言うから、こちらは、「申し訳ありませんが、焦げた部分を全面的に削りましょう」と言ったわけです。そうすると、「おまえらは、わかっていない」と怒るわけですね。相手は金目当てですから、「削るとはどういうことだ。このテーブルは、天井の高さと距離を正しく測ったうえで設置されているんだ」と、こういう言い草をするんです。一応、「はあ、はあ」と話は聞いたうえで、結局はPL法の説明すると、「そんなもの、僕は見ていない。僕の知ったことじゃない」、「いや、それでは、誰が使っても、このように焦げてしまうのではないですか」、「それはそっちが悪い」、「いや、そうでしょうか」というような話を繰り返すんです。結局、相手の要求は飲まないのですが。

3 顧客は常に学習している

(1) 相手が1人ではない場合にはより警戒すべき

【升田】 今ご指摘のように、社会の場で少なくとも人と関係したときに、自分の意見だけを主張する人がいますね。

【関根】 はい、います。

【升田】 相手方の言うことは聞かない。別に妥協するとか、しないとか、そういう問題ではなくて、とにかく自分の意見だけをとうとうとまくし立てて、それでなぜ飲まないのだというような交渉のスタイル、あるいはクレームのつけ方をする人がいて、実際にも相当数あるように思うのですが、いかがでしょうか。そのような人に対応された、ご経験はありますか。

【関根】 幾つもあります。実はこのようなクレームを処理するときに気をつけなければいけないのは、相手方が1人ではない場合があるということです。つまり、いつも来るのはこの人だけど、どうもすごい勢いで知恵がついているなと思うと、取り巻きがいるんです。ですから、最初は警戒しながらクレームの対応をする必要があります。この人は自分の言葉でしゃべっていると思ったら、本当に真摯に対応する必要がありますが、前回来たときと少し角度を変えてクレームをつけている場合には、「前回とお話がぶれていませんか」というように、鋭く突っ込む必要があります。このようにはっきり言うことが、絶対必要だと思いますね。

【升田】 そのような主張を一方的にする人に対して、「やはりそれは常識的に」とか、「社会の通念として、これはこうでしょう」、「安全性から考えて、こういう使い方というのは危険でしょう」と言っても、「それはおまえの意見だ」、「企業の意見だ」と、場合によっては言い返す人がいますね。「自分は自分の意見をもっている」、「何が悪いんだ」と主張するわけです。つまり、常に相対論で煙に巻こうという人がいて、確かに昨今の教育等々を見ますと、誤りであるということをなかなか言わない傾向があるんですね。そして、な

ぜ誤りかというと、それは常識からみたら誤りなんですが、常識というのはなかなか説明できません。説明できないと、もう面倒くさいからもう教えないというような風潮、なきにしもあらずで、もし誤りであるならちゃんと書いておくべきだとかいうようなことも言われるようになってきているわけです。そういう社会常識が通用しない中で、では、クレーム処理は何を基準に行ったらいいのかということも、今後問題になってくると思うのですが。
【関根】 大きな問題になりますね。

(2) 常識の通用しない相手には毅然とした態度が必要

【升田】 やっぱり常識が通用しないとなると、これは企業としてはどう対処すればよいのでしょうか。
【関根】 営業コンサルタントの武田哲男氏が新聞記事の中で無常識の人が増えていると述べていました。無常識という言葉を使っていますが、結局、これからそういう人がたくさん出てくると思います。自分の持論だけ言う場合に、こちらも曲げることできませんから対応はそれ以上進まないでしょう。

なぜなら、多くの人は、「いわゆる常識的な使い方をしています」ということを、はっきり言わなければいけないのです。「お読みいただいたうえで使っていただければ、事故は起きません。でも、お客様は、使い方は自分の勝手だとおっしゃって事故が起きています。こちらとしては、お願いしたことを守っていただきたいのです」というような対応をしていく必要があります。1つの事例をあげれば、洋服の虫食いがよい例でしょう。虫食いでクレームをつける人が最終的に言うせりふは、「最初から、あなたのところで虫食いが生じていた」というものです。その切り返しは「申し訳ございません」、「当然、最初から消毒したものが皆さんの手に渡っております。それと、この同じ商品は当店で何着、そして全店で合わせますと何着、日本で卸しているところから数えると何着ですが、虫食いの事例はございません」とはっきり伝えて、「ですから対応はいたしません」とはっきり申し上げるべきなんです。

【升田】　そういうクレームをつける人と話をすると、「いや、それはあなたのご意見でしょう。私の意見は私の意見です」ということで、永遠に平行線になるんです。結論に持っていこうとして、あとは持久戦のようにどれだけお互い我慢できるかみたいなんですね。このような事例も見聞します。

【関根】　それは時間をいくらかけても、相手が引かないといった事例ですか。

【升田】　そうです。そのような現象の原因としては、小さいときからそのような教育を受けてきているというようなことがあります。誤りだっていうことを、絶対言わない時代風潮というものがあると思いますね。さらに言えば、製品の不具合を例にとると、「確かにたくさんの製品には事故がないかもしれないけども、1件ぐらい、あるいは自分の分ぐらい欠陥がある、あるいは不具合があるということは否定できないでしょう」ということで、積極的に認めさせるわけではなくて、合理的な根拠がないのに、抽象的な論理、否定の論理でずっとクレームをつける人も見聞するのですが、そういうつけ方にはどのように対応されますか。

【関根】　実際問題として、やや言いがかり的かな、というクレームを受け、

要求を飲むということは、正しいお客様に対して不平等が発生するわけです。次のお客さまにも同じように説明しますから。最初のお客さんの要求は飲むけど、次のお客さんの同じ要求は飲まない、というのは困るわけです。ですから、「私どもは、これから先も皆様平等に扱わせていただきます。この事例に関しましては、ご意見としてもちょうだいできません。どこも同じように対応させていただきます」ただ、「リコールに値するような事例が浮かび上がったときは、当然、ご報告させていただきます」というような対応をします。

4　事業者は学習を怠っている！

(1)　いちゃもんをつけているかどうかを見抜くことが先決

【升田】 製品の不具合なり、欠陥なりの問題、事故が起こったというようなクレームの場合には、当然ですけれども、そのものがどういう状況にあるのか、それからどういう使い方をしていたのかということが非常に重要です。

【関根】 ええ、そうですね。

【升田】 どういう使い方をしていたかというのは、先ほどの誤使用かどうかという問題にも関連しますが、本人しかわからないということがあります。でも本人の一方的な言い分というものをどんどん言われて、それが結局正しいかどうかという検証のすべはないですね。

【関根】 ないですね。

【升田】 検証のすべがないものに対する対応については、どのようにしておられますか。

【関根】 最初の1例として、拒否をする理由が見つからないときには、その言い分を前提として対応せざるを得ないと思います。

【升田】 「証拠として何かおもちですか」ということですね。

【関根】 そうですね。そして、「どういう状況でこのようになったか、お書きいただけませんか」とお聞きして一筆とります。初めての事例ですから、はっきりさせる必要がありますね。これは、もし単にいちゃもんだったら、

何にも役に立たないのですが、もしこちらが強気に出ていたにもかかわらず、お客さんが本当に被害を被っていたということになると、次に同じ事例が出てきたときは活かせるんですよ。「待てよ。この事例は危ないぞ」というのがね。

【升田】 できるだけその都度、ご本人の言い分は言い分として、それを前提として正確に使い方を伺っておくということが一番重要なんでしょうね。

【関根】 その通りです。

【升田】 やっぱり誰が考えても、そんな使い方はしないなんていうこともあるんでしょうね。

【関根】 だから、この人はいちゃもんをつけているのかどうか先に人物を見抜くんですが、いつまでたっても見抜けないのは、危ないからちゃんと対応せざるを得ないです。損しても対応するということはありましたね。

【升田】 クレームのつけ方について、顧客が学習しているということは、先ほどお話になりましたが、それだけお客さんが学習しているのに対して、企業あるいは企業の担当者は、そういうクレームのつけ方、あるいはクレーマーと言われる人がどういう具合に変化しているというようなことは学習しているのですか。

【関根】 ええ、事業者も情報交換をして学習しています。

【升田】 同業者間の情報交換ですか。

【関根】 そうです。たとえば、百貨店協会だと関東百貨店協会を母体として消費者に関する部会で定期的にクレームの事例交換を行うんです。ところがそこで問題なのは、クレーマーであっても、個人情報保護のため名前などを出すことができません。この点で、情報交換にも限界はありますね。

(2) 事業者はクレーム処理の重要性を理解すべき

【升田】 たぶん、日本の企業の中でも、百貨店は長年いろんなクレームを受けてきたということで、それなりに学習しておられて、現在の状態に至っていると思います。ただ、必ずしもそういう情報交換をしてない、あるいはき

ちっとしたクレーム対応の処理の経験が十分ではないという企業もたくさんあると思うのですが、当然そういった点についても、顧客は学習していますから、それ以上に事業者は学習すべきだと私は思うのですが。
【関根】　ええ、そのとおりですね。
【升田】　やはり、事業者の遅れを感じることがありますか。
【関根】　実は学習のしようがないんですね。常に、出てくる事例を追っかけて謝る。そして失敗を繰り返して、1つずつステップアップしていくんですね。
【升田】　確かに事例から学ぶといっても、うまくいった事例には、偶然が作用してうまくいったかもしれませんし、失敗して学ぶといっても、失敗を恐れるがあまり、失敗にも気づかないということもあるんでしょうね。
【関根】　そうなんです。
【升田】　取りあえず、金を払っておけみたいな。
【関根】　今、おっしゃったとおりで、クレーム対応をして、こういう事例に対してこういう対応をして成功しましたということを教えても、すごく高いレベルで成功しているわけですから、初めてクレーム対応する人には、とてもできませんね。でもこのような対応方法を知っていて失敗するのと、知らないで失敗するのとでは、全然違ってきます。基本的な対応方法を知らないと、何回失敗しても成長しませんが、知っていれば、1回失敗したときに、ここで間違ったからこういう結果になったんだと確認できるわけです。こういった連携学習ができない企業となると、常に後手に回ると思いますね。
【升田】　後手になればなるほど、気づいたときにはより深刻な状況になったり、ある程度被害を受ける危険がありますね。本来負担すべきものをはるかに超えて負担せざるを得ない。さらに企業の信用とかブランドにも傷がつくということは、この時代ですから十分ありますし。
【関根】　ありますね。
【升田】　ですからクレーム処理は重要なんですが、事業者にそういう認識がないというのが問題でしょうね。大変残念なことでしょうが。

【関根】　そうなんですね。

【升田】　別に今日だけではなくて、先ほど最初に例に出てきましたクレーム対応のあまり経験のない事業分野というのは日本にたくさんありますから、その点が今後の大きな問題として残っているだろうと思うのですが。

【関根】　おっしゃる通りですね。

5　現代社会が生み出すモンスタークレーマーの登場・増加の要因

(1)　増加するモンスターを抑えるには

【升田】　それから、従来から問題になっていますのは、悪質といいますか、社会的にどうみてもいろんな意味で逸脱しているクレーマー、最近、モンスターとか何とか言われてますでしょう。

【関根】　はい。

【升田】　モンスタークレーマーと言っていいのではないかと思うのですが、先ほどの関根さんの話ですと、モンスタークレーマーだと気づいたときには、改心の機会をできるだけ提供してやるというようなお話がありましたが、世の中みんな関根さんのような方ばかりじゃないとなると、意外とどこかで味をしめて、さらにモンスターがモンスターになるということが、この世の中ですから十分ありうる気もします。先ほどご紹介いただいた対応方法以外に、何か対応方法はあるものなんでしょうか。

【関根】　モンスターはまだこの先、増えてきますよね、どうしても。

【升田】　主観的には間違っていると思っていないモンスターもいるのではないかと思うのですが。

【関根】　ええ、いますね。学校の事例でみると、心理的に私は良い保護者であると思われていたいという点があるんです。さらに、うちの子はいい子だと思われていたい。これが、モンスター側の間違いです。学校の先生側からすると、そうはいっても学校の言うことも聞いてくださいとなるわけです。

この2つの要求のぶつかり合いなんです。ですから非常に難しいのは、モンスターに対して柔軟性を持って受け入れられるという人が本当にいれば、モンスターではなくなるんです。それでは、柔軟に受け入れるためのヒントやひらめきを手に入れることができるかとなると、経験が何回あったか、そういうことに行き着いてしまうんです。

【升田】 もちろんモンスタークレーマーもいろんなタイプがいて、今、お話の学校関係のものもありますし、類似したものでいえば、たとえば、子どもが製品を使っていてけがをしたというときに、本来であれば子どもに親がちゃんと使い方を説明しておくべきであるのに、それを怠ったときに自分の責任は認めたくない。だからほかに責任をもっていこうとして、いろんなところに責任をもっていく事例もあるんです。裁判をみてみましても、結局裁判では親の不注意か、製品の欠陥のどちらかという問題になって、親の不注意が非常に鮮明に議論の対象になると、余計抵抗するという事例も出てくるわけです。ですから学校の問題でも、親は子どもを教育しなければいけない面が多々あるわけですが、それをみんな学校のせいにするというようなモンスターペアレントの事例も本などで紹介されていますが、そういった親も増えているんでしょうね。

(2) 流行化するモンスタークレーマー

【関根】 増えているというか、ちょっと悪い流行があるのは、若いママ族の中で、「私、今日モンスターしてきたわ」というような会話が出だしているんです。

【升田】 「モンスター」が格好いい流行になっているということでしょうか。

【関根】 そうなんですね。

【升田】 悪いと思っていないのかもしれませんね。

【関根】 そうなんです。「うちの子はこうなっているけど周りに迷惑をかけましたか」ということを言いたいわけです。

【升田】 確かに世の中の風潮として、よいことをしたから褒めてやるという

より、悪いことをしたから自慢をするという風潮もないではない。非常に価値観が多様化して、善行を積むということ自体が、いい子ぶっているみたいなところがあるのではないでしょうか。

【関根】 あるかもしれないですね。

【升田】 悪いことをしたやつのほうが威張っているということですね。

【関根】 あります、ありますね。

【升田】 これはひどい話で、別にそういった認識というのは氷山の一角でしょうが、根拠のないクレームつけることは悪いことだと思っていない人もいるのではないでしょうか。

【関根】 それが結局、本物のモンスタークレーマーになっていくということですよね。そうすると、それを仲間に自慢するんです。それで友達が離れていって、いなくなるんです。孤独になっていくんです。このことは、周りが見抜いてしまいます。「こいつ、異常だよな」と。だから、みんなそっと離れていく。モンスター体質もそうでしょうが、夫婦間では片方がクレーマー、もう片方は普通という場合がありますから、その家庭内も知っていないとクレーマーを抱え込み、顧客にできない。それで何か問題が起きたときに、奥さんが正常だと思ったら、奥さんしかいないときに訪問するんです。それで、「ご主人にこのようなことがありまして、ご迷惑をおかけしました」と言うと、「またうちの人が何かやったんですか」と、わかっているんです。ところが夫婦両方ともにクレーマーというのがまれにいるんです。ここは手のつけようがない。

【升田】 今後はますますモンスタークレーマー家族といったものが増える可能性がありますね。今お話のモンスタークレーマーが、今後減るかどうかということについて、おそらく企業の担当者は関心があると思うのですが、私は当分の間減ることはないと思っています。いろんな社会情勢からみて、ますます磨きがかかっていくのではないかという気がしています。

【関根】 それはそうだと思います。ですから、ここで初めて企業間格差が出ますよね。相手側に嫌な思いさせないで、圧力をかけられる対応力の優れた

人材が何人いるかということです。相手にとって、不快な思いをしないが、何かかわされたと思わせるようなクレーマー対策が大事だと思います。

6　時代・社会環境とともに変化・変貌する顧客

(1)　事業者の姿勢が現場の担当者に影響する

【升田】　それからクレームのつけ方を変えてくる。クレーマーのほうが最初に変化するわけです。クレーム対応する企業のほうが事前の準備を変化させるということはあり得ないですけれども、そうするとクレーマーのほうが先行して、企業のほうは後手に回るということが当然予想されるわけです。そのギャップというところでは、企業が場合によったらモンスタークレーマーなどの対応に、非常に犠牲を払うと言わざるを得ないと思うのです。企業は、一般的に必ずしもそういった変化に柔軟に対応するような組織にもなっていませんし、なかなかそこは難しいのではないでしょうか。

【関根】　そこは、相手の要求が微妙にぶれたときには、冷静に切り返す必要があります。「先日お伺いした件とお話がずれていますが、こちらへの対応でよろしいんですか」ということをしっかり切り替えなきゃいけない。それがグレードアップした対応になると、「先日の要求より変わってきていますけど、何かございましたか」と、「まるで後ろにどなたかいらっしゃるようですが」とは言わないけれど、その点を確認しなきゃいけないです。

【升田】　ある程度、変化したときにも、変化に対応できるだけの心のゆとりが必要ですよね。

【関根】　そうですね、ゆとりを持って予測することが必要です。

【升田】　どうなんでしょうか、クレームを処理するのは、何だかんだいっても、担当の人の判断と責任に委ねられているところが大きいと思うのですが。

【関根】　そのとおりです。1人のね。

【升田】　そうすると、何とかしないといけないと思って焦ってしまうと、本

来であれば、冷静に、もっとゆとりをもって適切に対応できたのに、そうではないために向こうに過大な譲歩をしてみたり、それがまた原因で、またクレームをよりモンスター化させるということがありうるように思うのですが、そういう事態はありますか。

【関根】　あります。そのときに有効なのは企業の姿勢なんですよね。たとえば、A百貨店は通常のクレームには一切金は出すなと担当者に告げているんです。そうすると、体を張れるんですよね。時と場合により対応するっていうことになると、どれが時と場合かわからなくなって、みんな楽なほうに逃げてしまうんです。

(2)　顧客の不満を言葉の中から探すのがカギ

【升田】　非常に消費者に近い分野の企業というのは、その中でも百貨店とか、たとえば、大手のスーパーなんかは、きちっとした対応をしておられるんでしょうね。

【関根】　ええ、それはしてますね。

【升田】　たとえば町中の小売りとか、あるいは中小のスーパーマーケットとか、そういうところはなかなかクレーム対応ができる人材まで配置するというのは難しいのでしょうか。

【関根】　そうですね。ただ、悪い品物を交換するというのはスーパーマーケットスタイルですから、ほかも案外簡単にやっているのは事実です。

【升田】　クレームがきたら取り替えましょうという範囲なんですか。

【関根】　クレームをつける人には、多くのタイプがあります。中でも、過去にクレームらしきものをつけたことがない人、あるいは気の弱い人は、どのように話してよいか迷い、結局事実（事象）のみを話します。それだけに、不満をすべて吐露してはいないわけです。その不満を言葉の中から探り出し、受ける側が不満を表に引き出す行為が、相手の気持を和ませるのです。このことに気づかずに対応すると、次にはより強硬な姿勢でクレームをつけて来ます。ただ、このようなクレームはすごく減っていますから、卵を自分で落

としても、「これ、1つ割れているわ」と言ってくるわけです。落とした証拠がない以上、「申し訳ございません」と言って引き取って、新しいのを渡せばいいわけです。

【升田】　それはそれでその範囲ではできるだけ迅速に対応するということなんでしょうね。

【関根】　このケースでは、クレームのレベルを下げてきていますから、お客さんも、そんなところでぐずぐず言わないわけです。

【升田】　より高いクレームだと、金額もかさばるし、どうせのまないだろうと、品物1個ぐらいの交換ならのみやすいだろうと、いわば相場観をもっているわけですよね。

【関根】　絶対、相場観に合わせて言ってきます。ですから百貨店の中でも高級ブランドショップのクレームは要求が高いですし、家庭外商のお客さまのクレームも要求が高いです。まれに家庭外商のお客さまのクレームは、冷静に聞かないと無理難題を言ってることがある。常連客だからといって無理を言われても、「この点に関しましては一般の方と一緒です。受けられません」とはっきり言います。

【升田】　そうですよね。たとえば、先ほどの100円の例じゃないですけれども、100円のものを買って、10万円を要求するということになれば、それはもう赤信号で、緊急事態になります。「何がありましたでしょうか」と言って、よく話を聞かないといけないのでしょうね。

【関根】　そうですね。

【升田】　ただ、壊れたといって、本当であれば100円ぐらいの品物が壊れたって、それは普通でしょうといっても、なかなか理解してもらうのは難しいでしょうが。

【関根】　周りが言います。「そんなもの100円だから当たり前」、これで、救われているんです。百貨店で買った同じものでも2000円すると、「ええっ、壊れたの？」と周りが言うんです。

【升田】　お客さんというのは時代とともにいろいろクレームの仕方も変えて

きているし、またそういうお客さんに対して、与えられている情報というのは、社会全体で非常に豊富になっていて、そういう豊富な情報の中で勉強もしているお客さんもいるとしますと、クレームのつけ方もどんどん工夫してくるし、発展してきます。そういったことは現実として認識し、企業としてはきちっと対応したほうがいいと思うのですが、それはしかし企業の経営の効率化とか経営の理念とか、いろんな問題に絡んできて、なかなかすぐには企業のほうが対応できないとなると、余計クレーム処理の問題というのは、非常に重要な問題になってくるのではないかと思いますね。
【関根】　そのとおりですね。

7　格差社会はクレーマー出現の温床か

(1)　所得の高低がクレーム発生に影響しているのか

【編集部】　基本的に、今、格差社会と言われていまして、だんだん所得が勝ち組と負け組、あるいは同じ仕事をやっていても格差がいろいろとある。それから時には、日雇い派遣のようなワーキングプアの問題は、クレーム社会の中で色濃く反映されているんでしょうか。
【関根】　件数とか比率のことを言うならば、大した差はないと思いますね。
【升田】　私は、所得が低い人にクレームが多いかというと、そんなことはないと思いますね。
【関根】　そうですね。
【升田】　所得が高くても些細なことでクレームをつける可能性は増えているんじゃないかと思うんですね。なぜかといいますと、先ほど指摘しましたように、クレームをつけるにはいろんな原因があって、こういう社会状況ですから、現実に結構いろんなことに不満をもっているわけです。だけど不満をもつということと、現実にクレームというアクションを起こすことは別だと思います。しかも根拠がないとか、あるいは根拠が乏しいのにクレームをつけるというのは、相当な学習と時間と知識、知恵みたいなものが必要じゃな

いでしょうか。確かに先ほど、関根さんがお話になっているように、単純なクレーム、思い違い、あるいは学習していないクレームというものがあるとは思うのですが、それは、大体、聞いておられればわかるのではないですか。

【関根】　確かに、わかります。

【升田】　むしろ何か非常に難しそうなことを言っている人というのは、それなりの学歴もあり、かつ知識もあり、社会的経験もあるのではないのでしょうか。

【関根】　ありますね。ある宗教団体の事務系に勤めていた人で、利発な人がいたんです。その人が、A百貨店の一角にあった消費者センターに連絡をしてきて、自転車に乗ろうとしたらスカートが破れたというわけです。どうして破れたのか原因はわかりませんでした。でも、消費者センターは科学的分析を行い、こういう圧力がかかって破れていますと言う。私の判断からすると、どこかへ引っ掛かった形跡はないんだから、はいていた状態で何らかの原因で破れたんだと思いました。ところが、消費者センターのほうは、こういうふうに引き裂けば破けますという証拠を出してくるんです。何を言っているんだろうと思っていたら、お客さんはかっかしてきて、「この人に言ってもらちがあかない。誰かいないのですか」と言われたため、消費者センターからお客さま相談室に連絡がきて、「関根さん、お願いできますか」と言うわけです。そこで、「私に預けるか」と言いました。そうしたら、「預けます」と言うものですから、お客さまに「どのような状態ですか？」と聞き、具体的に説明していただきました。私は心理というか目を読みますから、ずっと目を見ながら聞いて、「わかりました。お客さまのおっしゃっていることが正しいのでしょう」と言いましたら、「私はうそは申し上げておりません」とおっしゃったので、「かしこまりました。では、これはメーカーに返して、このような状況だということで代替品を出すか、出さないかという判断を仰ぎますね。私は出すべきだと思っていますので、その助言もします」というようにその場を収めました。結局代替品を出したんですが、これは高レベルの相談内容で、疑いから始まったクレームでこじれる問題なのです。

(2) 精神的に病んでいる相手の精神状況をつかむ

【編集部】 たとえば、今、社会の中で、うつといわれる人がたくさん増えてきて、うつ病問題というのは最大の労働問題だといわれるような時代になってきました。そうした、ある面では精神的に病んでいる人たちというか、特別なクレーマーというか、こういった状況もクレームをつけてくることの要因になるんでしょうか。

【関根】 精神的な要因によるクレーマーの数は、以前とそれほど変わっていないと思います。そういう人は、言っている内容に矛盾がたくさん生じてきます。だからこの前言ったことと違うし、こんなこと言ってなかったじゃないかということが出てきます。うつが自然に出るときに会おうか、あるいは、精神状況が明るいときに会うと暗くなるほうへ必ず行くから、すごく暗いときに会って話をすれば、だいぶ明るくできるだろうとか、考えながら対応します。

【編集部】 なるほど、ある程度、精神状況に合わせて相談に乗るというわけですか。

【関根】 そうです。精神状況が明るいときに来たときは、明るい話で合わせて帰っていただくほうがいいんです。ちょっと暗い顔しているなと感じたら、よし、チャンスかなと思って、こっちは理路整然と説きながら、あなたの言っていることは正しいと持ち上げて明るくさせるんです。そこまでやっぱり読みますね。

(3) 相手方の立場に立つことが解決の近道

【升田】 モンスタークレーマーを含めて、クレーマーを理解するためには、意外と対応しているほうの立場から考えがちなんですが、実際には相手方の立場に立って考えたほうが理解しやすいときがあると思います。

【関根】 ええ、そのとおりです。

【升田】 ですからいかに相手方がどういう人かということを知るというのは、なかなかこちらの能力的な限度もありますし、こちらの都合ばかり考えてい

ると、どうしても見誤るところがあります。

【関根】　そうですね。ですからこれもトリックに近いのですが、クレーマーで悪質、あるいはもう何回となくリピートしている人に出会ったときは、商品によって、これはメーカー、すなわち売り場の担当者に強く言えばいいんだなと思ったときは、「私はあなたのおっしゃっていることがよくわかります。あなたの味方になって、売り場と交渉しましょうよ」と、こういう言い方をするんです。そうすると、「おまえに文句を言いに来てるんだよ」と言いますから、「いや、私は中に入って聞くだけですから。お客さまがおっしゃっていることは正しいと思います。売場にいって説明しましょうか」と言うと、何か味方ができたのかなと思うんです。そのトリックで誘いをかけるだけです。ただ、最後までそのトリックをずっと使うわけでもありません。

【升田】　訴訟も似たところがあって、相対立する当事者がいて、相手方が何をしてくるかというのは、こちらの側に立っていてはわからないんです。

【関根】　そうですね、わからないです。

【升田】　ただ、相手方の立場に立つといっても、もちろん完全には立てない

です。情報がないということと、性格的に相手とは違うわけですから。しかし、できるだけ相手方の立場に立って諸条件をみて、その気持になって考える。そうすると大体、打ってくる手というのはおぼろげながらわかるときがあって、それは参考になります。裁判所でやっている場合だけではなくて、示談交渉をやっている場合も同じだと思うのですが、そういう意味では共通しているところはあるのではないですか。

【編集部】 確かに本の中でも、関根先生が相手の立場に立つというのが、まず基本だということを書いておられますね。

【関根】 そうですね。解決は絶対早いですよね。

【升田】 ただ、相手方の立場に立ちすぎて、読みすぎて、間違うこともあります。あまり読みすぎると、独り相撲という場合もあるんです。ここら辺にしておいたほうがいいかな、ここまで手を打ったのに、なぜ誘いにのってこないんだということも、ないわけじゃないですね。

【関根】 なるほど。

●ワンポイントアドバイス──顧客の変化●

1　我慢をしない顧客が一般化している。
2　責任を他に転嫁する顧客が増加している。
3　顧客は、常に学習している。
4　事業者は、学習を怠っている。
5　リコール等の情報は、顧客をクレームに駆り出す。
6　顧客は、社会環境に影響されやすい。
7　社会常識が相対化し、社会常識の通用しない顧客が増加している。
8　根拠のない理不尽なクレームをつけるモンスタークレーマーが登場し、増加している。
9　顧客は、時代とともに変化し、社会環境とともに変貌する。

Ⅳ 情報社会の顧客の反応

1 現代社会は顧客に不満を蓄積させているのか

(1) どこにクレームをつけるかが重要問題

【関根】 さて、情報社会の顧客の反応ということに、私も非常に興味があるところでして、顧客に不満がどう蓄積されているか、そして私どもは現場で常に、ああ、こういうことが原因だなと、クレームを受けながら想像していきます。升田さんの仕事の世界では、実際にこういう訴訟が起こってきているとか、そういう事例が多々あると思うのですが、その蓄積されている原因を含めて、どのような印象をおもちですか。

【升田】 顧客の反応といいましても、クレームをつけている場合に、広く言えば2つの段階があるわけです。1つには、訴訟の場があります。これは、最終的な場面になるわけです。訴訟に至る前の段階と、大きく分けて2つの段階になるわけですが、訴訟になるというのはよほどの事件、こじれた事件というような気がするわけです。先ほども話がありましたように、クレームをつけるときに、まず、どこにクレームをつけに行くかということは、非常に重要な問題で、社会の実態としてはおそらく、販売店が一番多くて、その次に製造業者だと思うんです。それぞれの製品にお客さま相談室とか、窓口の連絡先が書いてあるわけですから、多くの場合、そこに行くわけでしょう。ただ、そこでご本人の期待に必ずしも合致しない提案があった、あるいは満足できないという場合に、その次にどうするかといえば、最近でいえばADRのようなものも相当ありますし、場合によったら消費生活センターのようなところにクレームを言うというような人もいますが、それでもなかな

か解決しないときに、もう、いいやと思ってあきらめる人もいるでしょうし、昨今、必ずしもあきらめないで訴訟を提起するという場合もあるわけです。訴訟の提起にあたっては、本人訴訟をされるという場合もありますし、そうではなくて弁護士を代理人として依頼して、弁護士がその訴訟を提起するという場合もあるだろうと思います。本人訴訟を提起することも、もちろん可能は可能ですが、やはり訴訟は非常に技術的、専門的な手続ですから、なかなか十分に訴訟を進行させることができないという実情があります。

しかし、昨今、本人訴訟が必ずしも困難というわけではなく、裁判所も丁寧な対応をするようになっていますから、本人訴訟も決して無理とはいえませんね。では、弁護士によって訴訟を行うときにはどうなのかというと、弁護士はその専門的な立場から、やはり勝訴の可能性があるかどうかということを、いろんな角度から判断するわけです。従来であれば、相当程度勝訴の可能性がなければ訴訟を起こさないというように、一般的には理解されていましたが、最近は必ずしもそうではない。取りあえず訴訟を提起してみましょうというような事例も、ないわけではありません。先ほどの、お客さま相談室への連絡を始めとした、一連の過程を経て訴訟を提起するというような場合もありますけれども、最近は別にそういう交渉もなく、あるいは交渉に十分な時間を取らないで、訴訟を提起するというような事例もあります。それにはいろんな理由があって、場合によったら訴訟を提起して、アピールしておきたいというようなこともあるわけです。

そうしますと、従来、企業のほうとしては、一応、訴訟を提起されるにあたっては、前段階のいろんな手続あるいは段階を経て対応していたわけですが、最近ではいきなり訴訟を提起されるということで、対応を迫られるということもあるんじゃないのかなという気がするわけです。ですから顧客のクレームのつけ方というものも、だいぶ変わってきているように思われるわけです。先ほどから話に出ているように、最近の社会は非常に情報が豊富です。従来はいろいろ調査あるいは専門的な検討が必要であったような事例であっても、最近では素人でもインターネットをいろいろ検索してみると、いろん

な情報が豊富にある。それを根拠に訴訟を提起するということもあるでしょうし、社告、リコールも相当広く公表されてますから、そういったものを見て、自分の場合もこれに該当するじゃないかなんていうことで、そういうクレームのつけ方をされる人もいるのではないかと思います。また、訴訟を提起するまでもなく、やはりそういう情報を利用して、企業と対応するということもあるのではないかと思います。情報社会がクレーム処理に非常に微妙な影響を与えていると理解しているんです。

(2) 弁護士業界の変化もクレームのつけ方に影響している

【関根】　なるほど。いきなり訴訟をしてしまうというのは、弁護士が代理人として立ち会っていく中で、経験の浅い弁護士さんほどそういう傾向が強いということはあるんですか。

【升田】　弁護士の業界も、今、非常に過渡期でありまして、ご存じのように法曹人口問題というのが、最近非常にホットな話題になっているわけです。ロースクールというものが始まりまして、数年を経て、すでにロースクールを卒業した、修了した弁護士も実務に登場しています。従来は500人前後であったのが、2000人ぐらいになっているわけです。能力的にどうか、経験的にどうかといえば、経験は圧倒的に乏しい。能力的にいっても公平な観点から見ても、やはり従来と比べればそういう十分な能力もない。従来の人と比べれば、必ずしも能力があるとはいえない人も、実際に出ています。従来の弁護士というのは、基本的にはオン・ザ・ジョブ・トレーニング（以後、OJT）が非常に重視されていまして、どこかの法律事務所に何年かイソ弁として勤務して、いろんな法律実務の運用の仕方を学ぶわけです。そういった学びの中から、この辺までの事件なら受けてもいいと、そうじゃなければいろんな弊害があるということで処理してきたと思うのですが、最近はそういったOJTも十分でない。いろんな意味で、十分ではないといえます。しかも、仕事も十分にはないということになりますと、やはり取りあえず従来から見れば無理筋の事件でも引き受ける可能性があるということが指摘され

85

てきています。まだ、そういった人たちが実際の事件の現場で立っているということをみてはいませんが、可能性が相当にあると、現に言われています。

　もう1つはこの何年かの訴訟のやり方をみてみますと、従来はどちらかというと、自分のほうは主張すべきことは主張するけれども、あまり無理筋の主張はしないでおこうみたいな自己規制というものがあったように思います。ところが、最近は自分の主張すべきことは、徹底的に主張しておきたいという傾向に変わってきているようです。あとはもう勝つか負けるか、裁判所の判断次第だというような傾向もみられて、そういう傾向がますます強くなってきている。取りあえず主張すべきことは全部主張するだけではなくて、本当に徹底的に主張するというようなことも、現象としては出てきています。そういう中で、しかも競争が激しくなってきますと、クレームの段階で、いろんなクレームについて、弁護士が代理人としてチェックするという機会が増えるのではないか、そのチェックも弱まっているのではないかと予想できるわけです。そういうことは、訴訟だけではないということです。

2　現代社会が顧客のクレームを流行化しているのか

【関根】　なるほど、わかりました。また、顧客のクレーム自体を流行にしているといった印象はありますか。

【升田】　現代社会は情報が非常に豊富で、クレームをつけるということ自体が、別に悪いことではないと思われることが多くなっています。根拠は必ずしも十分でなくても、悪いこととは思っていないわけです。社会全体が制限しようとか自制しようとしない時代になってきていて、制限・自制しようとする人が少なくなってきている。お客さんがクレームをつけて、こうなった、利益を得た、このように達成したというようなことがいろんなところで出てきます。しかも企業の不祥事が続発し、そういったところにクレームをつけている事例なども報道されるということになりますと、そういったことに対

して、自制するどころか、むしろ促進する事情が非常に増えてきているのではないかなと思います。現に、クレームに関するいろんな立場からの本も増えていて、最近のいろんな本を拝見してみますと、従来はどちらかというと、お客さんの声を大事にしようという観点からつくられた本が相当数あったわけですが、その次に関根さんもお書きになっていますように、クレームというのはいろいろなクレームがあるという前提でお書きになっている本が出版されてきているわけです。一言ではもちろん要約はできませんけれども、めりはり、つまりクレームの種類、内容、クレーマーの動機、目的によって、正当なクレームなのか、そうじゃないクレームかということを、きっちり的確に分けて、それをめりはりをつけて対応をすべきだっていうような方向で書かれてきていると思います。

　さらに最近になりますと、むしろ逆にモンスタークレーマーといいますか、悪質なクレームが相当増えていますから、こういうものにこういう対応をしましょうというような、むしろそこだけを対象にしたような本も一部に出版されているわけです。そうしますと、クレームに対して、どう取り扱ってよいかという参考書といいますか、そういった本の中にも、変化が出てきているのではないかなと感じているのですが、それが最終的には訴訟にも反映してきているようです。本来であれば、やはり被害を受けて真に救済しないといけないような、あるいはその可能性が相当あるという事例が訴訟になってきていたのかもしれませんけども、最近は必ずしもそうではない。取りあえず訴訟を起こしておくとか、根拠は十分ないのに、訴訟を起こすといった傾向もあります。あるいは自分の誤使用が、本当は誤使用なのにそれが納得できない。企業と交渉していたとき、誤使用だと言われて納得できない。中には誤使用についても、当然予測して製品づくりをすべきだ、あるいは説明すべきだといった主張も実は出ていて、それがやはり以前とだいぶ違うなという印象をもっています。

3 情報社会が挑発する顧客の不満

(1) 法的分析だけでは適切なクレーム処理が難しい

【関根】 なるほど。情報化社会という視点でみれば、顧客の不安を挑発しやすい傾向があると思うのですが、港区でしたか学校で弁護士さんを雇っているという報道が大きく出ましたね。このような場合、弁護士はどのような役割を果たすのでしょうか。

【升田】 弁護士が、クレームをつけられた人の相談を受けたり、あるいは場合によって代理人となるというような場合には、弁護士だからといって、多分、何か固有の役割を求められているとは必ずしも言えないのだろうと思うんです。弁護士の基本的な仕事というのは法律問題の専門家ですから、法的な観点からアドバイスするということになるわけですが、関根さんもご存じのように、クレームというのはいろんな背景事情があったうえで発生して、現実にクレームになっているわけですね。そのときにもちろん法的な問題もあることはあるわけですが、法的な問題以外の問題も、多々あるわけです。そういったクレームを法的な問題だけから分析しても、適切に対応できるとは必ずしも言えないわけです。あまり法的なことばかり言うと、それはむしろ悪化させる可能性もあるわけです。

弁護士として仕事する場合に、法的な観点も重要なのですが、1つは相談者の心理的な事情も相当配慮しないといけない、また、人間関係的な問題もありますので、人間的な観点から支援するなど、そういうことも実は実際に行われているんです。ただ、弁護士というと、どうしても法的な問題だけが脚光を浴びるように思われていて、そこは誤解を生む元なんです。実際にどのような役割を果たしているかということは、多分ケースバイケースによって違うんですが、弁護士が付いているから法的な問題になったときに、最低限最悪の事態は避けられるといった、そういう安心、安全というと何ですけれども、そういう基盤整備が整っているから安心しましょうということです

ね。何かあったらそこに相談へ行けばいいということで、そういう意味での最低限の役割を果たしているというのがあるのではないでしょうか。それ以上に相談に応じるとか、代理人になっているというのなら、それはケースバイケースでさまざまな必要に応じて行っているのではないでしょうか。

(2) クレームをつける側にも弁護士が必要か

【関根】 なるほど。どうなんでしょう、逆にクレームをつける側へ弁護士を付けてあげるとしたら、うまくまとまったのではないですか。

【升田】 クレームをつける側にも本当は誰か助言してあげる人がいないといけないのですが、ただ、もう1つの問題は、弁護士は依頼を引き受けると、その依頼者あるいは相談者の利益、権利というのをできるだけ確保するという方向で助言します。そうすると、むしろ火に油といっては何ですが、今までは法的にはあまり根拠がない、十分ではなかったのに、無理矢理、一見もっともそうな法的な根拠を見つけ出してきて、むしろ問題を深刻化してしまう恐れなきにしもあらずです。よく言うのですが、一般的に、たとえば、紛争を抱えた人、すなわち相対立する当事者がいるというときに、片方の当事者が、たとえば弁護士を付けて代理人にしたという場合、その紛争はより解決に向かうのか、より悪化するかというと、これ、学生なんかに聞きますと解決するんだと、自分が代理人になったら解決するんだと、こういう返事をするんです。でも、私はそれは誤りだといつも言っているんです。なぜかというと、片方に弁護士が付いたとなれば、もう片方は、よし、そこまでやるんなら自分も弁護士を付けようということになって、両方の当事者に弁護士が付くわけです。そうすると本人同士、人間関係でうまく調整できたかもしれない争いが、じゃ、その法的な観点も含めて徹底的に議論しようということになると、やはりそれは深刻な争いになる可能性があると思っているんです。

【関根】 私の立場から見ると、弁護士さんが付いているということは、必ず顧客を失うなと思っていました。要は勝負をつけるとなると、妥協せずにお金で解決ですといったら、その後は間違いなくお客さんにはなり得ないと思

って覚悟を決めます。

【升田】　弁護士が付きますと、やはり依頼者といいますか、相談を受けているほうの権利、利益をできるだけ確保しようとしますから、簡単になあなあの妥協はできないんです。いろんな事情を考慮して、早期に示談をしましょうといっても、付いたからにはやはり自分の存在意義を示さないといけないとか、あるいは先ほどお話ししたように、紛争というのは必ずしも根っこの原因が法律問題にあるわけではないわけですから、いろんな背景事情があって、そこに至っているとなると、法的な観点から助言をするだけで、そんなに簡単に示談ができるとは思えないわけです。しかもそこに経験が十分でない人、あるいは自分の主張だけ徹底的に言うというような人が出てくれば、相手方もそれによって対抗上主張しないといけないということになります。表面的には、話し合いやなんかが、だんだん、だんだん、悪化していく様相を呈することは十分ありうるわけです。もちろん弁護士が付いたらできるだけ依頼者のことを考えて、早期に、迅速に解決しないといけないという要請はもちろんあるわけですけれども、何かそういう助言をすると、相手方の立場に立っているんじゃないかと不信を招くおそれもないわけではないです。非常にそこは難しいのではないでしょうか。

4　不具合・不祥事の公表およびマスコミ報道によるクレームの誘発・増加

(1)　報道がクレームの根拠となる危険性

【関根】　わかりました。ちょっとそれましたけど、情報化社会の中で、不祥事が公表され、またはクレームを顧客が知るということで何か挑発されて、クレームを誘発するのでないでしょうか。さらに、クレームはマスコミの報道等によって増加するのでないかと思いますがいかがでしょうか。

【升田】　情報社会では、さまざまな情報が提供されているわけです。問題はその提供されている情報というのは、これは膨大と言ってもいいわけですが、

その膨大な情報を、一体社会の人が適切に処理・消化しているのかということは、かねてより問題になっています。この消化が十分でない状況において、一体、このような紛争を解決することがうまく機能するかどうか、この点は現代社会において非常に大きな問題となるのではないかなと思っているわけです。いろんな情報が流れている中で、本当に真実の情報と偽の情報と真偽が不明な情報といろいろありますし、情報を受けている社会一般の人がそれを適切に選択できるか、できているのかという問題もさらに重大な問題です。先ほどお話したように、きちっと適切に消化していなかったということになりますと、これもまた別の重大な問題になります。そういう状況において、取りあえず自分の都合のいい情報を利用しようという傾向は否定できないのではないかと思うわけです。

【関根】　ええ、それは大いにあると思いますね。

【升田】　そうしますと、何か思い立った人がインターネットで検索したときに、いろいろそそのかすような情報も世の中にあるわけです。そうすると、ほかのところを本当は対照しながら、十分真偽を判断し、利用していき、適切に選択しないといけないときに、取りあえず自分の都合のいい情報に飛びついていくという傾向があって、しかもそれを褒めそやすというような情報もあるやに聞いています。そういった状況の中で、お客さんがどう考えるかというと、相当程度の人が現に企業と交渉していて、受けている対応に非常に不満をもつということが十分予想できるわけです。しかもそういった中で、現実に起こっているのはどういうことかというと、世の中で公表されているクレームに関わる問題といえば、やはり製品、サービスの不具合、あるいは企業の不祥事などがいろいろ報道されてるわけです。あるいは法律上の制度として、公表するということにもなっている分野もあるわけです。

　そうしますと、それを適切に判断しないままに、あるいは判断したくないというような状況で利用しようということになりますと、どうしてもクレームを誘発していく方向にしか利用されないのではないかと思われます。本来、そういう情報というのは、事前にそういう情報をみて、たとえば、使い方に

気をつけましょう、あるいは事故に遭わないようにしましょうということが第一義的に重要であるはずなんですが、そうじゃない点がいろいろ出てくると、「何だ、クレームをつける根拠は十分あるじゃないか」ということになります。それから、マスコミの報道なんかみていますと、必ずしも正確に事態を報道してるわけではなくて、何かクレームをつける、クレームをつけた事例が何件あるみたいなことを報道をすることになりますと、本来根拠が十分あるかどうかわからないにもかかわらず、クレームをつけようという方向に誘導していく可能性があるんじゃないでしょうか。そういう意味で、情報社会というのは、情報がたくさん提供はされるのですが、本来お客さんが賢明に利用するという前提で提供されるべきものが、それがむしろそうではなくて、現象的にはクレームをつける面で、一層活発に利用されるという可能性が相当あるのではないかとみているのですが。

(2) 番組づくりもクレーム誘発の大きな要因

【関根】 なるほど。私も感じるところでは、テレビあるいはメディア、新聞でも受け入れる側の対応は事実なのか、あるいは真実なのかをどこかで想像しなければいけないと思います。先日もクレーマーに関する番組をテレビで放映していまして、いろんなクレームを受けた人の話を映像化するんです。そこでは５件くらいの事例をあげて、「どれがあなたの周りにいたら一番嫌ですか」といって、回答者に答えさせるわけです。それで１票２千円で、３票はいった事例について「提供した人には6000円差し上げます」というわけです。このような番組を、テレビで放映しているんです。しかも回答者はお笑い芸人なんです。そこにはクレーム対応の専門家がいないものですから、全くのバラエティ番組を２時間延々とやっているんです。

【升田】 クレームのつけ方がテレビ番組になること自体が、クレームを誘発するわけで、しかもお笑い番組でやってしまうところがどうなんでしょうかね。実際のクレームは、ご存じのとおりお笑いでは済まないわけですよね。

【関根】 全く、その通りです。

【升田】　たぶん、クレーム対応を担当する方も真剣そのもので、うつになるぐらい厳しい状況で、場合によっては身体に対する危険も排除しないといけないわけです。ですから本当はお笑い番組なんかでクレーム問題を扱うというのは非常識だと思うんです。しかし、テレビ番組でも、たとえば、ワイドショー系のものを見てても、いろいろクレームを素材にしたものが出ます。
【関根】　確かに、最近よく見かけますね。
【升田】　実際にそれを見ている人なんかが、精神的なたがが外れますよね。
【関根】　外れますね。奈良の迷惑おばさんがいましたけど、あの人は結局懲役まで受けましたが、実のことを言うと、新聞にも書いてありましたが、隣近所の評判はいいおばさんなんです。問題となった家とだけぶつかってしまっているんです。それを相手の人が訴えて、それで訴訟になったわけで、何か気の毒な面もあるわけですね。報道などにより、一面的な面しか知らされていない日本国中の人は、あの人は悪い人だと思ってしまうんですよね。

5　クレームの悪循環現象

【関根】　あまり耳にする言葉ではありませんが、クレームの悪循環についてお聞きしたいのですが。
【升田】　これはクレームをつけて、その対応を誤るとクレームをさらに誘発するという意味です。
【関根】　なるほど、それならわかります。
【升田】　先ほど、関根さんがおっしゃったところで、クレームの1つの意味としては、ある人が社会生活しているうえで、製品、サービスに対して、あるいは企業の対応に対して不満を感じることが日常的にありますね。そのときにちょっとクレームを言ったときに、対応の仕方で、「何だ。そこまで言うのか」ということで、それでは、本格的にクレームつけようという気になる事例があるわけです。それはその1度目にそういうことになると、2度目からは初めからクレームをつけようみたいなことは、十分あり得て、しか

第1章　クレームの現状から学ぶ

も1度目に味をしめたりなんかすれば、余計クレームを誘発してしまうということもあるのではないかと思っているんです。現にあるとおっしゃっていますし、それからもう1つは、担当の方の対応の仕方によって、たとえば、複数の方が同じようなクレームをつけてきたときに、最初の方にあまり吟味もしないで、「取りあえずこれでご勘弁ください」とお金で解決してしまうと、それが口コミかなんか知りませんけど広がって、「何かあそこに行くと、結構優しいみたいだよ」ということになって、またそれがクレームを誘発する可能性があるのではないかなと思うわけです。

　逆に企業の対応をみていますと、確かに厳しいばかりでは駄目ですけれども、たとえば、同業者であってA社はクレーム対応はお金で解決するのに対して、B社に行くととことん何かいろいろ聞かれるということになると、クレームをつけるほうはどっちが楽かといえば、優しい対応のほうがよくて、厳しいところはなかなか行くのも大変だとなるわけです。クレームをつけるほうもいろんな人がいて、効率性というものを考えるクレーマーもいるのではないかと思うことがあります。そうすると、次のクレーム対応を適正にや

っているといいますか、比較的厳し目なところにクレームをつけに行くと、根拠のないものは結構いろいろ聞かれますので、また次のターゲットを探して、別のところへクレームつけるタイプの人もいるのではないかなということを見聞したこともあります。クレームというのはどこかできちっと対応しておかないと、そういう循環性があるのではないかなという気がして、それがそういう情報が流れることによって、悪循環という現象が生じるのではないかと思うわけです。

【関根】　私がびっくりしたのは、2003年頃の話ですが、Ｂ百貨店はクレーム対応として２万円をすぐ出すんです。早いんですよ。Ａ百貨店は１円も出さないんです。対応時間は相当差があると思います。そのせいか、おっしゃるように、顧客は、だんだんＢ百貨店へ流れたのではないでしょうか。さすがに、今では、Ｂ百貨店も出さないとは思いますが。

【升田】　それは効率的ですね。

【関根】　そうです。Ｂ百貨店は、２万円あげて気持よくなって帰ってくれれば宣伝になると思っているんですよね。本当は不十分な宣伝なのですが。

6　クレームの終息は判断できるのか

【升田】　先ほどから話題になっていますが、クレーム処理対応の問題について、どちらに主導権があるかといえば、当然ですが、クレームをつけるほうにあるわけですよね。

【関根】　おっしゃるとおりですね。

【升田】　そうしますと、クレームをつけたときによくあるのは、最後にクレームをつけてきたときから時間が空くと、「やれやれ、終わった」と思われる場合がありますね。ただ、それは終わったという保障は全くなくて、相手方の仕事が忙しいか、体調を崩したか、ほかに忙しい用事があったか、ほかのクレームで忙しくなったか、いろんな状況があるわけで、いなくなったからといって終わったとは言えないし、終わったということはきちっと対応し

ない限り、何の保障もないですね。最後まで油断しないほうがいいということを、かねてより考えていて、よく、「これで終わりましたか」と聞かれることがあるんですが、終わったということはないですよね。

【関根】　ええ、ないです。

【升田】　それを誤解している人がいるようです。関根さんも本にお書きになってますが、きちっと経過を記録化して、その記録を組織として共有化することが非常に重要で、それを個人と担当者の特有の情報としておく限り、これはいつまでたっても進歩がないという気がします。そういう意味でもクレーム処理の情報化自体も、非常に重要ではないかなと思っているんです。

【関根】　今思うと、私も失敗したのは、当時、婦人服のクレームは婦人服売場に流しました。紳士服のクレームは紳士服売場に、雑貨のクレームは雑貨売場に、食品のクレームは食品売場に流しましたけど、これは組織全体に流す必要があったんです。それぞれの情報は、他の売場でも使えるわけです。ですから食品のクレームに関する情報を、婦人服売場なんかに流してあげると、「えっ、こういう心理でクレームをつけるの」というように、考える材料になるわけですよね。

【升田】　やはり、クレームをつける人もいろいろな情報によって影響されているわけです。勉強しているわけです。逆にクレームに関する情報も、非常に重要な教材であるわけで、これを組織として共有し、利用できるようにしておかないと、いつまでたっても組織としてのクレーム対応に工夫は出てこないのかなと思います。

【関根】　そうですね。

【升田】　しかも担当者も代わりますし、経営者もいろいろ経営状況によって揺らいできますから、できるだけ効率的な、あるいは効果的なクレーム対応をするためには、情報が非常に重要ではないかなという気がしているんです。

7　クレームの情報化・情報の共有化が不可欠

【関根】　そうですね。要は、現場が情報をすぐ引き出して使えるようなシステムにしておく必要がありますよね。お客さま相談室はいつでも出せるんですよ。「おい、この件と似た事例の資料があっただろう」と言って資料を見て、「ああ、何月ごろ」、「このときも来ているぞ」って、「ああ、来ていた。同じ人だ」と、こうなるんですが、今はパソコンで自由に呼び出せる状況にしておかないといけないと思いますね。

【升田】　クレーム処理というのは、もちろん人に対応していますから、人間関係の調整の問題だと私は思うんです。もちろん法的な問題があれば、法的な問題からのアプローチ解決も非常に重要だと思うのですが、もう1つ忘れてはならないのは、情報処理の問題だという気がしていまして、企業は、ほかの面では情報、情報と言いながら、クレーム処理の問題だけは、なぜか担当者、担当者と言っている傾向があるように思います。それは非常に重要な情報ですし、企業にとって必ずしもプラスな情報とはいえなくても、情報処理として対応すべきだと思いますね。しかも元々顧客情報というものを、クレーム情報を含めて重要な経営資産だという考え方もあるわけですから、もうちょっとそういった面に工夫をしたほうがいいのではないかなという気がしています。

8　クレームの経営、事業に対する影響度

(1)　情報の共有化がモンスタークレーマーの出現を阻む

【関根】　クレームというのは、根拠の有無を問わずにその事業者の経営、事業に影響すると思うのですが、升田さんはこの点について、どれくらい重要だと思われていますか。

【升田】　これはいろんな場面で重要で、今、お話したように、クレーム情報そ

のものが、どのように対応するかを含めて、長く企業として対応すべき問題です。企業の資産として、みんなで共有化して活用しないといけないわけです。

【関根】　おっしゃるとおりですね。

【升田】　その意味で、情報の共有化は必要不可欠であると思っています。それから当然ですが、そこに顧客の動向も反映されてるわけですから、そういったものを事業の展開にどうやって利用していくかということも、非常に重要になってくるでしょう。さらに言いますと、確かに真実のクレームだけを相手にしていればいいように思われがちですが、仮にそこの判断を誤って、モンスタークレーマーのようなものの取り扱いを間違えますと、企業の信頼を損なうような事態に至る場合もあるわけです。

【関根】　その通りですね。

【升田】　そうしますと、単なるクレームとして、特に現場の人に任せておいて、実はきちっと経営部門に情報が上がらないというときには、結構大ごとに発展して、しかもその中に、最初は虚偽のいいかげんな情報だと思っていたものが、実は途中からそうじゃなかったという深刻な情報になる事例もあるわけです。モンスタークレーマーのような人がいて、その中にはなぜそういうクレームがつくかという問題が絡んでる場合もありますし、そういったたくさんのクレームがある中で、みんな、モンスタークレームの悪質なものだと思っていると間違いを起こす恐れがあります。中に真正なクレームが来たときに、それを見誤って、モンスタークレーマーと同じように処理しておこうなんて考えると、もう時すでに遅しで、事態が深刻になってるという事例も、最近は結構多いように思います。

【関根】　確かにこの失敗は、どこの企業にもたくさんあります。

(2) クレームの重要性を見分けられる担当者を育てられるか

【升田】　クレーム処理というのは、本当に経営に密接に関係する問題だと思いますし、企業の業種によっては直結する問題だと思っているのですが。

【関根】　そうですね。私も感じるのは、この点でクレームの意味、重要度を、

適切に見分けられる対応者をどのように育てるかですね。ところが、これは私自身の経験でいえば、毎日クレームに対応して5年かかっているわけです。私はクレーム対応が好きで5年かかっているんです。ですから、嫌々やっている人は何年かかっても、見分ける能力を身に付けることが無理で、小さなクレームであっても任せることはできませんね。私の場合、3〜4年を経たころからは、やくざだったら関根さんという具合に、各店舗から電話がかかってくるんです。升田先生もおっしゃるように、非常に大事なことで、これが企業の生死を分けると言っても過言ではないでしょうね。

【升田】　実際のところは確かに窓口を設けていると、あるいはお客さま相談室を設けていても、クレームつける人は何もそこに連絡する義務はないわけですよね。それが最後の問題になってくるのではないでしょうか。たとえば、全国展開している事業の場合に、確かにそういうところはクレームなどの相談窓口に関する電話番号が書いてあるわけです。そして、たとえば、コールセンターなり何なり、あるいは東京なり何なりで受け付けるということになっていて、では、地方の人が、そこに電話しなきゃいけない義務があるかが問題です。手近な営業所に連絡したときに、それは正式なクレームとして取り扱われないかというと、それはあり得ないですよね。

【関根】　そうですね。それは正式なクレームとして取り扱われます。

【升田】　そうすると、実際にはクレーム対応の職責や担当の人ではないため、非常に重大な情報がきたのに見誤る可能性があるわけです。クレームをつけたほうは、自分は会社・企業に対してクレームをつけたつもりでも、企業のほうは担当部署を設置しているから、もう安心してしまい、そこへ来なければクレームじゃないという受け取り方をする可能性があると思っているんです。そうすると、そのギャップは、企業側からすると、「ちゃんとした部署に来ない以上、クレームとして取り扱わなくてなぜ悪いんだ」という論理に発展しがちですけども、それは通用しないのではないかなと思っているんですが、いかがお考えですか。

【関根】　現実に、私が百貨店で一番危惧しているのは、新入社員が入って、

1週間たたないうちに、お客さまと接客したときに、態度が悪かったり、質問しても何もわからないといったトラブルがよく生じるんです。「あなたは何やっているの」というように言われたときに、「私はまだ新人ですから」と言い返した途端、お客さまのほうは以前から勤務していると思っていますから、お客さまはこんな店もう来ないとなるわけです。同じような事例は、全く気づかないところで、1日何百件と起こっていると思うんです。根底でこのようなクレームをシステムとして吸い上げるようにできているか、いないかが、企業が生き残りに大きく影響すると思うんです。この点については、ずっと心配していますね。

【升田】　クレームの現場では、私は末端の従業員1人ひとりが会社の顔だと言っているんです。

【関根】　そのとおりです。

【升田】　お客さんは別に社長を知っているわけでもありませんし、むしろ社長に会わせろと言ったら、それはむしろ悪質クレーマーじゃないかと思うわけです。売場で直接対面している従業員の1人ひとりが、代表権はもちろんありませんけれども、事実上、会社の顔であるはずです。ところが店員など受けているほうは必ずしもそういう自覚がないですよね。クレームであれば、クレーム処理の担当部署へ連絡すればよいと思っているわけです。そのお客さまが担当部署に電話をしなければいけない義務があるかというと、それはないですし、そんな義理があるかというと、これもないです。では、クレームをつけなかったことになるかといったら、それはクレームをつけたことになるわけですよね。

【関根】　そのようなクレーム情報を、企業として受け止めているだろうと思っている人がたくさんいますよね。

【升田】　ええ。ですからそういうところが、今後非常に問題になると思っていまして、そういう評判というのは昔と違って、インターネットというのは無視できないといいますか、極端なことをいえば、みんな自分の不平不満を社会に広める武器をもっているのと同じなんですね。ですからそういう意味

では、双方のもっている武器が対等とは言いませんけども、相当ギャップが縮まってきているという社会になった。それが情報化社会における、非常に重要な視点ではないかと思うのですが。その点を、事業者、企業が理解しているのかどうか疑問ですね。もし、理解されていないとすると、重大な事件が起こって、それで見直すかということになるわけでしょうけど。

【関根】　繰り返しますよね。

【升田】　ええ。しかしその当座は見直すという機運があっても、いずれ忘れてしまうというのが悲しい現実で、そういう問題があるんじゃないでしょうか。

9　情報化社会におけるクレームの質的変化

(1)　都合のよい情報を根拠にするクレーマーの増加

【関根】　わかりました。それでは、情報化社会において、クレームそのものに何か質的な変化が生じているとお考えですか。

【升田】　これはやはり、今、申し上げたように、確かに顧客1人ひとりは弱い存在かもしれませんが、意外と情報は豊富にあって、自分に都合がいい情報が結構あるわけですね。そうすると、自分の行うことについて正当化する可能性があるわけですね。

【関根】　フォローされているような気になるわけですね。

【升田】　ええ。たとえば、インターネット上はそういう情報を公開したら、支持する人がいるかもしれない。

【関根】　ええ、いると思います。

【升田】　そうすると、本当はひとりで孤独にやるような問題なのにもかかわらず、われわれの知らないところで、一定の支持を受けてやっているとなると、余計大義名分を認めるということになります。それから、自分で世界に発信できる、あるいは情報をとれるというのは、非常に大きな力になるんじゃないでしょうか。

【関根】　その点について、今危険なのは、ネット死刑という状況があります

101

ね。韓国とか海外でも多いのですが、あの歌手は整形しているということをネット上に詳細に公開するんです。そうするとそれを知っている人が、私も知っている、知っているという状態になって、自殺したり芸能界を去るというパターンが出てきているんです。

【升田】　ですから本来、そんなことまで言わせるべきではないと思います。そういうこと1つひとつ、あるときは誹謗中傷という方向に向かい、また別のところではクレームに向かい、そういうことを行っている人はクレームをつけやすいですよね。

【関根】　そうですね。結局、メディアはあと1年くらい、クレームを題材にした企画を続けると思います。ところがその1年の間に企業が不満を述べてきます。話題になればいいからとつくっていたものが、かえってスポンサーである企業にとってマイナスになってくるんです。番組の編成を考えたほうがよいとテレビ局にも提案しているんですけど、「あなたはどちら側にもなる可能性があるんですよ」という時代を明解に出していくという重要な時期が来るような気がしますね。

(2) ネット社会の出現がクレームの質をどんどん変化させる

【升田】　確かにそういう弊害が出たときに是正されるとしても、問題が発生したときから是正されるまでのタイムギャップがありますよね。その間はターゲットにされた企業なり、事業者にとって、非常に甚大な損害が生ずる可能性があるわけです。今の社会でネット上など、そういうところで攻撃されたら、ひとたまりもない企業なり、事業者ってあるわけですね。そうするともう取り返しのつかない被害を受けて、是正したときには本人は非常に再起不能の状態に陥っている可能性もあるわけです。ですからクレームといっても昔とは違って、質的に変化しています。やり方によっては内容の真偽を問わず、非常に甚大な影響を及ぼすおそれがあるということを危ぐしています。もちろんクレームはどうしても不可避で、どの業種の企業でも起こるわけですけれども、真偽とか、社会的な妥当性とか、そういうことを非常に重視す

べきではないかという気がしているんですよ。ですからいたずらにモンスター、モンスターと言ってもてはやすようなテレビ番組をつくるとか、いろんな特集をするよりも、むしろなぜそういうことになるのかという原因をきちっと解明してほしいですね。

【関根】　そのとおりです。

【升田】　モンスターがあるほうがいいような風潮にもっていくというのは、どうも問題が多いと思うんです。

【関根】　私にも、バラエティー系番組の出演依頼が3件立て続けに来ましたけど、みんな出演拒否です。お笑いでやるのは勘弁してくれ、最後まで結論を出させてくれるような番組にしてほしいと言って断るんですけど。

【升田】　テレビではお笑いで済んでも、実際に対象になった人はそれでは済まないですからね。

【関根】　私がお笑いに出たら、後の仕事に影響が出ます。

【升田】　対象になった事業者は大変ですけれども、クレーム対応を行う方も大変ですよね。

【関根】　本当にそうです。だって、「こいつはお笑いに出ているやつだろう」と言われたら、クレーム対応にも説得力がなくなりますから。

───●ワンポイントアドバイス──現代社会と顧客●───
1　現代社会は、顧客に不満を蓄積させている。
2　現代社会は、顧客のクレームを流行にしている。
3　情報社会は、顧客の不満を挑発しやすい。
4　不具合・不祥事の公表は、クレームを誘発する。
5　クレームは、マスコミの報道等によって増加する。
6　クレームは、クレームを誘発し、クレームの悪循環の現象が生じる。
7　クレームは、その終息を判断できない。
8　クレームは、情報化され、情報の共有化が見られる。
7　クレームは、根拠の有無を問わず、事業者の経営、事業に影響する。
8　情報社会におけるクレームの質的変化に注意する。

Ⅴ　増加するクレームの法的根拠

1　クレームを生じさせる法律は1つではない

(1)　法的根拠が不可欠か

【升田】　クレームをつけるにも、具体的に金銭、物を要求する場合には、法的な根拠が必要になります。全く根拠もなしにクレームをつけるとなると、それ自体がモンスタークレーマーということになると思います。実際にクレームの法的な根拠に基づき何らかの請求を事業者に対してする場合、考えられるものとして、不法行為という制度があります。また、債務不履行といった制度もあります。そのほか事業者が製品を売るなどに際して、保証書などを出している場合には、その保証書に基づいて何らかの請求ができるということも考えられます。

　さらに最近関心を集めているのは、個人情報の問題でしょう。個人情報は、個人情報保護法という法律によって保護されていますが、事業者のほうで個人情報の取扱いを誤ると、個人情報保護法に基づいてクレームがつくこともあります。それから消費者保護に関するさまざまな法律があり、そのような法律に基づいてクレームがつくこともあります。

　中には内部告発者を保護した公益通報者保護法に基づいて、クレームをつけてくる可能性もあるのではないかと思いますが、実際にクレーム処理を担当しておられて、全く法的な根拠に基づかないようなクレームはあるのでしょうか。

【関根】　一般に、不満をクレームととらえるわけですが、申し入れるほうは法的な根拠はあまり明確にしません。いろいろなクレームをつけてくる中に、これは法的に絡むなというクレームは出てくるのですが、クレームをつける

多くの人たちがすべて法的根拠を有しているわけではないです。法的根拠に基づいてクレームをつける人というのは、過去に相当クレームをつけた経験をしている人、つまり法的根拠を言えば相手はビビるなということがわかっているような人です。

　一般のクレームに対応する場合、結果に至る過程が法的根拠に基づいていたとしても、対応する商業の世界ではそこまで難しく考えてはいないと思います。ただ、製品に関する不法行為の場合、相手が必要な時、場所で使えなかったら困るんだというときに、過失によって作動しなかったというように、それが補償の対象になってくるということはあります。これは後々わかってくることですが、このような場合は法的根拠に基づくクレームといえるでしょう。

　それから、個人情報保護法に関しては非常に難しくて、商業の世界において、個人情報の保護を厳格に考えすぎると、実は適切な対応もできないことがあります。

　たとえば、相当悪徳であったり、あるいは凶暴的であったり、こういったクレーマーの情報を同業者にも流さず、その同業者が対応した場合に大きな被害やケガ人が出るような事態も考えられます。

　話がこじれてトラブルが大きくなり、そのうえで訴訟になったというケースは、大きな百貨店においても、年間に10例もないと思います。もちろんトラブルが大きくなる前に訴訟になったとしても、事前に示談という形も考えています。

　百貨店には多くの場合法務部があって、訴訟という状況になれば法務部の弁護士が対応します。そうなるとわれわれお客さま相談室は、そこから先は全くノータッチという形になります。本来それではいけないのですが。

(2) 補償以外の請求に対してはどう対処するか

【升田】　クレームの多くというのは不満、あるいは保証書に記載されているような補償をしてほしいというケースが多いとすると、そのレベルで対応で

きるということですね。
　では、クレームの途中で、たとえば法律の名称をあげて、具体的にいろいろな請求を行ってくる場合もあると思いますが、そのような場合はどのように対応されますか。

【関根】　これは少し慣れればすぐにわかるのですが、たとえば食中毒だと言ってくる電話、あるいは、来店する人で、本当に食中毒になった人はほとんどいません。食中毒だと言ってくる99％ぐらいが、食当たり（食べ合せ）です。ところが言いがかりのつけ方が非常にねちっこくて、「保健所への対応はどうする？」というような質問をしてきます。そうすると、あ、こいつはクレームをつけることに慣れているなと、こちらは考えます。ただ、このような場合、お客さま相談室と違って、現場は食中毒と言われただけでパニック状態になります。大変だと大騒ぎになるわけです。というのも、営業停止が、すぐ頭に浮かぶからです。

　ところがお客さま相談室まで届くと、「おそらく食当たりだろう。でも、行動は迅速にしろ」と言うだけです。

　どちらにしてもはっきりするまでは、企業をあげて臨むことになります。このように、保健所への対応はどうする、と言った途端に、こいつ、前歴があるなと考えるわけです。そして、「恐れ入ります、地元の保健所にはそちらからご連絡していただけますか」と言います。そのうえで、「当方の管轄の保健所にはこちらから連絡を入れます。ですから急いで病院に行っていただいて、検査を受けてください」というようなことを言うわけです。相手は、まさかそのように言ってくるとは思いませんから、それ以上無理な要求はしなくなります。

　ただ、相手がどのようなタイプか、会話の中で見抜く必要があります。下手をすると、あるいは未熟だと、通報イコール事件だと考えてしまい、「保健所に関しては少し待ってください」と言って、そこで後手に回るということはあります。

(3) 相談窓口の担当者には法律への関心も必要か

【升田】 クレームを聞いてみると、クレームの中に法的な問題が絡んでいるという場合もあると思います。実際に、事業者の相談窓口のようなところでクレームの対応をしておられる方というのは、法律的な知識がどの程度あるのか、さらに、法律的な知識を蓄えるために、何か日ごろ努力しているようなことがあるのでしょうか。

【関根】 ええ、大手の百貨店では一応お客さま相談室のマニュアルが用意されています。また、地方の百貨店でもほとんどのところで用意できています。そしてその中には製造物責任法であったり、あるいは食品衛生法であったり、関連する法律についての情報が入っているのですが、ファイルされている作成年度が古い場合があります。そのことが、間違った対応に結びつく場合があります。

　お客さま相談室に来るようなケースは、相手が若い人より年配者が多いですから、法律的な知識を有している人もいらっしゃいます。かといって資料を暗記する必要は毛頭ないのですが、その資料を手にしたら、資料に書かれている情報が最新のものか、インターネットなどを利用して調べる必要があります。そして、お客さまに法律的な知識を突かれたときは、資料を見ながら対応すればよいでしょう。うろ覚えで間違った答えをしたらより大きなトラブルに発展する可能性がありますから。

【升田】 確かに、消費者保護の強化という要請から、近年法律も相当改正されてきています。毎年毎年幾つかの法律が改正されると、その流れを正確に把握しておくことは難しい面もあると思うのですが、そのような改正の流れに関して、事業者は大体マニュアルのようなものに反映させてはいるわけですね。

【関根】 ええ、もちろん数多く揃えています。

【升田】 問題は、その改正内容を担当者がしっかり理解しているかどうかという点が問題でしょうね。

【関根】 そうですね。事前に理解しているというよりも、やはり現実に責め

られて初めは失敗して、そのうえで勉強するという担当者が多いです。本当は、それでは後手に回ってしまうのでしょうが、起きるかどうかわからないことについて、一生懸命法律に関するマニュアルを読んでも、法律の素人である担当者には理解しきれません。そういった限界があるので、先輩からいろいろな具体例を聞いて、対応のポイントだけ教わっておきます。そして現実のクレームにぶつかったときは、教わったポイントを基に対応すればよいと思います。

(4) 顧問弁護士との連携の方法

【升田】 法律問題が絡まるクレームだということがわかったときに、もちろん担当者が検討されるということが重要だと思いますが、それ以外に、たとえば顧問弁護士に相談できるような体制はとられているんですか。

【関根】 はい、百貨店の場合は、ほとんど常時相談できるシステムがとられています。また、大手のスーパーでも総務を経由して、顧問弁護士にすぐに連動できるようになっています。

【升田】 対応が困難である、あるいは専門家に頼んだほうがいいという案件については、積極的に弁護士などに相談するということで対応しているということですか。

【関根】 一般の担当者は、法的に攻め込まれると、専門家に相談せざるを得ません。ただ、私の場合すぐに弁護士に対応を委ねることはしませんでした。というのも、弁護士に委ねてしまうと、法律に則って形式的に処理される側面が強く、場合によっては、気の毒なお客さんが出てくる場合もあります。ですから興奮して言いがかりをつけてくるようなお客さんには、冷静になるまで待って、また振り出しに戻して話をしていくという手法をとりました。

しかし、過去に何回となく同じ戦法であちこちの百貨店にクレームをつけた人だなと思ったときは、早めに弁護士の見解をいただいて解決するようにしていました。

【升田】 やはり弁護士に相談すると、どうしても法的な問題を基本に対応さ

れます。そうすると最終的に対応として、時間や費用などのさまざまな点から、最善だったかどうかということはまた別の問題といえるのでしょうか。

【関根】 その通りですね。現在、私は百貨店を経て、歯科医の問題などにかなりかかわっていますが、歯科治療の患者さんというのは医学に関しては知識がありませんから、どうしても訴えるという言葉が早い段階から出てきます。金銭的な問題でいうなら、歯の治療費と訴訟費用を冷静に考えて、訴訟することの意味がわかっていますかと、こちらから問いかける必要があります。訴えるのは簡単ですが、裁判になるとすごく時間も要するし、お金も必要だということを伝えます。そして、裁判で解決する前に、治療した歯そのものが悪くなりますよ、というくらい冗談を交えて、患者さんを諭すような気持で、円満解決に向けて対応を進めていきます。

第1章 クレームの現状から学ぶ

●ワンポイントアドバイス──法的根拠●

1 不法行為（民法709条以下）
2 債務不履行（民法415条以下）
3 個人情報保護法
4 公益通報者保護法
5 消費者保護に関する法律体系（消費者基本法、消費者契約法、製造物責任法、特定商取引法など）
6 法的な根拠を下支えする裁判例

VI　さまざまな法的手段が存在する現代のクレーム

1　マスコミ、インターネットの影響は？

【升田】　今おっしゃった歯科医の事例でいうと、仮に訴訟を起こす場合には不法行為とか債務不履行が根拠になりますが、最近では新聞などでも、医師が負けた事例が報道されるようなことがありますね。そうすると、そのような記事を読んだり、あるいはインターネットなどで情報を入手して、訴訟を起こせば勝てるのではないかという気持になると思います。やはり、そのような記事やインターネットの情報を見る人も多いのでしょうね。

【関根】　そうですね。いけないのは、歯科医師あるいは医師はクレーム処理に関して勉強不足ですから、うっかりした答えを言う場合が多いといえます。ただ、うっかりした答えではあっても、後から正しいことがわかれば裁判の対象にはならないと私は考えています。

【升田】　そうすると、訴えるほうも訴えられるほうも、実際の訴訟に対する知識必ずしも十分ではなく、自分のイメージで対応しているということですね。

【関根】　その通りです。百貨店の場合は初めて来たお客さん、あるいは何年も来ているけど、初めてクレームをつけたという方と対面することも多いのですが、歯科医に通う患者さんは元々近所の人で、その患者さんと裁判で決着をつけるということがどういうことかわかっていない歯科医がみられます。ですから、裁判で決着したら、患者さんを失うとともに、患者と裁判した医師としてやがて町にも住みづらくなりますよ、と歯科医にはよく言います。中には、歯科医のほうから、それなら訴えてみろという場合があります。こ

れは、非常におかしな話だと思います。

2 クレーム窓口の現状

(1) 相談窓口の担当者も裁判例を把握すべき

【升田】 法律的な問題をさらに深めてみると、民法などの法律のほかに、実際に適用された裁判例も相当数あり、そのような知識も必要になりますが、事業者のクレーム窓口の担当者は、裁判例などはあまり把握していないのでしょうか。

【関根】 クレーム窓口の担当者は、裁判例などに対してやはり疎いかもしれないですね。

【升田】 現実には、弁護士さんに報告するということになるのでしょうか。

【関根】 そうですね。

【升田】 逆に、訴えるほうの人についてみると、現在いろんな裁判例をわかりやすく紹介した本が相当数出版されていて、それを立ち読みするだけでも相当な知識が得られますし、インターネットを開いてみると、クレーム関係の裁判例を紹介している場合もあります。また、実際の訴訟について、進行経過をインターネット上に公表している人もいるように聞いています。

そうすると、一方でそのように情報提供が進んでいるとなると、事業者のほうも弁護士だけを頼りにするのではなく、裁判例など、何らかの情報は知識としてもっておいたほうがいいと思うのですが、そのあたりはどうお考えですか。

【関根】 患者さんが、インターネットなどで事例を見る。ところが、似て非なる事例が幾つもあります。そのような場合、自分に都合のよい事例を自分優位に見たうえでクレームをつける場合があります。しかし、よく話を聞いてみると、異なる事実があって、そのうえその事実に関して事前に承諾をしているといった点を見落としている人も多くいました。

やはり的確な対応を行うという意味で、裁判例なども把握しておくとよい

でしょうね。

(2) 悪質クレーマーは同じ手口を繰り返す

【升田】 弁護士の場合でも、実際に訴訟の場に立ち会って先例として裁判例を引用する場合に、いろいろ意見が分かれてる場合でも、自分に有利なものを引用して主張するということがあります。事情は、ほぼ同じようなことであり、やむを得ないところはあります。他方、裁判例を引用してきたような場合には、仮に具体的に提示したものは、やはり確認されるのですか。

【関根】 もちろん会話の中で出てきたときには、聞き逃さずにメモをしておきます。

【升田】 一応確認したうえで、もし対応が必要な場合には対応されるということですね。

【関根】 そうです。面白い事例として1つあげると、賞味期限に関する事例がありました。賞味期限が切れたものを食べて、おなかの具合が悪いとクレームをつけてきた人がいまして、その初期対応をお客さま相談室の新人が受けました。商品はカステラなんですが、実は買ったときには7日間の賞味期限があったんです。そしてそれを買ったAさんがBさんにお中元として届けようと連絡したら、2週間ほど留守にすると言われ、2週間後にそのカステラを持っていくわけです。この時点で、百貨店には責任はありません。ところが、実はBは賞味期限でクレームをつけた経験があり、いろいろな知識をもっていました。第一報を入れてきたときには、すでにやや悪質なクレーマーとなっていたわけです。そのカステラをつくっている本社に電話を入れました。そして本社に電話を入れると、休日だったため担当者が不在で対応が悪く、それがまたトラブルになりました。

　さらに、百貨店に電話をしてきて、今度は電話交換室にとうとうと文句を言う。その後、食品部に伝えられ、そしてやがてお客さま相談室に回ってきました。そのとき、新人が対応しました。その新人はメーカーの責任者と会い、2人で相談したうえ、1万円を包んでお詫びをするために、B宅に伺っ

113

たわけです。これは、百貨店では禁止された行為なんです。そうしたところ足元をみられまして、封筒の中の金額を確認したうえで、差し戻されました。すなわち、1万円で話がつくものではないでしょということなんです。それから解決するまで、延々40日もかかりました。

先ほどのお話のように、消費者保護という要請が強いため、ごねられると、今度は保健所が消費者の味方になります。それが悪人であっても、保健所には事実が優先されるため、店舗に調査が入ります。

40日経って、店長から私のところに対応してほしいとの要請が来ました。そこで、私どもには非はありませんということを伝えるのですが、当然相手は怒ります。でも翌日になって、1万円だけでももらえるのかと聞いてきます。出す理由はないのですが、百貨店としてもいったん出した手前、下げるわけにはいきません。2万円にならないかと言われましたが、それはきっぱり断って1万円を差し上げました。このようにして、解決をしたわけですが、結局どこに原因があったかというと、経験のなさが、本来会社には落度がないのに、クレーマーにつけ込む隙を与えてしまったということです。そのクレーマーは警察や各デパートの名刺をたくさん出してきました。これが彼らの技です。しかし、その出してきた名刺の傷み具合から古さも見抜く必要があります。要するに、同じ手口を繰り返していると考えるわけです。

(3) 事業者も表示の意味を十分理解することが重要

【升田】 製品にしてもサービスにしても、もともと品質の問題があります。それからさらに品質が相当悪ければ、欠陥の問題になることもあります。それ以外に、今ご紹介になっている表示の問題があって、最近は非常に表示に関する問題に関心が集まっています。賞味期限の問題も、もちろん品質に全く無関係というわけではないですが、だからといって、直ちに何か具体的な被害が及ぶということではないでしょう。そうすると、表示の意味をしっかり理解しないままクレームをつけるということもあるというお話ですが、逆に事業者のほうも、しっかり理解して対応しないといけないということでし

ょう。

　しかもそういった表示にかかわる法律は相当増えているだろうと思いますし、今おっしゃった食品だけではなく、ほかの製品、サービスについても表示そのものが相当詳細になっていますから、その表示を見て、たとえば表記が十分じゃないとか、自分なりの理解でクレームをつけてくる人は、これからも出るかもしれないでしょうね。

【関根】　十分、あると思います。表示に関しては、食品だけではなく衣料品でもあるのですが、東南アジア系の民族衣装系の洋服は、色落ちする場合がよくあります。ただ、色落ちの可能性をしっかり書いておかないとトラブルのもとになるということがありますし、実際過去にもありました。

【升田】　まだ日本の社会ではそれほど深刻な問題になっていませんが、たとえば表示について、輸入製品だと、その輸入した先の言語による表示だけ、たとえば英語で足りるのか、日本語にしないといけないかというような問題もあるでしょうし、逆に日本の国の中で日本語だけの表示で足りるのか、さらにほかの外国語についてもやはり配慮する必要があるのかということは、一応理論的には問題になると思います。

【関根】　私も同感です。

3　クレームをつける手段は多様化している

(1)　クレーム対応窓口は社長と直轄・直結すべき

【升田】　次に、クレームを現実につける場合に、やはりクレームをつける人にとっては、どういう手段でクレームをつけるかということが非常に重要になってきていると思います。クレームをつけるというのは、見方を変えると、クレームという内容の情報を事業者に伝えるということだと思います。その事業者にクレームを伝えるという手段をみると、名称はいろいろあると思いますが、事業者にクレーム対応の窓口が設けられているところは、そこに連絡すると対応してもらえます。クレーム対応の窓口がないところでは、総務

部のような部署に回されて対応されます。

　いずれにしてもクレーム対応の窓口に情報を伝えるということもあると思いますが、それ以外にも、たとえば株主総会に行って発言するぞ、というような事例もありますし、業界団体にクレームを申し立てる人もいます。また、地方公共団体を含めて主管の官庁にクレームをつける人もいますし、場合によってはインターネットや消費者団体、マスコミ、ミニコミなどを利用してクレームをつけるという人もいます。

　つけ方も、実際に面談してつける場合もありますし、書簡、書面で行う場合もあるでしょうし、電話ということもあるでしょう。最近はインターネットも利用されており、実際にインターネットでそういう受け付けをするところもあると思います。そういった手段というのは、長年クレーム対応しておられて、やはり、拡大している、あるいは多様化しているという印象をおもちですか。

【関根】　確かに、そういった印象はあります。まず大切なのは、クレーム対応の窓口は、企業が本来クレームを分散させないために、集中して窓口で処理しよう、そしてそこに対応のプロを配置すれば事が大きくならず、効率的な対処ができるだろうという観点でスタートしたと思います。

　この章の冒頭でも同様の説明をしたように、お客さま相談室はアメリカのスタイルをまねたのですが、集中させる目的で取り入れて、その後に、賢い集団はすぐにこれが経営に影響を与えることに気づきました。日本では今から35年から40年くらい前に、大手企業がお客さま相談室あるいはクレーム対応の窓口というものをおきました。

　そしてその活性化を行っていったのですが、途中でその人件費の高さに気づき、これは無駄であると判断してしまった企業が多数あり、今は社長直轄、直結でやっている企業は2割を切っているくらいです。それ以外は総務のような管理部門が対処しているのですが、結局は人件費の節約よりも、お客さまを失うことのほうが、よほど企業の利益に大きく影響しているのではないかと思います。ですから、お客さま相談室のような窓口を社長直轄でおいて

いる企業のほうが正しいと思います。

(2) クレームはあらゆる方面から飛び込んでくる
【関根】　それとは別に、クレームの入り口というのはやはりたくさんあって、いろんな方面から入ってきます。それでも第一報がクレーム対応の窓口に来た場合、感情的にこじれると、ほかの団体にものを言うという流れが非常に多かったので、とにかく感情を害さないように気をつけました。

　それ以外だと、インターネットからクレームが入ってきてしまうとか、消費者団体から問い合わせが来るとか、あるいはマスコミにたたかれてしまうというようなことがありました。要は窓口に入ってきていただければ、第一報がそこに来たならば、何とでもできる、という技術をもっているのがクレーム対応の窓口だと思います。

(3) クレーム処理のミスが顧客を失う
【升田】　仮に企業、事業者にクレーム対応の窓口といったポストが設けられている場合であっても、クレームをつける人は、そこに連絡しなければいけないということはありませんね。事業者であれば、対応する人であれば誰にでもクレームを言えるわけですね。
【関根】　もちろん、その通です。
【升田】　逆に見方を変えてみると、クレームに対する心の準備のない人のところにクレームがついて、その人がしっかりクレームだという認識をしないままに対応した場合には、事業者としては大変な事態になりうると思うのですが、いかがお考えですか。
【関根】　おっしゃるとおりですね。窓口のベテランからみると、その点がすごく怖いです。というのは、大手の百貨店では、年間に2000人ぐらい販売員が入れ替わります。中に、販売について全くの新人が2割いれば、400人もいるわけです。そして、人件費削減のため、入社して1、2週間ほどしか経っていないのに、午前中は売場に新人が1人しかいないという場合がなきに

しもあらずで、そこでクレームが起きたときに、対応のミスを重ねることにより、かんかんになったお客さんが、こんな店には2度と来ないと帰ってしまうことになります。でも、このような損害は表面化しないため、企業にとっては経営上の大きなマイナス要因になるわけです。

　現状をみると、現場でクレームが発生し、その対応をしてみて、これでは埒が明かない、私の手には負えないとなったときに、上司に報告します。その上司も、主任、係長あるいは課長といった順番で報告が上がり、課長の段階で、もう自分では手に負えないとなったときに、確実にお客さま相談室に対応の依頼が回ってきます。今ではこのような流れがしっかりできているのですが、まだまだ未熟な人が、現場で対応を終わらせている事例もたくさんあると思います。

【升田】　クレーム対応は、しばしば、初期対応が一番重要だと言われています。

　そのとおりだと思いますが、クレームつける人からみれば、仮にクレーム対応の窓口があっても、そこにクレームをつけなければいけない義務はないわけですし、現場にいる手近な人に話をし、その人が仮に謝ったときに、その謝っていることもわからないまま事態は推移していく場合もあります。クレームをつけている人はそれであきらめる場合もあるでしょうし、さらにクレームをつけて、より深刻な問題になり、どうしようもなくなって、本来の部署に連絡があるということもありますか。

【関根】　ありますね。

(4)　従業員1人ひとりが企業の顔

【升田】　私からみると、クレームをつける人だけではなく、お客さん一般の目から見れば、事業者の従業員の1人ひとりが、役職にかかわらず、企業の顔になると考えています。

【関根】　おっしゃるとおりです。

【升田】　ですから、自分が話している人はその事業者の従業員であるとわかっていれば、その人に話せばきちんと通じるだろうと思うわけですが、実際

には通じるというシステムにはなっていないわけですね。

【関根】　ええ、なっていません。

【升田】　システム化されていない場合に、なぜ正規のルートにきちっとクレームをつけなかったかということを、事業者としては言えないのでしょうね。

【関根】　ええ、それは言えないと思います。話が少し変わってしまうかもしれませんが、最近私は、モンスターペアレントに関する講演依頼を受けるのですが、あるときある大きな都市に行ったときに90人ほどの新人教員が参加していました。通常、クレーム処理に関する講演であまり眠られたことはないのですが、そのときに限って寝ている人が目につきました。なぜかというと、参加者が新人でクレームに遭遇してないため、現実味がないわけです。

　そこで途中で話をやめ、皆さんの目が覚めるのを待って話をしたという経験があります。結局は百貨店の現場でも、あるいは商業界の現場でも多いのは、そもそも販売業務には就いたけれども、クレームが来ると思っていない人がたくさんいるわけです。それがいきなりクレームを言われたときは、完全にパニック状態になりまして、目つき、表情も悪くなりますから、さらにトラブルになるわけです。

　結局、お客さんはクレームを言いやすいところに言います。

4　クレームを受ける側の問題

【升田】　クレームつけるほうの側からみると、クレームをつける手段は多様化していると思うのですが、クレームを受ける事業者のほうをみると、むしろ組織として一元的な対応をしたいと考えているようですね。

　しかし一元的な対応について、対応窓口を宣伝といいますか、表示していれば、多くの人はそこに連絡してくるでしょう。それはそれとして望ましい1つの方法だと思いますが、その窓口にクレームをつけなければいけない義務はないでしょうし、お客さんにとって便利なところにクレームをつけた場合には、そのような場合の組織対応ができてない可能性があります。他方、

お客さんのほうでは手段が多様化していますから、組織的な対応が十分でないということになると、クレーム対応としてはまだまだ事業者のほうに油断があると思いますが、いかがですか。

【関根】　実際事業者のほうとしても、窓口があるから、そこですべてを対応するとなると、てんてこ舞いになり、回答に時間がかかる場合もあります。中には、現場のほうがより迅速に回答を出せる場合もあります。たとえば微妙に色が違っていたというクレームが来たときに、商品はたくさんありますから、お客さま相談室などの窓口に回ってきたときには、その商品を見に現場まで行くことになり、2度手間になるということもあります。

　それともう1つは、実は事業者としても、現場にクレームをつけてもらっていいですよという考えもあります。なぜなら、クレームというのは現場にとっても宝物ですし、クレームを受けることによって対応を覚えていくというメリットもあります。ですから窓口、窓口とは言っていますが、すべてのクレームを窓口で対応するというのではなく、窓口にはこじれたクレームがくるというようにとらえていたほうがいいと思います。

5　クレーマーのタイプを見抜くことが肝心

(1)　組織的にクレーマーの情報を集める

【升田】　最初に紹介しましたように、クレームをつけるときに、事業者にだけクレームをつける人もいますが、最初から、あるいは途中の経過からいろんなところに関連したクレームをつけて回るという人もいます。このようなクレーマーについては、どういう見方をしておられますか。

【関根】　この場合は、やはり相手の対応窓口を混乱させるといった狙いをもっています。また、交渉面で自分を優位に立たせようということを狙っています。問い合わせに関してこちらは対応部署を1カ所に定めておいて、その他の部署に入った場合はわれわれはつかんでいないと述べるだけです。実際事例があったとしても、われわれもまだつかんでいないため、困っているん

ですよ、という対応をせざるを得ないです。特に、匿名の場合にはこのような対応で十分です。

ただし、匿名でなく、実名でクレームをつけてきた場合には、誰なのか、どこの人かということをつかんで、その対応に入り、早い時点で解決しなければいけないということもありますね。

【升田】 それはクレーム対応の処理の担当部門として、組織的に対応するということでしょうか。

【関根】 ええ、その通りです。

【升田】 早めに、どういう人か、どういうタイプのクレーマーかということを、しっかり把握しておく必要があるということでしょうね。

そうすると、やはりアンテナは、常日ごろから相当広く張っておく必要があるのでしょうか。

(2) クレーマーへの対応の第一声に注意!

【関根】 その必要があります。中には名前を変えて、クレームをつけてくる人がいるわけです。ところが責め方がどこどこの店と同じだなとわかると、悪質クレーマーだなと判断できます。このあたりを見抜くのは、クレーム対応窓口の仕事だと思います。

また、苦情の手段の多様化に関して、新人にわれわれが徹底して教えなければいけないのは、クレームをつけるお客さんが代金を払っているということです。ですから、お客さんが自分の買ったものに満足していない、不満があるからクレームをつけているんだということを前提に、お客さんの話を聞く姿勢をもてということを、現場に徹底して教える必要があります。

その気持をもっていないと、クレームを言われたということに対して、逆に、何であのお客さんはうるさいんだというような不満が生じてきます。もし、これが会話として交わされていたら、企業経営に対して悪影響を及ぼします。ですから、クレームをつけているお客さまが一番困っているということを、現場にも徹底して教えなければいけないと思っています。

121

それともう1つ、難しいことではありますが、クレームに対応する第一声のシステム化が必要です。「二八（ニッパチ）の論理」という概念がありまして、クレームを分析すると、内容の2割で件数の8割を占めているといわれています。逆にいえば第一声を定形化しておけば、クレームが減少するともいえるでしょう。その意味で、クレーム対応の第一声は、店長から新人まで、販売員が全員同じ言葉で対応できるようにする必要があります。

　たとえばボタンがとれていたというクレームが来たら、たとえば、「ボタンがとれておりまして、申し訳ございません。お時間はございますか。このくらいのお時間で直して、お届けに上がりますが」と言うわけです。このような第一声をシステム化しておかないと、たとえばボタンがとれていたと言われたときに、「自宅で洗濯しましたか！」と相手を疑うようなことを聞く未熟者もいるわけです。

　このような第一声のシステム化はできると思います。これをつくっておかないと、先ほど升田さんが言われたように、非常に無駄な初期対応になり、初期対応で火を小さくしなきゃいけないのに、油を注いでいることもあるわけです。

●ワンポイントアドバイス──クレーマーの行動●

1　会社の苦情相談窓口
2　株主総会
3　業界団体の苦情処理窓口
4　官庁の監督窓口
5　インターネット
6　消費者団体
7　マスコミ
8　ミニコミ
9　口コミ

Ⅶ　クレーム処理の組織基盤のあり方

1　クレームに対する十分な経営判断がなされているのか

【升田】　クレームを受ける事業者のほうでは、日ごろから企業内にクレーム処理の組織をつくるとか、あるいは人員を配置するとか、担当者の研修を行うとか、さまざまなことを行っておく必要があるだろうと思います。その中の基本的な事柄をまずみてみたいと思います。

　クレームを受けたときにそれをどうするかといえば、それは企業の自己責任の問題であることはいうまでもないでしょう。自分で提供した製品あるいはサービスに問題があるとお客さんが言った場合に、それをきちっと自己責任として対応する。もしそれを誤れば、自分の責任ですから、批判をされるということは当然ありうるということになると思いますが、問題は、クレームがついたときに、従来、経営者がどのように関与すべきかという点が問題になってきました。

　全企業についてどのような状況になっているかわかりませんが、傾向としては、どちらかというとクレーム対応の担当者任せであって、その担当者が何とかうまく処理してほしいという傾向があったと思います。しかし最近では、クレームは非常に重要な情報も含んでいるし、クレーム対応を誤ると経営にも影響を及ぼすというような事例も出てきたものですから、経営者に直結した組織をつくったり、あるいは経営者に情報が速やかに、迅速に伝達され、経営判断を早期にしないといけないというような考え方に基づいて対応をしている企業もあると思いますが、この点についてはどうお考えですか。

【関根】 企業の自己責任という点では、こちらに過失がある、あるいは瑕疵があった場合には対応することは当然だと思います。ただ、経営判断となると、経営者の質というのが非常に大きく問われると思います。なぜかというと、多くの企業のオーナー、あるいは社長が、65歳から70歳に近いような人だと、高度成長期を経験している人が非常に多く、そのような時代を生きた人は、大きく構えると言ったらおかしいのですが、正しい判断を下す以前に、相手を気持よくさせ、とにかく黙らせてしまえという判断をする傾向にあります。物の交換であったり、お金の提示であったりということを行います。

　本当に一番求められるのは、経営判断として、正しい判断ができるかどうかということです。私の経験でも、なぜこんな判断をするのか、という疑問を感じる上司はたくさんいました。

　一番大切なのは、現場の対応に任せるのであれば、現場がそのクレームの中には、企業のコンプライアンスまで関連するような問題も含まれていることに気づいているかどうかということです。これを実現するには、そのような視点をもって、現場の人たちを育てていく必要があります。安易にこの事例はこうすればよいと考えていると、本当に些細なことで命取りになる企業がいくらでもあるわけです。

　前にも例としてあげましたが、牛乳が腐って食中毒事件になったときも、クレームは現場でつけられているのですが、それが上層部に伝わらないがために、その腐った牛乳を4日も店頭に置いたわけです。そのことが大事件となり、結局グループ企業全体が解体・再編されました。

2 企業のクレーム対応組織は適切に運営されているのか

(1) 十分なクレーム対応の組織はつくられているのか

【升田】 まず、クレームがつけられた場合に、クレームを担当する最初の人が、その問題がどういう重要性、重大性をもっているのか、経営にかかわる問題なのか、あるいは現場で十分対応できる問題なのか、そういった理解あるいは分類がしっかりできるかどうかということがまず重要だということですね。

【関根】 その通りですが、それは大変なことです。

【升田】 そのうえで、きちっと上層部なり経営者に伝わるべきものが仮に伝わったという場合であっても、クレームとはどういうもので、どう対応しないといけないかという問題について適切に対応できる経営者もいれば、そうでない経営者もいる。したがって、ただ経営者に伝わればいいという問題ではないということが重要だということでしょう。

そうすると、場合によっては、やはり全社的にどのようにクレーム対応の組織をつくっていくかということが非常に重要になると思います。そのような組織は、日本全国の事業者で十分対応ができているとみるのか、やはり不足しているとみるのか、この点はいかがお考えですか。

【関根】 全く不足していると思います。経営者そのものも、クレームが宝物だとは口にしますが、本当の意味で、何が宝物かわかってない人はたくさんいますし、クレームにコンプライアンスが隠れているということを、わかってない人がたくさんいます。もっと問題なのは、先ほども言いましたが、そのクレームにより、コンプライアンスあるいは危機を感じる社員づくりができていないのではないかということです。

(2) 従業員教育の不十分さ

【升田】 しかし、逆にクレームがついて、隠す従業員もいるのではないですか。

【関根】 ええ、いますね。

【升田】 あるいは自分のときは無難に対応して、相手方に不満が残りまた別のルートでクレームがついても、それに関知せず、実質的には知らないふりをするという従業員もいるのではないでしょうか。

【関根】 それも、います。

【升田】 従業員によるところはありますが、しかし従業員に日ごろどのように自分の仕事をさせるかということは、経営の問題でもあるといえるのではないでしょうか。

【関根】 はい。その意味で、今反省しているのは、百貨店のお客さま相談室に8年間いたときに、婦人服の売場のクレームをまとめたものは、婦人服部に報告し、紳士服の売場のクレームをまとめたものは、紳士服部に報告、同様に、食品のクレームをまとめたものは食品部に、テナントに対するクレームをまとめたものはテナントに渡して、反省を促すと同時に、情報の部内の共有化ということを図らせたつもりだったんです。しかし、今思えば、情報をスクランブルに流すことによって、対応のヒントを学ばせることで、本当の意味での情報の共有化を図ることができたのではないかと反省しています。

【升田】 企業が大きくなると、人も多くなり、いろんな意味で広がります。そうすると、やはり末端の感受性、それから末端から責任のあるところに情報が流れるという作用が遅くなるのではないですか。

【関根】 そうですね、一番現場に近い社員が上司に報告しますが、その上司がさらにその上司に報告するかが問題になります。その意味で、お客さま相談室という部署は社長直轄になっていたんです。そうしないと、やはり問題を隠されてしまうことが多いと思いますね。

(3) 情報の共有化の難しさ

【升田】 大企業を恐竜にたとえれば、大きな図体に小さな脳だという特徴があるわけですね。したがって、やはりさまざまなところで外部の情報を感知するセンサーが働くしくみをつくる必要がありますが、これがおそらくさほどないと考えられます。あっても、感度が十分ではないということになれば、外部のクレームという情報を十分に感知しないこともあり得るでしょう。仮に感知しても、その情報について適切な判断ができる担当者まで必要なスピードで届かない。仮に届いたとしても、十分な対応ができないということになります。このような状況では、情報処理が企業内で十分行われているのかどうかという点に、やや疑問をもってしまいます。

先ほど、部門ごとに、必ずしも情報を共有してないというお話をされましたが、それは企業が大きくなれば大きくなるほど、いえることではないですか。

【関根】 そのとおりで、現場で処理され、終わっている、あるいは謝ったために収まっているという事例は、社外で会合があったり、あるいは食事会が

あったりするときに、話にぽろっと出るんです。ところが、そこに大きな問題があるのに、問題意識もなく終わっています。しかし、このようなクレーム対応を繰り返していると、早晩クレームがぶり返すんです。そこで、やっと上司に報告するといった事例が、過去に何回もありましたね。

3 クレーマー対策の知識・経験をどのように活用すべきか

【升田】 確かに、現状では情報を共有化する必要があるということがいえると思いますが、逆にいうと、クレーム処理に限らず、情報を共有化することにより、ある程度責任あるポストの人は情報過多になり、消化できないという現象も見られると思います。現代でも、情報収集が相当程度進んできたとはいえ、今度は収集した情報をどうやって消化するのか、あるいはその消化したものに基づいてどうやって適切な判断をするのかということも、なかなか難しい問題になってきつつあると思います。クレーム処理の問題でも、まだ消化のレベルに至らない前段階のところで問題になっていると思いますが、仮にそこがきちっと対応できたとしても、まだまだ問題の解決には遠いように思うのですが、いかがでしょうか。

【関根】 クレーム対応における情報収集というのは、記憶していればいいというところがあります。そして問題が起きたときに、情報を収納した引き出しをたくさん持っていればいい話です。ですからその情報がいくらあっても、あふれすぎたり、過多になるということは、本来ないと思います。私の場合、あらゆる業界の情報をもっていますから、それに合わせた引き出しもたくさんあって、それぞれの情報を異なる業界にも応用して使い回しをするわけです。このような、活用の仕方が大切ですね。

【升田】 そうすると情報としては比較的単純な情報でも、何かおかしい、クレーム対応が十分じゃないというような何か感知できる知識や、あるいは経験がある程度備わっていれば、相当数処理できるということですか。

【関根】　ええ。ですから情報を聞いたときに、正しい情報なのかということを確認する必要があると思います。そして、実はクレームの対応の答えは、ベストといえるものはほとんどありません。要はその時点で、個別の相手にとってベターであった、何とかうまく収まったという場合が多いでしょう。

なぜかというと、次に同じクレームがあった場合に、取り扱う人同士が双方とも違いますし、さらに感情が加わるわけですから、話の方向はどちらへ行くか、全くわかりません。ですから、クレームを正しい情報としてとらえるならば、その正しい情報を受けたときに、受けた人、情報をもらった人は、常に反省の下に、どのように対応すればお客さんが納得したのか考え、次のステップをつくっておくことが大切だと思います。

4　日常的なクレーム対応訓練が行われているか

(1)　従業員はクレーム対応だけを業務としているわけではない

【升田】　最近は、企業のほうでもクレーム対応を相当重視しており、検討のうえ、社内の組織をつくったり、あるいは情報の伝達についていろいろ工夫しているところがあると思います。そういうところでは、先ほどおっしゃった、クレームの第一報をきちっと感受性を高め、認識し、それを相当迅速に必要なところに流し、共有化するとともに、流しながら必要な対応をしていくということになると思います。

しかし情報が流れていったとしても、流れる先で担当される人は、クレーム対応を専門にしている人ばかりとは限らず、ほかのさまざまな仕事をしながら、クレーム問題についても対応しないといけない。端的に言えば、クレーム対応というのは事業者、企業にとって必ずしも利益を生むという情報ではないわけですね。そのほかの事業、実際に利益を生むという事業の遂行のために、いろいろな情報も流れてくる。そういう全体の情報の流れの中では、どうしてもクレームに関する情報というものが、埋没してしまう可能性があ

るのではないかと思うのですが、そのあたりはいかがでしょうか。

　たとえば、担当部長や部署の責任者などで、ある程度の重要性のある問題については協議しましょう、迅速に各担当部署間で協力して対応しましょうというようなことを仮に決めたとしても、各幹部社員の人たちはほかにも仕事があるわけですね。

【関根】　そうですね。実際、私はクレームの世界に身をおいていますから、100％クレーム対応の頭になっていますが、現場の人たちはそれこそクレーム対応に対する意識は起こってから考え出す程度です。営業は売るという行為、あるいは利益を生むという行為のため、実際は対応能力の精度をいくら上げても、結局のところ、自分の経験したものを重ねていくより仕方がないということがあります。それともっと大切なのは、初期対応で感じのいい人と思われるか悪い人と思われるかだけでも、全く違ってきます。それで解決することもありますね。

　現実に、私が指導する場合、「今日は高度な対応説明の仕方をお話ししますけど、皆さんそれをまねてください」と言います。でも、そっくりまねすることはできないですよ、と言うわけです。なぜ、このようなことを話すかというと、ここまで対応する必要があるんだ、こういう手段があるんだということを具体的に覚えておいて欲しいからなんです。

(2)　事業者はお客さんの立場を理解していないのではないか

【升田】　クレームの処理にあたって1つ重要なことは、事業者のほうではクレーム処理を企業の立場、もちろんそれは重要ですが、企業の立場を非常に強調しすぎているのではないか。むしろクレームをつけるお客さんの立場、気持、動機、といったものをもう少し考えないと、適切な対応ができないのではないかと、かねがね私は思っているのですが、その点はいかがでしょうか。

【関根】　企業の立場で話を進めている以上は、解決にはなかなか至らないですね。これはもっともなことで、クレームをつける側は間違いなくお客さん

であって、悪質なクレーマー以外は、何かの不満を感じているからクレームをつけてくるわけです。それに対して企業はこうあるべきだ、こうでなければいけないという姿勢で突っぱねたいのは事実ですが、70％以上、落ち度は企業側にあります（『日本苦情白書』より）。

　落ち度がない場合とはどのような場合かというと、まず、お客さんが勘違いしている場合があります（23％（『日本苦情白書』より））。それはやさしく説明をしなければいけない。強い口調で説明する必要はありませんが、丁寧な説明が必要です。それから、悪質なクレーマーですが、些細なことを大ごとにしてクレームをつけてきたり、まるで自ら物語の舞台をつくる詐欺師のようなクレーマーに対しては、違う意味でお客さんの立場に立って考えないと、なかなか解決しません。

【升田】　クレームをつけるお客さんの立場に立つ、あるいは重視するとはいっても、何もお客さんにおもねるということではないわけですね。

【関根】　ええ、そうです。

【升田】　なぜそのようなクレームをつけるかということは、一般的にはお客さんの立ち場に立たないと理解できないわけですね。しかし考えてみると、お客さんも時間を使い、手間暇掛けてクレームをつけるということは、普通はそれなりの理由があるのだろうと思います。そのような事情も十分考慮しないで、「何でこの忙しいときに来たんだ」、「なぜこんな根拠もないクレームをつけるんだ」という気持で接すると、クレームに適切に対応し、解決するという観点からは、むしろ逆に遠ざかっていくような気もするのですが、この点はどのようにお考えですか。

【関根】　結局、おっしゃる通りなのですが、お客さんには勝てないですね。このことを理解していないことが、トラブルを大きくする原因です。このことを理解する必要があります。通常は、少しきつい言葉で正しい非難を受けているわけですから、お客さんは困っていらっしゃるのだろうなと思わなければならないのですが、「ああ、お困りだったんだろうな」と思える人はほとんどいなくて、いや、そうは言いますけどと言いたいのが本音なんですね。

でもその中でも大事なのは、升田さんが言われたように、お客さんは企業に否定されるかもしれないということを頭に描きながら、時間をかけ、わざわざ嫌な思いをして申し入れてきます。つまり、相当な体力を使ってくるんですね。1人の人間、1個人が企業に向けてものを言ってくるということですから、これはすごく体力を使っています。それだけでも理解すれば、対応の仕方は変わるはずなんですが。

(3) お客さんの立場に立つ組織づくりが急務

【升田】 お客さんの立場に立つというと、企業のほうでは誤解される可能性がありますが、お客さんの立場を理解するということは非常に重要であり、不可欠だと思います。クレームをつけるお客さんの気持、属性、そういったものを十分認識しないと、適切な対応、適切な解決というのはできないような気が従来からしています。しかし、そこまできちっと理解することになると、今度は企業のほうでもクレーム対応の組織をきちっと構築し、それに適切な人員を配置し、適切に運営することが極めて重要だと思いますが、言うはやすく、行うは難しで、なかなか実際には全部が全部そううまくはいかないと思いますし、そのような組織構築、人員配置、運営を十分に行っていない企業もあるわけですね。

【関根】 これは、永久の課題といってもいいと思います。つまり組織にものを教えられる人、あるいは個人個人に指導できる人は、決して多くありません。指導できる人は、クレーム対応の世界ですから、企業側の対応能力よりも、1ランクも2ランクも上にいなければいけない。そしてその企業の対応能力が上がれば上がるほど、指導する人はもっと高いレベルで教えられる人、あるいは理性のある人を求めているわけです。逆に同じことを教えても、学べない人はいるわけですし、加えて対応する人の人間性も出るわけですね。さらに、指導する側もその対応技術は伝承することができないという問題を抱えています。これは永久の課題で、クレーム処理の世界で残っている大きな課題だといえます。

(4) クレーム対応に関心をもつ企業の増加

【升田】 関根さんが勤務されていた百貨店などは、消費者対応が非常に進んでいる分野の事業だと思いますが、日本の社会全体をみると、今まではまるっきりクレーム対応に無関係な事業分野もあるし、対応を行っていても、必ずしも十分適切に行われてない分野も多々あるという印象を受けていますが、いかがでしょうか。

【関根】 私も同じように感じています。ここにきて、今まで問題意識の低かった製造業が、クレーム対応を教えてほしいというように、クレーム対応にあまり縁がなかった企業から講演の要請がきています。そのあたりで変化が現れているということは、市場が変わってきたということを表しているのだと思いますね。2009年7月に発刊した「日本苦情白書」では、より具体的な分析結果が示されています。これは企業や官公庁にとっては、まちがいなく必需品になります。

【升田】 やはり、徐々にクレーム対応について関心をもっている企業が、従来から消費者対応に非常に気をつけている企業以外にも、増えてきているということですね。しかも民間の部門だけではなく、公的な部門でもクレーム対応の重要性が認識され始めてきているという状況でしょうね。

【関根】 そうなんです。実は最近私のところに相談に来ている企業や団体でも、今まであまり機会のなかった製造業や公的機関（市役所や省庁）がみえています。逆に、今の商業界は以前に比べてクレーム対応に対する意識が乏しく、クレーム対応の講演をしてほしいと依頼されているのに依頼している企業からクレームの具体例を示してくれることはなく、私のほうから、「どんなクレームがありますか」と、聞いているような状況です。どれを事例としてよいかわからないほど、たくさんあるのも事実ですが。

5 クレーマー対応の訓練には何が必要か

(1) クレーマーという一括りで対応してはいけない

【升田】 今のお話というのは今後の課題で、なかなか未開拓の分野でもあると思うのですが、最後の最後にはやはり担当される個々の従業員、あるいはその指導をする上司、さらには経営者だと思います。特に根拠が乏しい、あるいは根拠のないクレーマー対策といったものについての知識、経験というものを蓄積していって、情報を共有化して、活用していかなければいけないわけですが、なかなかそれがうまくいかないのは、先ほどお話をされたとおりだと思います。ただ、私からみると、そういった経験を共有化するためには日常的に訓練をする必要があります。訓練のやり方にはいろいろあると思いますが、なかなか全社的にそのような訓練を行っているところがまだまだ少ないのでしょうね。

【関根】 そうですね。日常的なクレーム訓練、たとえば、百貨店でも入社時に新人研修をしますが、3時間から4時間の研修時間の中で、クレーム対応の話は、30分くらいで終わるわけです。このような研修ですと、単純にクレームを覚えるだけで終わってしまいます。ただしクレームで大事件を起こした人たちを集めて教育するといった研修はなされていました。

それから、新たなマネジメント職に就く人には、クレーム対応の研修を継続的に行う場合もあります。要はクレーム対応の訓練の中で、基本的に、クレーマーはいないということを教えていく必要があると思います。ここでいうクレーマーとは、正当なクレームを逸脱している状態の人を対象としますが、クレーマーという言葉だけを先に覚えると、どんな相手でもクレーマーだと決めつけ、抵抗するという姿勢で対応することになります。ですから、私は徹底してクレーマーはいない、クレーマーをつくる可能性があるのは企業側だと訴えています。

そしてもっと言うならば、仮にクレーマーであっても対応上手という包容

力で、自分の会社の客にしなさいと指導しています。ともかくクレームをつける人をすべて問題視して、クレーマーという一括りで片づけてしまうことだけはしないように指導しています。クレームをつける人をクレーマーとしてすべて同様に扱うようでは、適切なクレーム対応は難しくなります。クレームという言葉に抵抗感だけもって、対応する能力をもてなくなると、私は考えています。

(2) 悪質クレーマーを見抜く感受性

【升田】　通常のクレーム対応を基本において、場合によっては悪質クレーマーもいるので、その違いをある程度見分けるというような知識、経験を何らかの形で伝えていくということが重要でしょうか。

【関根】　そうなんです。ただ、クレーマーは経験を積んでいますから、一般の人では到底太刀打ちできません。ですから、誰でもクレーマーと決めつけるのではなく、自分の対応能力が低いからクレームを大ごとにしてしまったことに気づいてもらいたいですね。

【升田】　そうすると、悪質クレーマー・モンスタークレーマーか否かがわかる感受性というようなことも、重要になりますか。

【関根】　そうですね。感受性が大切なんですが、これは教えようにもなかなか教えきれないと思います。その意味で、まず対応の迅速性を重視しなさいと指導しています。たとえば、歯科医に話すときによくあげる事例があるのですが、入れ歯をつくった患者が、不具合を感じたと言ってきたときに、何月何日何時という時点でクレームになったととらえるのは大きな間違いで、1週間前に入れ歯を入れたときからずっと不具合を感じていることを理解する必要があります。ですから迅速に対応するのは当たり前じゃないか、という考え方を植え付けていかないと、自分ではクレームがついてすぐに対応したと思っていても、この時点で1週間の誤差があるわけです。このような迅速性について普段はあまり意識していませんから、いろいろな角度から、いろいろな事例をあげて教えていくのが一番効果的かもしれないですね。

【升田】　従業員、上司あるいは経営者に対する訓練は、内容、程度を問わず、行うと行わないとでは、決定的に違うと思うのですがいかがお考えですか。

【関根】　間違いなく、違いますね。クレームに抵抗するというのではなく、受け入れるという精神で対応しないと良い方向には向かいません。特に、現場で常に最前線にいる人たちは企業の顔ですから、クレームをつけられたら、100％受け入れなさいという教育が必要だと思います。

【升田】　今おっしゃったように、従業員1人ひとりが企業の顔だということを認識することが、クレーム対応の場面でも極めて重要だと指導すべきだと思います。先ほど少し例に出しましたが、特に企業全体の感受性が鈍っていると、本当は重要な情報をお客さんが伝えているのに、それを感知しないということもありますし、仮に感知しても、誤って感知しているということもあるでしょう。また、感知しても迅速なスピードで伝達されないこともあるでしょうから、企業の従業員の1人ひとりを鍛えることが必要なのではないでしょうか。

●ワンポイントアドバイス──経営としての視点●

1　クレーム対応は、企業の自己責任である。
2　クレーム対応には、高度な経営判断が求められる。
3　クレーム対応は、全社態勢で臨むべきである。
4　クレーム対応は、情報対策の一環である。
5　クレーム対応は、顧客の立場に立つことが不可欠である。
6　内部のクレーム処理組織の適切な構築が重要である。
7　内部のクレーム処理組織の適切な運営・監督が重要である。
8　クレーマー対策の知識・経験の蓄積と活用を図るべきである。
9　クレーマーの迅速・明確な分類と適切な対応ができる教育をする。
10　日常的な対応訓練を行う。
11　クレーム対応の従業員1人ひとりが企業の顔である。

第2章

クレーム処理の現場から学ぶ

I クレームの分類と対応

1 不満から被害に至るまでのレベルと法的対応

【関根】 現場でクレームに対応を行うわれわれの場合、相手の感情的な側面にも対応している関係で、柔軟性をもって対応していくのですが、弁護士が加わった場合には対応も違うと思います。いろいろな分野の問題、すなわち、物に絡む問題、人に絡む問題、それから環境に絡む問題、さらに個人情報を含めた情報に絡む問題など、そういった事例が過去にたくさんあると思います。

その意味で、今までに取り扱った問題に関して、法的にどのような対応をしてきたのか具体例をあげつつお話しいただきたいのですが。

【升田】 クレームが何かということについて、担当者の認識は必ずしも同じではないと思います。業種によっても違うと思いますし。私など弁護士ですから、どうしても法的な側面から物事をみますが、法的な側面からみた場合でも、クレーム対応は、法的な側面のみからみると誤ることもありますし、法的な側面の絡む問題でも、法的な側面だけで解決しようとすることでも誤ることがあります。もちろんケース・バイ・ケースということになりますが、法的な側面だけではなくて、ほかにもさまざまな側面からみておかなければいけません。

幾つかの基準で分類できると思いますが、一番大きな分類というのは多分、製品にしろサービスにしろ、まず不満があるというレベルの問題があります。それから、製品の不具合があげられます。あるいは不具合に至らないけども、使い方がわからない、理解していないという問題もあると思います。そのよ

うな段階を過ぎて、不具合が過ぎると、やはり欠陥がある、瑕疵があるといった問題が生じる場合があります。

　そういった問題の側面もありますし、逆に今度は使っている、利用しているお客さんのほうからみると、現実に被害が生じているという場合もあります。被害でも、人身的な被害もあれば、物損的な被害が生じている場合もあるし、被害がまだ現実に生じてない場合もあるだろうと思います。

　このようなさまざまなクレームがあって、そのさまざまなクレームを最初にきちっと認識し、その中から法的な問題としてどのような問題があるか、そのクレームの中でどういう位置づけになるのか、さらにどのような解決の方向があるのかということを検討するわけです。

　これが多分一般的な法律実務家の発想であり、考え方だと思うのですが、関根さんのいらっしゃった分野では、クレームに関する問題がもっと前の段階からいろいろ出てくるだろうと思われます。そういった前の段階における視点というのは、私からみても非常に重要だと思いますし、最初の段階でクレームをきちっと認識し、問題点を取り上げてもらえれば、法的な問題になったときにも、比較的速やかに適切に対応できると思います。

2　弁護士の交渉姿勢

(1)　弁護士はクレーム処理のプロではない

【関根】　この本が出版されたときに、弁護士は私のような世界の対話とか、そういう攻め方というのをみてくださるかもしれませんが、逆にお客さま相談室の人たちは、弁護士だったらどのような対応をしてくれるのかという点に、きっと興味があると思います。

　たとえば、相手方と交渉をしている段階で、いろいろ話を聞いているうちに、相手の言い分も正当だという印象をもって、少し引きぎみになるというようなことはありますか。

【升田】　弁護士に相談が持ち込まれ、弁護士が関与する、場合によっては代

理人として解決をするという場合が、事案によってはありますが、その場合に、弁護士に持ち込めばクレームがすべて迅速に、また、仮に何らかの責任を前提とし、あるいは責任を負わないという前提で解決するという場合であっても、弁護士に持ち込めば速やかに解決するということではないわけです。

　なぜかというと、弁護士というのは別にクレーム処理の専門家ではないわけですね。法律実務の専門家ですが、クレーム処理全体あるいは全般について解決できる知識、経験、能力がほかの人より優れているわけではありません。ですから持ち場持ち場がそれぞれあるわけで、弁護士は弁護士として専門とする分野があり、それが訴訟であるとか、訴訟の前段階の紛争解決のいろんな手続、あるいは示談交渉、そういった場合のことを想定して事務処理をするわけですが、基本的には、先ほどからお話している法律的な基準に従って解決することを、最も得意とするわけです。それ以外のさまざまな事情でクレームが解決されるということは、しばしばあるわけです。

　ですから、関連する分野についてまで、すべての弁護士が得意としている、あるいは知識、経験が豊富である、というようには多分いかないと思います。それぞれがお互いの専門分野があるわけで、企業の窓口対応の人、あるいは責任をもってクレーム対応の判断ができる人と弁護士が、より良い協力関係の下に解決していくことが、一番望ましいのではないでしょうか。どちらか一方だけが、あるいはどちらか一方が主に対応すれば、迅速で適切に解決していくということではないと思います。

(2)　クレーム処理のプロと弁護士との対応方法に違いはあるのか

【関根】　われわれお客さま相談室の世界と弁護士の世界で、何が違うかという点がよくわからないのですが、たとえば私どもは、表情、言葉、体、手振り、というように全身を使って相手を懐柔することが非常に多いんです。それが相手にうまく感情を伝えることにもなると思うのですが、弁護士が仕事をしているときは、100％毅然とした態度だけをとっているのではないかと感じているのですが、その点はどうですか。実際、弁護士はどのような対応

方法をとられているのでしょうか

【升田】 法的な紛争になったものを含めて、クレームにどう対応するか、弁護士にとっても、必ずしも十分得意とする分野でないところもあるのですが、何事もやはり基本は相手方を知り、己を知るということが基本的に一番重要だと思います。そうすると、どういう属性の人であるかを読み取るということも重要ですが、お客さんがどういう考えで、何をどうしたいのかというようなことを読み取るという、弁護士もそういった部分については十分に配慮して、相手方をみていると思います。ただ、その部分で、弁護士だけが優れているという分野ではないと思います。

　他方、己を知る、自分のほうを知るというのは、これは弁護士個人の知識、能力、経験によっても異なりますし、依頼者である企業の状況を把握しておくことが必要だろうと思います。ですからそのときに法的な解決だけではなくて、ほかの方法での解決も含めて対応するとすれば、それは、ほかの方法についてもあらかじめ弁護士が理解しておく必要があるわけです。そうでなければ法的な話に終始しないといけないことになります。クレームをつけている人は、必ずしも法的な問題については十分な知識を有しているわけではありませんから、法律論で気押されるとか、あるいは説得されて、何かしら解決してしまうという場面は当然あるわけです。

　法的なことを言って毅然としているというのは、1つの対応技術だけであって、弁護士が出てきて、法的なことを言わず、それ以外のことばかり言っていると、今度はむしろ妙なところもありますから、どうしてもやはり物事を解決するときには相手方を知り、自分を知ると同時に、自分の最も得意な分野で解決を図るのが最も解決の近道であるということになるのではないでしょうか。

(3) 弁護士も必要なクレーム対応技術

【関根】 少し脇道にそれるかもしれませんが、弁護士が依頼人からクレームをつけられるような場面はあるのでしょうか。

【升田】　自分の依頼者の権利あるいは正当な利益を実現することが、基本的に弁護士の仕事にはなるのですが、解決するにあたって依頼者と意見が対立することはしばしばありますから、そこは十分状況を説明する必要があります。そして納得を得たうえで解決を図るという方向で事務処理をしていると思います。しかし、報酬を支払って依頼しているのに、なぜ自分が説得されないといけないのかという依頼者もおられるでしょうし、やはり依頼者との関係というのは非常に重要であり、かつ微妙なものだという理解をされていると思います。

　そういう意味で、事務処理の途中で信頼関係が崩れたり、あるいは事務処理が終わった後で信頼関係が崩れるという事例は聞きますし、現に懲戒の申し立てがされ、懲戒事例として公表されており、少ないとはいえ裁判になった事例もあります。そういう意味では、クレーム対応は、弁護士自身にとっても、相当必要となっている時代がきているのではないのでしょうか。専門家であるからといって、クレーム対応と無縁ではなく、関根さんがお話しになっている歯科医師の分野でもそうですし、ほかの専門家でも、程度の差はあっても、同じような傾向にあるのではないでしょうか。

(4)　交渉、訴訟の相手方とのトラブルの増加

【関根】　1つ気になるのは、われわれがクレーム対応をしているときに、相手方がエスカレートしてきて限度を超えたクレームをつけてくる場合があります。升田さんが弁護士活動をしていく中で、相手方があまりにも言い過ぎているというような場面がありますか。

【升田】　弁護士が事件の依頼を受けて、たとえば相手方本人、あるいは相手方の代理人と協議、交渉、場合によっては訴訟でいろいろ主張を立証するという場面でも、もちろん依頼者に説明して、依頼者の納得を得て、いろんなことを、書面を出したり、相手方に主張したりすることになりますが、しかし人間ですから、やはりヒートアップしてくる場合もあります。

　私個人の経験ではないのですが、お互いにヒートアップし合って、過激な

言葉を使ったり、あるいは主張をしたり、書面を書いたりしたため、裁判にまで発展した事例があります。裁判になった事例として公表されている例でも、相当数あるのですが、世の中は裁判になったものがすべてではありませんから、実際には相当あるのではないでしょうか。

現にいろいろな席上で相手方の責任を追及するときに、どうしても迫力をもたせるためには、それなりの雰囲気の中でそれなりの言葉を使うというのは、やはりあるのではないでしょうか。元々裁判になる、あるいは交渉をするということ自体、利害が対立しているわけですから、相手方に対して打ち勝とうと思えば、やはりそれなりの言葉を使うということは十分あると思います。もちろん、受け取り方にもよりますが。

【関根】　そうですよね。受け取るほうは自由ですからね。

【升田】　ですから過激な言い方をされる場合だって、あると思いますしね。一番日常的なのは、たとえば債権者の依頼を受けて、相手方に債務を弁済しなさいというようなありふれた事件でも、相手方に支払いを催促する書面を出すときに、いついつまでにご返事くださいと、ご返事のないときには法的手段をとりますが、あらかじめご了承くださいというありきたりの文言を使った場合でも、法的手段をとるというのは脅しかという、クレームといってよいかわかりませんが、相手方が反発したというような事例も聞いたことがあります。確かにそういう書面を見ると、なるほどそうとられてもやむを得ない面があるかと思うときもあります。

内容証明郵便などに、3日以内とか5日以内とか1週間以内に返事なきときは法的手段をとりますというと、なぜ3日とか5日とか1週間と、宣言されるのかという点で、怒りを抱く人も世の中にはいるわけです。受け取り方というのは人それぞれですし、使っているほうの人も、何らかの心理的な圧力をかけようということは意図しているのですから、やはり問題になりうる種はあるのではないでしょうか。

II　クレームの側面

1　多様化するクレーム

【関根】　次はクレームの側面についてお聞きしたいと思います。クレームはさまざまな角度から分析できますが、製品の不具合、あるいは製品の不満、先ほどお話しがありました使用方法、サービスの瑕疵、販売店の対応、従業員の対応、問い合わせへの対応、企業の姿勢、そして深刻な被害、大量な被害、緊急な被害とありますが、升田さんがご存知の事例では、どのような側面のクレームが多いのでしょうか。

【升田】　そうですね。クレームというのは、今お話しのようにいろんな側面があるわけです。1つのクレームだからといって、明確に1つが原因だというわけではないと思います。いろんな事情が絡まって、1つのクレームになるわけです。たぶん関根さんが仕事をしておられる分野と私の仕事をしている分野は、若干違うところがあって、弁護士が関与することになると、被害が出ているということがある程度前提だと思います。被害が出るおそれがある場合ももちろんありうると思いますが、被害が出て、しかも製品なりサービスに欠陥なり瑕疵がうかがえる場合だと思います。このような場合には法的な観点から物事を検討し、資料を収集して、どうやったら解決できるかということを考えると、もし責任を負わないという前提であれば、そのような資料、証拠を集めて、相手方の言い分を聞くなり、相手方の言い分を予想しながら証拠を集めて、事実関係を確認したうえで、責任を負うかどうかを判断し、責任を負わないという判断、責任を負うという判断それぞれによって対応が変わると思います。問題は、最終的な場面になると、訴訟をある程度前提として検討するという点が、おそらく関根さんの担当しておられる分野

と違う点の1つだと思います。

　ただ、問題は、訴訟を前提として検討するといっても、検討の段階で証拠が十分集まっているとは必ずしもいえません。また、訴訟を行った場合に、勝訴するか敗訴するかを予測するのは、難しいと思います。それだけ語っても何時間もかかるぐらいのいろいろな事情が影響するわけで、そうしますと、法的な観点から検討をして、責任を負わないという想定の下、あるいは責任を負うという想定の下で検討はするわけですが、最終的に訴訟になったときにどうなるかというのが、相当不透明であるということも、ある程度考慮しなければならない。これは勝ちますよと、自信をもって必ずしも言えない場合があります。

　さらに、先ほどおっしゃったさまざまな側面の問題でも、訴訟をやれば勝つ可能性は相当あるはずだと思いながらも、販売店の対応、あるいは従業員の対応や、問い合わせをした対応によっては、勝てる訴訟も負けるおそれのある事情が含まれていることがあります。だから企業の姿勢によっても、訴訟になった場合に影響を及ぼすような事情もあります。

　訴訟で勝ち負けといいますと、普通は証拠を集めて、きちんと主張していれば適切な判断をしてもらえる、したがってこのような流れを予測すれば、訴訟の予測ができると思われがちですが、なかなかそう単純に言えないところが実際は難しいし、苦労するところだと思います。訴訟になって、勝てる事件を勝つということを考えるのであれば、実は販売店で対応するとか、問い合わせの対応、あるいは企業の姿勢、そういった段階から、訴訟の対策を日ごろから立てておかないといけないでしょうね。

【関根】　確かに、その通りですね。

【升田】　事件が起きて、それは訴訟対応だ、あるいはもう大体クレームの受付けの段階を過ぎて、相当深刻になった段階で、いや、訴訟対応を考えようというのでは、実はもうすでに遅いという気がします。

2　クレームが裁判に至る確率

【関根】　単純な質問で申し訳ないのですが、クレームに関する問題が起きたときに、裁判に至る確率はどれくらいでしょうか。

【升田】　それは、実際世の中にどれぐらいクレームがついているかということになります。

　クレームの母数自体、多分けたが違うと思いますね。訴訟の件数で、しかも製品なりサービスの欠陥、瑕疵といったことが問題になっている事件は、年間何千件も起こっているとはあまり思えないですね。せいぜい3けたか2けたか、というあたりではないでしょうか。もちろん正確な統計はわかりませんが、実際に毎年毎年いろいろなところで、いろんな話がされているのを見聞してみて、それほどたくさん起こっているとは思えないですね。しかし世間一般ではクレーム件数が相当あるわけですよね。そうすると、けたが相当違うという気がします。

【関根】　わかりました。ありがとうございました。

III 顧客の側面

1 顧客も多様化している

(1) 反社会的勢力への対応方法
(A) 格の差で対応を変える

【升田】 クレームになるかどうかを含めて、クレームの内容とかクレームのつけ方というのは、お客さんの事情が相当大きなウエートを占めると思います。一口にお客さんといっても、いろんなタイプのお客さんが来られると思いますし、それは業種によってもいろいろ違うと思われます。幾つかの視点からお客さんを分類してみたいと思うのですが、たとえば、お客さんが反社会的勢力、端的に言えば暴力団関係者だったような場合、基本的にどのような対応をしていますか。

【関根】 ここは、実のことをいうと格の差によります。その世界でも格下の者から、親分までいるわけですが、この格の差があって、ある程度格上の人のクレームは正論なんです。ですから正面からクレームをつけてくるんですね。怖いですが、その人に対して逃げることは、全く不可能です。逃げたら、逆に事が大きくなります。

　ところが、格下の者は、いろんな言いがかりをつけて絡んできます。たとえば携帯電話を販売している女性が後ろを見ないで下がったから、靴を踏まれたと言って、いちゃもんをつけるんですね。この場合、通常は謝罪、あるいは傷が付いたら修理なんです。また、買い替えればいいという、それだけの話なんですね。

　それ以外に要求してくる場合は、いちゃもんと言ってよいでしょう。今度は格上の人間、つまり親分級とか幹部級になると、冷静な話し方でこういう

149

被害が出たということしか言ってこないですね。それに対する対応は、怖いのは事実ですから、素直に怖がっていいんです。相手は、その筋の人ですから。こっちは怖いふりをしてあげるのが、適切な対応なんですね。

そして、対応するときは、最小限の言葉でひとこと、ひとこと丁寧に会話をすることが重要です。というのは、揚げ足を取られないようにする必要があるからです。そして、相手の質問が終わったら、ちょっと間をおいて考え、答えを出すということの繰り返しをするんです。

さらに絶対に逃げてはいけないし、絶対にすきを見せてはいけません。たとえば、「返事は明日でいいですか」と言うのではなくて、「返事をさせていただきたいのですが、お時間はどれくらいちょうだいできますか」と言わないと、相手に付け込まれるんですね。あさって、ご連絡しますと言うと、おれは2日間待っていたって、後でまた言われるわけです。おまえが待てと言ったから、何もしないで待っていた。こういうところまで突かれるもんですから、相手に常に答えを出させながら対応していく。そうすると、大体相手は途中で首をひねり出すんです。「何だ、こいつは！」っていうふうに不思

議そうな顔で見るんですね。

　そもそも、考え方もあるのでしょうが、その筋の人というだけで被害が大きくなると思って対応している人が多いのですが、企業として対応している以上そんなことはありません。開き直って毅然とした態度で対応すると、そのうち、この人たちの最終的な言葉も決まってくるんです。「あなたの顔を立てて、今回のことはこれで終わりにしよう」、と言って帰るんです。ですから、反社会的な勢力の人たちには、正面からクレームを受けて、正論で対応するということが一番喜ばれると思います。

【升田】　1人で対応すると、いろんな面で問題が生じるだろうと思うのですが、やはり複数なり相当数で対応することや、あるいは組織として対応するということを前面に出すということが必要でしょうか。

【関根】　確かにおっしゃるとおり、最低二人で対応すべきでしょう。3人で行くと、何でおまえら3人もいるんだって、ここから絡まれることもありますから注意したほうがよいでしょう。2人でメモを取っておくということは、言った、言わないとなったときにときに有利になります。

　話をするときに気をつけなければいけないのは、話す人は上の者、つまり上司1人だけが話すということです。下の者がうっかり口を滑らせると、それで突っ込まれて苦しい立場になりますから。正しい判断が常にできる、冷静に対応できる者が答えるということです。

　(B)　**身の危険を感じることはあるのか**

【升田】　事情によっては防犯協会とか警察に連絡して、協力体制をとっておくことが必要な場合もあるのでしょうか。

【関根】　話がこじれても、大きな声を出す、机をたたく程度だと思います。訪問した家によっては、大きな犬を部屋の中で走り回らせて、嚙みつかれそうになったことがあったという話を過去に聞いたことはあります。ただ、通常百貨店あたりでは、こちらの対応が相当悪い場合でない限り、大声で荒れてどやされることもほとんどないと思います。

　怒鳴るということは心理的な重圧をかける作戦ですから、怒鳴る行為はこ

151

ちらの判断ミスをさせるために大声を出しているわけです。それをわかっていれば、怒鳴らせない話法、これ、私は「静行話法」と呼んでいますが、絶対に相手をいらつかせない話法で進めていくうちに、最後に相手方しっぽを出すんですね。早くても30分くらいかかりますが。そうすると、そのしっぽを今度はこちらが噛みつくことで、かなり解決に近づいていくことになります。

(2) 常連のクレーマーにはこう立ち向かえ

【升田】 ちょっとタイプは変わりますけど、今日、今回いろいろ関根さんからの事例として指摘がありますけれども、クレームをつけるのが常習のお客さんっていらっしゃいますよね。

【関根】 いますね。

【升田】 こういう人に対しては、基本的にどのような点に注意すればよろしいでしょうか。

【関根】 元々常習にさせてしまう原因は、こちらの対応力のまずさにあると思っています。ですから、対応力の高い者が対応すれば、確実に常習ではなくなるんです。でも、この人たちもある種の病気になっているところがあります。

　以前、常習クレーマーといわれている人に対応して、相手を怒らせない話法で何度か冷静にかわしたんですが、その後半年ぐらい来なかった後、資料をしっかり集めて、分厚いファイルを持って、また臨んできたんですよ。そこでも、しつこくクレームを繰り返してきましたが、ここでも根気よく丁寧な説明をするしかありませんでした。

　ただ、常習になるにも何種類かパターンがあって、一番閉口したのは、いきなり大金が入って、急に裕福になった人です。そういう人は、あらゆる問題に、おれは金を持っているんだ、あんたの店をおれが動かしているんだ、というようなニュアンスでクレームをつけてきます。さすがに、このような人には仕事を忘れて対抗してしまいましたね。

(3) 現実に被害を受けたお客さんへの対応で大切なこと

【升田】 常習といっても、常習の原因、動機、性格、そういったことも影響すると思われます。

　現実に被害を被ったということで、訴えてくるお客さんもいると思いますが、そのようなお客さんについてはどう対応すべきですか。

【関根】 まず、被害を受けたことを実証する必要があります。そして、実証する場合にも、こちらが協力をするという形で、ほんとの被害者なのか、その点を見極めることが必要です。何が大切かというと、こちらも被害の実証をお手伝いしますよ、という気持をみせることによって、お客さんの気持がかなり和らぐんです。とにかく、被害があったという事実は、製品であれ身体であれ、確実に対応することが大切です。以前あった話ですが、電器売場でテレビ台ではないものにテレビを置いていて、お孫さんがテレビにつかまろうとしたときに、テレビが前に傾いて落ちそうになった。そこで、おばあさんが慌てテレビを押えたのですが、押え切れなくなって、おばあさんの足の上に落ちてしまった。それはどこに原因があるかというと、テレビ台ではないところにテレビを置いた店側に間違いがあるんです。それはなぜかというと、テレビ台とはキャスターの位置が違うからです。テレビ台は一番前面にキャスターが付いているから、絶対前に倒れないようになっています。ところが、展示品の場合後ろに重さがかかるから、キャスターが中に入っています。ですから、つかまったりすると、前に傾きやすくなっています。

　ところが、おばあさんは、テレビが足の上へ落ちて骨折しているにもかかわらず、何も言わずに帰ってしまったわけです。家に戻ったらどんどん足が腫れてきて、病院に行ったところ骨折と診断されました。そこで身内の人が、骨折をしたことを店に伝えてきました。ここで、初めて被害がこちらに伝わったのですが、100％こちらの過失ですから、すぐに被害者にお詫びやお見舞いを繰り返して気持を和らげていきました。示談になり、お金を出して解決しても、骨折した時の痛みは償えるものではありませんという気持で対応することがクレームを大きくしないポイントだと思います。この時点でもお

孫さんの上に落ちないことが幸いだったと思えば、おのずと対応も親身になるでしょう。

【升田】 具体的な被害が発生していれば、その被害の内容、程度にもよって、どの程度緊急、迅速に対応しないといけないかということも決まってくると思うのですが、今言われたのは、原因が自店や会社で提供しているサービスあるいは製品にあるかどうかというのが、1つの重要な分かれ目になるわけですよね。

【関根】 その通りですね。

【升田】 自分の店や会社のサービス、製品だということになると、適切に責任を踏まえながら検討していくということが必要だということになると思います。

　ただ、被害が具体的に生じてない段階で、製品、サービスに問題や不満があるとクレームをつけてくるお客さんには、どのように対応すればよいのでしょうか。

【関根】 その場合は、製品であれば、お客さんがクレームをつけるような症状があるのか確かめることと、相手を取り巻く人にたくさん会うことだと思います。たとえば家族だったり、近所の商店の人などです。そうすることによって、事実を正確に把握できることになります。そのクレームに根拠があり、事実だと認めるまでは相手の感情を害さないように調べていきます。

【升田】 そうすると、企業の姿勢として、毅然としなければいけないけれども、自分の側に何か落ち度があれば、それはそのまま受け入れて、適切に対応するし、そうでないものについては、きちっと拒絶をするということが重要になってくるということですか。

【関根】 そうですね。たとえば、詐欺師のようなクレーマーであれば、一般のお客さま相談室や店頭の者は、ほとんどだまされますが、その場合でも、かなりのクレーム対応力をもっている人は、外見と言葉づかいのギャップなどから、疑問をもって何度も話を聞いているうちに、矛盾を見抜くことができ、被害をくいとめることができます

(4) モンスタークレーマーへの対処法

【升田】 そのほかに最近、はやりというわけではないのですが、注目されてきたものに、モンスタークレーマー、すなわち、根拠がない、あるいは根拠が乏しいのに、執拗に社会常識に反した主張をする者に対しては、どのように対応すべきだとお考えですか。

【関根】 確かに、過去にはいなかったタイプのクレーマーととらえたほうがよいと思います。ただ、それが増えてきた以上は、対応を考える必要があります。かなり手強い相手ではありますが、対応するためには、話し方、説明方法や、相手にも話を合わせていき、聞きながらも距離をおくという接し方、これらの技術をすべて使いこなす必要があります。その中で注意しなければならないのは、業界内の情報のみで対応してはいけないということです。新しいタイプのクレーマーが出現した場合には、従来の情報のみでは対応できない可能性が高いわけですから、業界外からもさまざまな情報を取り入れることによって、適切な対応方法をつくり上げる必要があります。

このことを具体的にいえば、学校の先生と生徒の保護者との間の問題で、常に学校の先生は、私は教師だから間違ったことはできないということが頭にあるとともに、その教師が保護者に言うのは、あなたの言うことはよくわかりますが、学校には学校のルールがありますから、これに従ってくださいということを曲げないわけです。

そうではなくて、クレームが企業にとって有益であるという理解があれば、たとえ教師であっても、保護者の言葉の中にも教師をまたは学校をより良く改善できる指摘があるかもしれないというように、自己にプラスになることととらえることができます。ですからモンスターペアレントであっても、頭から拒絶してしまうのではなく、まず相手の言い分を聞いて、そのうえで根気よく話し合うといった姿勢が必要だと考えています。

(5) 時代や環境とともに変化するクレーマー

【升田】 クレームをつける人あるいはつけ方、つける内容は、時代と環境に

よって変化すると思います。

　問題は、変化をするときに、クレームをつける人の変化のほうが先か、クレームに対応する事業者のほうが先かというと、言うまでもないのですが、クレームをつけるほうがどんどん変化をしていき、対応するほうは、通常はその変化に迅速には対応できません。そうすると、そのギャップがいろいろな問題を引き起こす可能性が極めて高いと思います。そして、そのギャップの中から、現在言われているモンスタークレーマーというような問題が発生しているのではないかと考えています。もちろんほかの原因もあるのかもしれませんが、そのギャップは永遠に埋まることがないわけですから、そうするとクレームの世界というのは、常にやはりいろんな社会の情勢を見ておかないと、事業者、企業としては適切な対応が図れないのではないかと思うのですが、いかがでしょうか。

【関根】　まさにその通りで、クレーマーに対する対応は、新製品のクレームと一緒なんですね。つまり新しい商品が出たら、その苦情が来るわけです。そうすると、初めて企業が対応することになりますね。これは新製品だから、その対応の方法はゼロからスタートなのですが、実は悪質クレーマーの場合に対応するときは、詭弁でも対抗することがあります。

　それともう１つは、はっきりそのクレームは受け付けませんと断れるクレームもあります。たとえば、学校の桜の木の花が美しくないのは、教育制度が悪いからだというようなケースです。今までに過去に対応した事例の中から応用して対抗しうるとは思いますが、どのように応用していいのか、すぐには理解できない問題だと思います。そういう意味では、訴訟に関する本などを、対応する側としてたくさん目を通しておくと、役に立つのではないかと思います。

――――――●ワンポイントアドバイス――クレーマーの多様化●――
1　製品・サービスの購入者
2　被害者をかたる者
3　常習の顧客

4　モンスタークレーマー
　　5　反社会的勢力

2　クレームの動機は単純ではない

【升田】　確かに対応能力というのは、やはりクレームに対する知識だけではなく、経験、あるいはある程度の柔軟性、そういったことが非常に重要だと思います。弁護士でも、新しい問題に常に適切に対応できるというわけではなく、新しい問題が出てきたときには、新しいと思う、新たなタイプだと思うかどうかという感受性も、非常に重要な役割を果たすと思います。感受性が十分でないと、従来型の対応をしてしまって、相手方は変化しているのに、こちら側が従来型の対応に終始して役に立たないという場合も、十分ありうると思われます。

　少し見方を変えてみると、先ほどから出ているように、お客さんがクレームをつける場合、手間や時間、場合によっては費用もかかるということになりますし、心理的な負担もあるわけです。もちろん中にはそれを楽しみにしている人もいますが、いずれにしても、それだけのことをするにはさまざまな動機があるのではないかと思うわけです。

　動機というと、ざっと想定してみただけでも、被害の救済、不当な利益の獲得、正義感、企業を攻撃したい、社会的名声を勝ち得たい、娯楽や無目的、誤解というような点から、クレームをつけてくる人がいると思うのですが、そういった動機は、クレーム対応を行うにあたって留意していますか。

【関根】　ええ、動機は何か探りを入れます。言われたように、世の中には娯楽を動機にクレームをつける人もいますから、対応が悪かったり言葉遣いが悪かったりすると、それが本当のクレームになってしまうとことがあり得ます。ですから動機に関しては、はっきり相手が言わない場合、丁寧な言葉で慎重に探りを入れる必要があります。

> ●ワンポイントアドバイス──動機の多様化●
> 1 被害の救済
> 2 不当な利益の獲得
> 3 正義感
> 4 企業攻撃
> 5 社会的名声
> 6 誤　解
> 7 娯　楽
> 8 無目的

3　顧客の職業はクレームに関係するのか

【升田】　最終的な解決をいつどの時点、どういう内容で図るかという点で、動機が相当大きなウエートを占めるだろうと思いますが、そのほかにお客さんの職業もクレームに関係すると思われます。逆に言うと、お客さんの職業が社会的に見て立派であれば、クレームがつかないというわけでもないのでしょうか。

【関根】　そうですね。特に、過去に相談窓口のような職業に就いていた人は、なかなか手強いです。こちらの出方も知っているわけですから。それから、高飛車に出てくるのは企業などで高い地位に就いていた人ですね。あとは、政治家や先生といわれる人は特徴があるのですぐにわかります。その場合には、脅かすわけではないのですが、あなたの正体はわかりましたということを伝えます。

　ただ、こういった場合はまれで、職業で大きな影響があることは少ないと思います。

【升田】　クレームをつけたお客さんに、職業は何ですかということをお聞きになるということはあるんですか。

【関根】　あまりにも専門知識を、次から次に出す場合には聞きます。

【升田】　やはりそれ以外には、あまり聞きませんか。
【関根】　聞かないですね。あまり聞くと、けんかを売るようなものですから。
【升田】　確かにクレーム対応をしているときに、相手方から不要な質問を受けるような発言はしないほうがいいと思います。
【関根】　その通りです。

4　経済的利益を与えることが解決になるのか

【升田】　お客さんの中には被害の救済等で、経済的な利益を求めてくる人も多いと思うのですが、企業の中には経済的な利益を、根拠のあるなしにかかわらず、取りあえず与えて手を打とうとする場合もあるように聞いているのですが。
【関根】　ありましたね。
【升田】　そのような対応法は適切といえるのですか。
【関根】　全く駄目だと思います。前にも少し触れましたが、大手のデパートでもごねられたら何万円出すという、社内ルールがありました。そうすると相手は味をしめて、また同じようなことを行います。
　たまたま私が所属していた百貨店は、いっさいお金を出さないことを明言していたので、非常にやりやすかったです。
【升田】　基本的には、根拠のない経済的利益は出さないということですね。
【関根】　ええ、そうです。それは絶対に出さないということが鉄則です。
【升田】　さらに、クレームのより本質的な問題になると思うのですが、クレームの中の多くの部分は、事業者にとって反省すべき、事業の遂行上考慮すべきクレームが多々ありますね。もちろんそういうものについては率直に対応すればいいと思います。ただ、問題は、そうではなく、やや深刻な対立に発展したクレームについては、お客さんの心理的な満足を考慮すべきではないでしょうか。それとも、議論を闘わせてでも排斥するというような対応のほうがよいのか、そのあたりはどのようにお考えですか。

【関根】 これが難しいところで、お客さま相談窓口に在籍しているような人は、個性が強く出てしまう場合が多く、たとえば、私の前の前任者は、クレーム対応においてタカ派で有名でした。相手をとことん説得して、お引き取り願うようなパターンの対応をしていました。そのことによって相手は帰りますが、その後また店に来てくれたかどうかはわかりません。

それと、その態度を見ていたスタッフがみんなタカ派になってしまって、すごく強気でお客さまに接していた事例が何年か続いていました。そうすると、その後何が起こったかというと、そのお客さま相談室の人たちは、クレームの原因となった現場の社員に対しても相当厳しい言い方をしますから、現場の社員がお客さま相談室はわれわれの味方ではないと思い込んだということがありました。

本店のお客さま相談室へ私が移ったときに、300人ほどの社員に対して6回に分けて講演したんですが、その中でアンケート取ったら、2割くらいの方がお客さま相談室が現場の味方であることがわかっただけでもうれしかったという回答がありました。そのとき、お客さま相談室の体制に問題があったという反省をした記憶があります。

クレーム対応というものは、表面的な満足であれば誰でもできることなんです。たとえば壊れたものは直して差し上げる、交換して差し上げる、そのようなことは簡単にできます。さらに心理的な満足を考えるのであれば、お車でいらっしゃったと察知したとき、さりげなく駐車券を差し出す、あるいは、交通費を出すような気遣いをするということは大切です。

また、商品が不良品だったため、人前で恥をかいたような場合には、不良品に対してではなく恥をかかせたことに対して謝罪する必要があります。そうすることで、より緊密な関係ができあがるわけです。

【升田】 お客さんの不満とする心理状態とはさまざまだと思うのですが、今のお話ですと、反社会的勢力やモンスタークレーマーといったような、一部例外的なクレーマーを除けば、ごく普通のお客さんであれば、お客さんの身になった心理的な満足感を与えることが極めて重要なんでしょうね。

Ⅳ　企業の側面

1　企業理念が重要

【升田】　もう1つ別の問題に移ってみたいと思いますが、クレームになるかどうか、クレームがつけられたときにどういう展開をするかということは、企業の姿勢などの側面が影響しているのだろうと思います。クレームに対して、企業として日ごろからどういう体制を整えておく必要があるのかという観点からみると、経営理念とか経営者の姿勢、理解とか内部組織の構築、人的、物的設備とか、日ごろの準備、訓練とか、社内でクレームをどのように位置づけるのか、あるいはクレームの処理体制、クレーム情報の連絡体制や、担当者の配置、権限など、多くの項目があると思うのですが、こういった側面についてはどのように考えるべきでしょうか。

【関根】　企業の側からいうと、やはり経営理念が必要です。第1章でも述べましたが、経営理念は、顧客に告知するものですから、それを見た顧客から不備を指摘されてよいのです。そこには、理想を掲げているでしょうから、そのとおり行っていないじゃないかと言われるようなことでいいのだと思います。というのは、永遠なる目標ですから経営理念になっており、そしてそれが少しでもぶれた、違うこと行っているということで注意を受けることは、企業を正しい形に戻してもらえるものだと思っています。

　次は経営者の姿勢や理解という側面ですが、これは難しいことです。本当にクレームの世界を歩いてきた、歩んできた人なのかどうかというところがありまして、そうでなければ、クレームを生かすなど、言葉にはいくらでも言えますが、その人たちの対応能力が決してあるわけではないし、クレームの重要度というものにも気づかない。しかも、企業利益のことばかりに奔走

161

すると、企業そのものの質が低下します。

　その姿勢を正すならば、経営者は理念を重視すべきことを認識し、それを社員に徹底することです。そのためには、現場での意見をたくさん聞いておくということも必要だと思います。一方、過去にクレーム対応の経験している人だと、自然に生かせるでしょうが、さらに、時代の移り変わりをどんどん吸収していかないと、すぐに乗り遅れてしまうことになります。

　また、内部組織の構築ということになると、対応者に、どこまでの権限を与えるのかということで、その組織の質が決まると思います。1つには、企業として、顧客の相談窓口はその面においては、オーナーあるいは社長または店長と同等の権限であることを明確にする反面、その失言は同等の失言になることの慎重性も要求されることを理解させる必要があります。社内で地位の高い人が、店側の対応または判断にクレームをつけてきたとしても、その人と対等に意見交換ができる体制にしていかないと、伝えたいことが曲げられる可能性があり、組織をつくった意味がなくなってしまうおそれがあると思います。

　それから人的、物的設備の側面を考えると、まず、人的側面でいうならば、営業経験が豊富であり、商品知識をもっている、あるいはクレーム対応をたくさんしてきた人を配置し、今一番求められるのは、クレームを申し入れてくるお客さまとのコミュニケーションをとる力がどこまであるかということが重要です。

　要は、その場では初めて会う方が多いわけですから、なかなか難しいのでしょうが、語彙というのでしょうか、言葉の使い回しをうまくして、いろんな表現を使って相手を気持よくさせながらも、こちらがへりくだる必要もないといったコミュニケーション力ですね。これが自然にできることが非常に大切なのですが、相当難しいと思います。クレーム対応のスタッフは、50歳を過ぎたような人が多いわけですから、その数年後には定年退職を繰り返していくことになります。そうなると、組織そのものを維持することが本当に難しくて、20代、30代の人がいくらうまく対応しようとしても、年配者への

クレーム対応は年功の信用という視点から無理が生じます。
　一方、物的設備という側面を考えると、迎える環境が大切です。穏やかな環境で迎えられる。部屋づくりでは、配色面からも影響すると思います。たとえば、お部屋に通されたときに黄色と赤のトーンの部屋へ通されれば、いらつくのはみえています。そうかといって、グレーばかりだと暗くなるでしょう。白だと明る過ぎるとか、そういうことも配慮しながら、照明も配慮し、座った席から何が見えるのかということも考えておく。そして録音はできる、撮影もできるということを、当然相手にもわかってもらいながら、対応すればよいと思います。お客さま相談室に出入りする人たちの物腰の柔らかさや、丁寧な言葉遣いは当然必要だと思います。

2　必要なコミュニケーション力とは

【升田】　今のお話の中で、コミュニケーション力という話がありましたが、これは現代社会では非常に話題を集めている能力の1つだと思います。能力だけではなく、具体的に人と交渉するような経験も必要だと思うのです。コミュニケーション力を実際身に付けるのは、なかなか大変なことではないかと思いますが、実際にクレーム対応をされていて、こういう点に気を付けたらいいというようなことがありますか。
　特に最近言われているのは、若い人はコミュニケーション力が必ずしも十分じゃない、自己中心的であるというようなことが言われたりしています。逆に、ある程度の歳になると、何をつまらないこと言っているんだと、ついつい顔に出たりするのですが、コミュニケーション力というのは何も言葉だけではなく、その人の全体から醸し出すところもあると思います。そういった能力を身に付けるというには、どのようにすればよいとお考えでしょうか。
【関根】　コミュニケーション力は、結局、これもクレーム対応や仕事を覚えることと同じことだと思うのですが、私の場合は、若い人と会話をするときに、現代用語がわからなくてこじれてしまった経験があります。それは専門

用語ではなく、年代用語で、今ではため口なんていったら、対等に口をきくことということがわかりますが、その言葉がメジャーになる前の話ですが、若い子だからと軽い気持で話していると、「ため口きいてんじゃねえよ」と言われて、「えっ」て言うと、「えっじゃないよ、ため口きくんじゃねえよ」と言われてしまいました。それがわからないときは、電話を切られてしまいます。結局、「あんたわかってないね」、「あんたに言っても無駄」と電話を切られてしまうわけです。このようなことがあると、そういう時代の言葉も学ばなければいけないという気にもなるんですね。

　ですから、失敗したことを書き残して、そこから学んでいくことが、コミュニケーションという意味では一番大切だと思います。現代はコミュニケーションのとれない時代になったと言いながら、時代に責任転嫁するのではなくて、相手とどうやって会話を通じ合わせるかということをしっかり学んでいくことが、私がとった手法でした。

3 対応の準備、訓練は業種によって異なる

【升田】 確かに相手にしなければならない世代も相当広いわけですから、それに柔軟に対応するという基本的な考え方もなければいけないと思います。皆が友達感覚で話をしていれば、お客さんのほうも、それだけで腹を立てるということはありがちでしょう。ただ、そういった柔軟な人を育てるというのはなかなか大変ですし、またクレーム対応の部署に配置して、訓練することも、企業にとっては大変なことではないかと思うのです。

　そのほかの項目についてはいかがでしょうか。

【関根】 準備や訓練という意味でいうならば、百貨店のように、さまざまな業種がある企業が一番難しいと思います。たとえば学校の先生といえば、個人差が若干あるとしても、年輪を重ねるとともにその対応能力も向上するのではないかと思います。ところが、百貨店でも50歳を超えて初めてお客さま相談窓口に配置される場合があります。ただ、相談窓口に入ってくる情報あるいはクレームとは、百貨店業務にかかわるすべてにわたります。

　ついこの間まで食品部の部長だった人が受けたクレームが婦人服のショーツに関するものだと言われて、パニックになり、何も対応できない状態になることもあります。百貨店にはこのような特徴があり、実のところ年輩の社員は、3年ぐらいは一人前になれないといってよいといえますし、使い物になったころ定年になっていますから、あんまり役に立たないのでないかと思います。

　また、クレーム対応の教育については定期的に行うことは少ないでしょう。ベテランが2人ぐらい、経験ない人の電話のやりとりを聞きながら、その場その場でOJTにより教えます。でもそれでも限度がありますし、配属された最初のうちは、ここで頑張ろうと元気に明るい声で話すのですが、しょせん相手が言ってくることはクレームですから、そもそも元気で明るい声は失礼にあたります。そういうこともわからず、話をこじらせたりします。暗く

なる必要もないのですが、丁寧で穏やかに話すことが基本です。
　そんな人でも3カ月もすると、電話に手が伸びなくなります。電話を取るのが怖くなって、せめて自分の専業の分野にかかわるクレームにしてほしいと思って電話を取るようになるわけです。そういう面があって、準備・訓練というのは非常に難しいですね。
　それからお客さま相談室の運営予算についてですが、費用をかけたことによってお客さま相談室のメンバーが顧客をどれだけ離さないで済んだかという、数値で測定できるものがあれば、予算も立てやすいと思います。
　要はお客さま相談室の人たちが、現場への指導をすることにより、クレームに対する強力な防御になるわけですから、予算の中心は人件費になります。その他経費に関していえば、電話代くらいでほとんどないといってもよいでしょう。
　また、クレームの位置づけについては、経営者の姿勢、理解や職種によっても変わります。
　クレームの処理体制については、システム化していく必要があるし、していないと場当たり的な対応になりますから不適切でしょう。
　その意味で、コンピューター処理により、いろいろな角度から情報を引き出せるようにしておく必要があります。たとえば、「怒鳴る」、「身長170cm」といったキーワードでも検索できるようにしておくということです。
　これからも、コンピューターを中心とした処理体制が大切になりますし、情報の連携体制についても同業他社との横連携も含め、情報処理体制を含めて考えることが大事だと思います。
　さらに、違う意味での処理体制として、誰が最終的に謝罪に行くか、あるいは行動するかということに関して、クレームの程度や、怒り具合によって若干異なると思います。ただし、店長が出ることはあり得ません。最悪でもお客さま相談室長が行って終わりにしないと、その体制が崩れてしまうということになります。中には、出向くのが好きな店長もいて困りました。
　担当者の配置と権限というのは、先ほどお話しした、どれだけの権限を与

えられているかということを明確にしておくことです。

4　対応ノウハウの伝承が損失を最小限に！

【升田】　先ほどご指摘になりましたが、クレーム対応に企業として担当者が蓄積した経験なりノウハウを、次の担当者またはその次の担当者に適切に承継していく、これが処理体制の基本になると思います。もちろん情報処理をされている部分については、コンピューター対応という点もあると思います。

　それだけではなく、そのような情報を全社的に利用できるような体制のほかに、同業他社でも対応できるようなシステムが、結構重要だというようなお話ですが、知識、経験、ノウハウをきちっと伝承することを、企業として取り組まないと、担当者限りで終わり、ある時代の1つの経験があった、という思い出だけでは適切な対応はできないでしょう。また、ノウハウの伝承に十分配慮していないと、今後クレームがついたときに大事故に発展する可能性もありそうな気がします。

【関根】　確かに、大事故の可能性がありますから、少なくとも過去の事例のファイルなどに目を通して、自分なりの対応力を身に付けておく必要があります。このような努力をうまく伝承していけば、それだけでもノウハウの伝承になるでしょうね。

　そこで言えることは、各店舗には数人程度常連のクレーマーがいます。ですから、このような常連クレーマーの記録にはとくに注意して目を通しておく必要があります。ここにもまた面白い現象があって、お客さま相談室長が代わると、1カ月半ぐらいの間に常連のクレーマーたちがほぼ全員あいさつに来るんです。

　あいさつというのも変ですが、些細なクレームで呼び出して、店内で会うのですが、過去にそのクレーマーが重大なクレームをつけたことを話します。そして、前任の相談窓口は非常によくやってくれたと言うんです。それは、前任者とうまく合わなくてもそう言うんです。というのは、こちらへの牽制

なんですね。自分を特別扱いしろよ、ということを言いたいわけです。

　お客さま相談窓口の担当者にとって、初対面のときが最も大切なところで、会社として許されてはいないようなことを、前任者が少しでも許していたとすれば、それを相手が口にしたときに、社内の規則で許されてはいないことですから今後は承知できませんということをはっきり言って、毅然たる態度を見せることが重要です。

【升田】　どちらかというと不当なクレームをつけている人からあいさつがあれば、クレーマーを認識することができていいわけですが、業種によってはそのようなあいさつもない場合もあると思います。事例は違いますが、自然災害の分野では、「災害は忘れたころにやってくる」という言葉があって、その意味するところは、災害を忘れると災害になるということですね。

　ですから社会的に活動する企業として、クレームがつくということは、いわば不可避な事柄で、それは従業員の1人ひとりまでクレームがついて回るということですが、担当の従業員あるいは企業にとって、クレームを忘れてしまうとか、あるいは全く軽視してしまっているという点が、クレームを発生させる元にもなるような気がします。

```
――――――●ワンポイントアドバイス――企業の対応●――――――
 1   経営理念
 2   経営者の姿勢・理解
 3   内部組織の構築
 4   人的・物的設備の側面
 5   準備・訓練
 6   予　算
 7   クレームの位置づけ
 8   クレーム処理体制
 9   クレーム情報の連絡体制
10   担当者の配置・権限
```

V　担当者の能力・資質

1　具体的な必要事項

【升田】　担当者の能力とか資質の問題については、企業に身をおいたことがない私が申し上げるのはやや心苦しいのですが、私自身いろいろ考えたことがあって、企業のクレーム対応の担当者能力、資質として次のような事項が重要ではないかと思います。

① 何といってもやはりその企業の提供している製品、サービスの内容をよく知っていること。

② クレームがきたときに、いろいろな部署の連絡調整も必要になることから、企業内で信頼されているということ。

③ 企業内で新人が担当するのは、いろいろな意味で無理があるので、ある程度知識、経験がないといけない。人間関係のこともあるから、相当程度勤務経験があるということが必要になってくる。

④ クレームの中には、厳しい法的な問題での対応ということが迫られるが、実体法、手続法について、概要だけでも知っておくことは、クレーム対応が最終的にどのような場面で処理されるのかについての、値踏みをしておく意味で必要である。

⑤ 法律が実際どのような運用のされ方をしているのかということについて、実務的な知識も知っておいたほうがよい。

⑥ クレーム処理は、お客さんの立場を理解して解決することが必要であるから、相当程度情緒的な要素も必要になる。基本的には、論理的な思考が重要である。

⑦ クレーム対応にはきちっとした証拠を残すことが必要であり、その証

拠も書類にすることが必要であるから、事務処理が几帳面であることが必要である。
⑧　企業あるいは自分としての考え方を相手方に適切に伝達することができる、表現力、すなわちコミュニケーション能力が必要になる。
⑨　表現力については、論理的な表現をすることができることも必要である。すなわち、論理的に説明できることが必要である。
⑩　態度、言い方が丁寧であることということも重要である。やはり丁寧でないと、そこを突かれて、反論に遭うことがしばしば生ずる。
⑪　一方的に話すのではなく、聞き上手であることも大切。
⑫　非常に利害が対立する場面もあり、相手方から挑発を受けることがあることから、常に冷静になれる性格であることも、非常に重要な要素である。
⑬　クレーム対応の場面では、我を張ることは非常に禁物であり、我慢強いことおよび粘り強いことが必要である。
⑭　相手の言い分を素直に聞いているだけでは、クレーム対応は適切にできないことから、負けず嫌いであるということが必要である。ただし、顔に出してはいけない。
⑮　無理難題も言われるわけだから、それに気弱に従っているだけでは、やはり適切な対応ができない。そこで、表には出さない闘争心もある程度必要である。
⑯　裏表なく、丁寧に対応する誠実な性格が非常に重要である。
⑰　きちっとした対応をするということであれば、やっぱり法律、社会常識、社会の倫理、などに従って対応していくということが重要である。
⑱　相手方の立場に立って考えることができる性格であること。
⑲　クレーム対応は、1人で行うことは基本的には禁物であり、企業の組織の一員として、チームワークで行うことが重要である。
⑳　クレームを1日中聞いていると、滅入ってくることが多いことから、常に前向きの思考をして、積極的に解決に向かっていける性格が必要で

ある。
㉑　クレーム対応とは、結論的に言えば対人交渉になることから、対人交渉に積極的な姿勢をとることができること。
㉒　クレーム対応を適切に行うには、人間に対して関心、興味をもつこと。
㉓　クレームをつけているお客さんの動機、背景、事情、内容、それはさまざまであることから、人のさまざまな側面について理解ができることが必要である。

　以上述べた点は、別に企業の担当者だけではなく、弁護士にも共通していえるところが多々あります。やはり何かしらの目標がないといけないものですから列挙してみました。

【関根】　ありがとうございます。⑩の態度、言い方が丁寧であるということは、当社が制作した「日本苦情白書」のアンケートでも、相手を許すということはどこで感じるか聞いています。すると、55％から60％がここに集中します。

【升田】　難しいのは、底が浅いといんぎん無礼だと受け取られる恐れがあります。粗野な対応といんぎん無礼との間の適切な対応、言い方があるのですが、これは本人の知識、経験だけではなくて、性格的なこと、その日のおかれた心理状況など関係してきますから、やはり奥が深いという感じがします。

2　特異な発想、対応も有効

【関根】　あげられた事項は、どれもあてはまります。あとは、私の経験からいうと、フットワークが軽いことです。つまり、現場にすぐに入るということをよく教わりました。

　また、訳のわからないクレームに対しては、特異な発想で対応を行う必要があります。要は、サプライズで意表をつく対応が有効になります。

【升田】　人間それぞれ持って生まれた性格や育った環境によって、いろいろ影響を受けることがありますが、努力するとしないとではかなり違うわけで

すから、それぞれ持ち場持ち場も踏まえながら対応することが大切でしょう。

───────●ワンポイントアドバイス───担当者の能力・資質●

1 企業の製品、サービスの内容を知っていること
2 企業内で信頼されていること
3 企業内で相当程度の勤務経験があること
4 実体法、手続法の概要を知っていること
5 法律の実際の運用の概要を知っていること
6 論理的な思考ができること
7 事務処理が几帳面であること
8 企業、自己の考え方を適切に伝達することができる表現力があること
9 論理的な表現をすることができること
10 態度、言い方が丁寧であること
11 聞き上手であること
12 常に冷静になることができる性格であること
13 我慢強いこと
14 ねばり強いこと
15 負けず嫌いであること
16 闘争心があること
17 誠実な性格であること
18 倫理観が強いこと
19 相手方の立場に立って考えることができる性格であること
20 チームワークを重視することができる性格であること
21 常に前向きの思考ができる性格であること
22 対人交渉に積極的な姿勢をとることができること
23 人間に対する関心・興味をもつことができること
24 人間の様々な側面につき理解ができること
25 フットワークがよいこと

VI クレームの法的分析

1 クレームの法的な意義

(1) クレームを処理するにはさまざまな視点が必要

【升田】 続きまして、法的な分析の観点から検討してみたいと思います。お客さんなどから提起されたクレームを処理するためには、さまざまな観点、視点から処理を検討することにクレームの意義があります。まず企業にとってどのような意義があるのか、関根さんからご紹介いただけたらと思います。

【関根】 クレームを将来の営業情報として利用するということは、当然のことで、1つひとつの商品に対する意見あるいは改善点をいただくのは企業にとっても、また取引先にとっても非常に大事なことです。これによって、営業成果が上がっている例も多くみられますし、雑貨販売のロフトなどは最たるものだと思うんですね。あれはお客さんが面白いものを提案してきて、商品化している側面が大きいようです。また、ある洗剤会社が、洗剤の詰め替え用パックを販売したのも、資源のムダ遣いというクレームを基に商品化したものだったんですね。

また、クレームを将来の製品等の改良情報として利用することに意義があります。たとえば、携帯電話の電波の範囲なども、電波が届かないというクレームから、アンテナを増やすことで改善してきました。

それからクレームを他のクレーム処理情報として利用することができます。他の部署や業界のクレーム情報を知ることで、自分たちのクレーム対応力の向上に結果的に利用できるのではないかと考えています。ですから、学校や歯科医のクレーム対応は、全くレベルの低い対応をしていますので、百貨店レベルのクレーム対応で臨めば、適切な対応ができるのです。

さらに、従業員の教育情報として利用する意義があります。
　また、クレームを企業組織の改善情報として利用する意義もあります。たとえば、エスカレーターの速度等に関するクレームがあげられます。お年寄りが多く利用するところでは、速すぎて危ないような場合には、速度を遅くして調整するわけです。
　それから、車いすが乗ることを想定しているエレベーターには鏡が張ってありますよね。あれも、クレームが端を発して付けられました。それは、ターンをするのに、後ろが見えないというクレームからです。
　加えて、クレームを解決、改善する視点から取り扱う意義もあります。いただいた意見というのは、それぞれ企業のためになることが非常に多いものですから、ただ単にクレームをもらっただけではなく、それを活かす必要があるわけです。

(2) クレーム処理に前向きに取り組むことが業績向上のカギ！

【升田】　クレームがつけられた場合、一見するとマイナスの印象で、またクレームがついた、あるいは不利益、損失になるのではないかと従来は言われがちでした。現在では、企業が事業活動を行うにあたって、クレームは不可避だと思うのですが、クレームに対する取り組み方はどのような状況にあるのでしょうか。

【関根】 クレームに対する取り組み方は、企業が成長過程にあるか、横ばいになっているか、下降気味になっているかによって変わってくるといえるでしょう。
　たとえば、売り上げが前年割れを繰り返している百貨店では、クレーム対応にかける予算も年々削られているのが現状です。
　結局は、本来は企業の経営活動にとっても有意義であるといえるのは、成長している分野だけでして、マイナスの分野ではそこに経費をかけたからといって、大きな売り上げの伸びはないと思います。しかし、クレーム対応に対しては組織の見直しをしたとしても重要なポストであることは否めないで

しょう。

(3) クレームを受け付けた段階で大切なこと

【升田】　基本的にはまず経営として、どう位置づけるか、どのような取り扱いをすべきかが重要で、経営判断の中で考えていくのが基本だと思います。そうすると、企業のおかれた状況によって、相当違うところはあるものの、クレーム対応を誤ると、いずれにせよ成長過程の企業であっても、そうではない成熟した企業であっても、あるいは逆に衰退気味の企業であっても、非常に大きな経営上の痛手を受ける可能性があるといえますから、必要な範囲で何らかの適切な対応が必要だと思います。

　今度は、クレームの対応を具体的な事案でどのように行うかという面から事柄を見ていきたいと思います。企業が顧客からクレームを提起されたという場合に、受付けの段階が最も重要な段階であると思います。もちろん相談窓口がある企業、そうでない企業、いろいろ違いはありますが、相談窓口があっても、個々の現場の従業員にクレームがつけられることはあるわけですから、そのクレームがつけられた従業員も、やはりクレームについては受付けの段階を担当しているといえます。その受付けの段階で、どのようなことが重要なのかという点を伺ってみたいと思います。

【関根】　受付けの段階でいえば、メモ用紙であろうが手帳であろうが、必要最小限のことは書けるようなものを常に携帯しているようにして、メモを取ることが重要です。怯むことなく、ちゃんとご説明して、メモを取らしてもらいますと断ればよいわけです。

　通常は正しいクレームを正確に伝えてくるわけですが、悪意をもった人もいて住所や連絡先についてうそを言う場合もあります。ですから、携帯電話しか持っていないというお客さんであれば、申し訳ございませんが確認させてくださいと言って、実際にその場で電話をかけてみるわけです。そうすると後で、約束の日にかかってこなかったじゃないかというようなクレームを避けることができます。

それから、お名前を間違えないというのは当然ですね。たとえば升田さんの苗字もそうですが、「増田」と思い込みでお手紙を出したら、さらに相手方の心証を悪くしてしまったということがあるんですね。ですからしつこいようですが、聞いて失礼でないことでしたら、どんどん聞くことが大切です。

　ただ、もっと徹底するならば、お客さま相談室あるいはクレームを受ける窓口で、対応事例を全売場に、簡易化されたものでもいいから配ることも必要です。このように、ちょっとしたことをシステム化すると効果があります。

(4) 受付段階で確認すべき事項

【升田】 今のお話のような、受付けの段階で、本人の確認、連絡方法の確認、それからクレームの内容の確認、といったことをできるだけ正確に確認し、かつ記録を、この記録とは基本的には書面ということになりますが、書面を作成することが重要だという点は、後に法的な問題になり、法的な解決が必要になる場合も、極めて重要な情報になります。そのような確認事項について、もう少し具体的にお話を伺えますか。

【関根】 基本的には、以下の事項があげられます。

① 誰が
② 何時
③ 何に対して、あるいは誰に対して
④ どのような状況、事実関係の下において
⑤ どの製品、あるいはどのサービスによって
⑥ どのようなことが生じたのか
⑦ その後、どうしたのか

の各項目を確認するとともに

⑧ どのような証拠をもって、あるいはどこにある証拠によって
⑨ どのような根拠で
⑩ どのような手続を利用して
⑪ どのような解決をするか

の各事項を確認することが重要であるし、確認の過程において、
　⑫　顧客等の氏名、電話番号、住所、連絡先
　⑬　顧客等のクレームの提起の動機・目的
　⑭　顧客等のクレームの提起に至るまでの経緯
　⑮　顧客等の性格、生活状況、職業
　⑯　顧客等の相談者
の各事項を確認することが重要である。
　さらに、過去の経歴も確認できると有効でしょう。悪質クレーマーに関しては、顧客の氏名、電話番号から見て、あっおかしいなと気づく必要があります。
　以上の点を顧客の目の前で書くわけですが、メモを取るなと言う人がまれにいます。そのときには、聞き漏らしがあると困ります、さらにご迷惑をかけるわけにはいきませんので、メモは取らしていただきますということを、柔らかく説明するんです。特に、歯科医を含むお医者さんは、メモを取ることに消極的な傾向にあります。
【升田】　お客さんによっては、メモを取っている人を見て、じっと見つめるような場合もあるのではないかと思うのですが、メモを取ってもいいと言われながら、なかなか取りにくい、圧迫感を感じるというような場合、何か工夫するようなことありますでしょうか。
【関根】　メモを取ることは、かえって圧迫感から免れることになります。というのも、メモを取れば、相手の目線が自分の頭に来るわけです。そうすると、こちらも不用意に見る必要がないわけです。ただし、相手が肝心なことを言ったり、あるいは息継ぎをしたというときには顔を上げて、目線を鼻の頭から目の間の中心ぐらいに置くんです。大体１メートルか１メートル半くらいの近距離にいますから、目を上げたときに目線を合わせると、にらみ返したようにもなります。ですから、メモを取ることによって相手は話しやすくなると思いますし、素直な気持で対応してくれる場合が、過去の事例では多かったですね。

(5) 事実確認と証拠の重要性

(A) 証拠が重要

【升田】 最初の受付けの段階における情報収集という、非常に重要なことを伺ったわけです。受付けの段階の次に何が重要かというと、私の場合、法律的な解決を求められる場合が多いという限定はありますが、クレーム対応一般的にもいえるように、やはり一番重要なことは、一言で言えば事実確認です。事実確認の段階をきちっとしておかないと、後の対応が非常に問題をはらむ可能性があります。

事実関係といってもさまざまな事実関係がありうるわけで、関根さんからご紹介いただいた項目がまさにそうですが、まず過去に何が起こったのか、その前に、本人かどうかという問題もあります。来ている人が何者か、代理人なのか、代理人であれば代理権があるのかなど、さまざまなことがあるのですが、やはり過去に一体何が起こったのかという、過去の事実関係の確認、それから現在この人は一体何を求めているのかということ、この2つは重要です。

現在何を求めているのかというのは、事実確認も将来変更される可能性があるのですが、過去に生じた事実関係というのは、企業にとっては自分が提供した製品なりサービスの問題があったかどうか、あるいはそれによって何が起こったのか、ということを明らかにすることになります。過去の出来事は過去に生じているわけですから、本来動かない確定している出来事になるわけですね。

ところが人間の世界では、確定はしていても、過去の事実をそのまま再現することは不可能なわけですから、どうやって再現するかといえば、証拠によって再現するしかない。証拠の中にはお客さんの言い分ももちろんあるわけですが、そのような事実確認のうち過去の事実を確認するということ自体、言葉で言うのはやさしいですが、実際にはなかなか難しい場面があり、訴訟においても、そこが非常に難しいわけです。もちろんクレーム対応の場合にも非常に難しいわけで、この点にご苦労がおありだと思います。そういった

事実の確認が重要だと思いますが、実際にどのような心構えで行っていらっしゃいますか。

【関根】　そうですね、身分証明書を見せてほしいとは言えませんし、現場で、何を求めているか探りは入れますが、本当に本人なのかなど、疑いをもって対応することはほとんどないですね。目の前にいる人が当人であることを前提に対応します。こじれている人のときや、たまに同伴者が一緒に来るというときは、確かに本人であるか確認をすることもありました。

【升田】　クレームの内容で、仮に不具合があったというような事例を想定しますと、どのような不具合があったのか、どういう証拠があってクレームをつけているのかというあたりについては、どのような対応をしておられますか。

【関根】　機器の不具合や商品に欠陥があれば確認しますが、精神的な被害を理由に、慰謝料請求といった話になってくると、訴えを起こしてください、あるいは証拠を提示してくださいということを言います。たとえば、お医者さんの診断書を見せてもらうなどしてもらいますね。

(B)　要求の程度によって確認も変わる

【升田】　先ほど話題に出ました経済的な利益の提供を求める、しかもそれが高額になってくればくるほど当然のことながら、慎重に確認をすることになりますね。

　そうではなく、比較的軽微なものであれば、見るなり、話を聞くなりして、話の内容が合理的で、矛盾していなければ、それなりの対応をするということでしょうか。

【関根】　私たちが常に心がけているのは、相手が話しているときに、視線や表情などで真意を感じ取りますから、この人は正直に話してくれているかどうか見抜けるつもりです。

(6)　交渉も事実確認が前提

【升田】　ただ、常識的におかしいということになれば、証拠や説明を求める

ことになるのですね。
　そのような事実確認を踏まえて、何らかの交渉が始まるわけです。事実確認をしながら交渉をしているという場面もあると思いますが、交渉も確認した事実を前提にして行うということでしょうか。
【関根】　そうですね。多くの場合、クレームの対象となった物があれば、確認できた段階で交換あるいは返金という交渉に入ります。
【升田】　持ち出しの経済的な利益が必要になって、しかも額が相当高額になれば、それは法的な対応が必要になりますから、法律の専門家に相談することになるのでしょうか。
【関根】　実際に法外な慰謝料を要求してきたり、気持の上での整理がつかないなど、形にならないものを要求されたときには、それに対してはお詫びを繰り返します。何度も繰り返して、最終的には、相手との折り合いつかなければ、訴訟ということになります。ここで、弁護士との連携が始まることがあります。

(7)　解決方向の模索

【升田】　企業によると思いますが、相手方のほうで経済的な利益を求めるという場合に、利益の額あるいは内容については、担当部署でそれぞれ許された権限というのはあるのですか。
【関根】　多くの場合、ないと思います。通常は本社レベルの総務や法務が、弁護士さんと連携して動いていると思います。
【升田】　そうすると、そういう相手方の希望があったときには、やはり自分のほうで確認した事実関係と必要な証拠を提出してもらって、おっしゃったように法務なり総務にそのような情報を上げて、検討してもらい、その範囲内で対応するということなんでしょうか。
【関根】　そうですね。たとえば、ここに来るまでの交通費が5000円かかったと言われたときには、それは対応した担当者の判断で支払います。あるいはこのくらいの金額ならば、経営上特に問題にならないというのであれば、店

長クラスの責任者に打診して、許可を得れば支払います。要するに、要求金額が理に合わなくなったときに初めて総務や法務に回すことになります。
【升田】　交渉しながら解決の方法を模索し、相談するということですね。

(8)　解決手続の選択
【関根】　その通りです。
【升田】　その中で、お話のように、法務において、その範囲であれば示談でよいということになれば、解決するわけですが、それ以外のいわば公的な手続によって解決せざるを得ないというときには、専門家の手に渡さざるを得ないということですね。
【関根】　そうです。物別れに終わる場合も、やはりあります。その際には相手方から申し入れをしていただくということになり、その書面を見て初めて法務に回し、そして弁護士さんが対応を始めるということになると思います。

(9)　提案および最終決定の段階
【升田】　その過程の中で、内部で協議した内容で、具体的な提案も相手方にされるわけですか。
【関根】　そうです。
【升田】　先ほどおっしゃった範囲内の金額であれば、担当部署で解決するし、あるいは謝罪をすることになるわけですね。
　その場合、謝罪といっても、法的な責任を認めた謝罪と、ご迷惑かけて申し訳なかったという程度の謝罪とでは、やはり違うわけですが、たとえば書面を出せと言われたときどうされるのですか。
【関根】　店長に確認したうえで出します。
【升田】　それは、店長名で出すということでしょうか。
【関根】　そうですね。社長名で出すと、またひと悶着ありますが、店長レベルであれば問題が大きくならずに、速やかな解決に結びつく可能性が大きいといえます。そして、文書作成の専門家がおりますから、文章はこれでよい

181

【升田】　お話のように、中には社長の名前で出せと要求するとともに、謝罪も、「今後2度とこのようなことは起こしません」というような、あるいはさらに、「今後こういうことは起こさないように気を付けます」というような、改善措置まで求められる場合があると思いますが、そのような場合はどうされるのですか。

【関根】　社長が出さなければならない状況かどうかですね。たとえば、お嬢さんが怪我をして、顔を縫うような傷が残ったなんていう状況であれば、社長名で謝罪を出すと思います。この場合感情的に納まらなければの話です。

【升田】　それは内容によるわけですね。

【関根】　その通りです。

【升田】　先ほど確認した事実関係の範囲内で、被害の程度を踏まえて、相手方の要求が合理的であるかどうかを判断するということですね。

【関根】　そうです。必然性がないのに、「謝罪文を出せ」というときには、「何にお使いですか」と問い返したうえで、「近くの電信柱にでもコピーを張りますか」と、いやがらせをしているような人には必ず言い返します。「そんなことはしねえよ」と言いますから、「店長の謝罪文も、あまり意味ないですよ」、「なぜ意味がないんだ」、「多くの場合、店長は2・3年で代わりますが、それでもよろしいですか」と切り返すわけです。

　それでも欲しいと言う場合には、「これだけは私の一存ではお約束できませんので、お時間をちょうだいできますか、店長に確認させてもらいます」、「どのくらいで返事が来るんだ」というやりとりの後、店長の代理だと言っている手前、「15分ほどで結構です」と言って、そこから店長あてに電話を入れます。「店長、謝罪文を書いてくれと言っていますがどうしますか」と聞きます。ここで、書きたくないと言われても説得します。そのうえで、自分が謝罪文を作成しますから、それをチェックしてくださいとお願いするわけです。そして、すぐに相手が方に、「店長が謝罪文をお送りすることを承認しましたので、内容証明でお送りしますから、それでご納得いただけます

(10) 示談の段階

【升田】 事実関係について相手方と見解が対立しているという場合とか、事実関係からみると法外な要求だというような場合は、なかなか簡単にはいかないわけでしょうね。

【関根】 いかないですね。

【升田】 納得できないことに対しては、要求に応えないということですね。

【関根】 ええ、そうです、応えることはありません。

【升田】 先ほどおっしゃったように、それぞれ権限が分かれているわけですから、その範囲内で責任のある人が最終的な決定をし、稟議を経て、最終決定をするということになるわけですね。

【関根】 そうです。会社の本部や法務に任せた段階で、現場の手を離れることになります。

【升田】 それはそれぞれの部署で必要な稟議を経て、決定するのですか。

【関根】 ええ、もちろん弁護士とも、協議のうえ決定しますが。

【升田】 弁護士が助言するにあたって、事実関係で気になるところがあれば、確認なり質問がなされるのでしょうね。

【関根】 ええ、します。

【升田】 弁護士も相談を受けて、自分が自信のもてないことを話せませんから、相手方の言い分などを確認するのでしょうね。

【関根】 特に、相手の言った「言葉」をよく聞かれます。具体的にどのような表現をしたのか、こちらの返答に対してどのような反応をしたのか、といった点ですね。

【升田】 そうすると、その段階でゴーサインが出れば、示談となり、お金や何らかの対価を渡すことになるのでしょうが、そうなったときに、きちっと書面に残すことはされているのですか。

【関根】 ええ、もちろん残します。

【升田】 少なくともお金が出るものについては、出すことを明確にしておかないといけないということなんですよね。
【関根】 そうです。

(11) 示談で解決できないときは？

【升田】 しかし示談がうまくいくとは限らないわけで、それ以外の手続として、最近は裁判外紛争解決手続、これは ADR と呼ばれてますが、このような制度を利用したり、それもできないと訴訟に至るわけです、この段階では弁護士に依頼するということで対応するのでしょうか。

【関根】 そうです。ただ、ADR について、クレーム処理の分野ではまだ馴染みがないというのが現実ですが、現実には ADR はどのような方向に進みそうなんですか。

【升田】 全事業についてどのような利用のされ方をしているかという研究はまだないと思うのですが、製品分野とかサービス分野とか、あるいは特定の事業団体のものとか、そういう制度を設けて行っているところはあります。これは、法的な観点から対応するということです。

　ただ、法的な観点から対応するというときでも、やはりその問題の一番最初の情報であるクレーム対応窓口での情報、これは非常に重要な証拠になりますから、ADR を利用するうえでも、やはり最初からきちっと話しを聞いて、証拠についても十分配慮して集めておくことが重要ですね。

2　クレームによって提起される法律問題

(1)　法律問題の解決とは

【升田】 クレーム問題は、私の立場からみると、どうしても法的な問題としてとらえがちになります。法律問題としてどう解決していくかということが基本的な視点になるわけですが、今回いろいろお話にありましたように、クレームによって提起される問題というのは法律問題に限られないということ

は明らかです。

　法律問題であっても、その解決あるいは解消は、法律の解釈、適用だけによって解決されるものではないことも、また明らかです。クレームというのは、企業が事業を遂行するにあたって、いろいろな過程を経るわけですが、その過程において発生するさまざまな事情を巻き込んだ問題であるとみていいわけで、しかも製品サービスの品質の問題にとどまらない幅広い問題であると思います。

　ただ、すべての問題を論ずるわけにはいきませんから、法律問題だけに絞って述べてみたいと思います。

　法律問題としてクレームを取り扱うという場合には、おおむね次に紹介しますプロセスを経て、結論を出すということになります。これが法律論の基本であるわけです。法律論といいますと、世間では非常に難解で難しいと考えられがちなんですが、よくよく考えてみると、非常に常識的な事柄で、多くの人は日ごろなじんでおられないというところから、とっつきにくいという印象があるかもしれません。また、権利、義務といった聞き慣れない言葉がしばしば登場することもあり、なかなか理解していただけないところもあるわけで。ただ、先ほどからお話ししましたように、基本的には非常に常識的なプロセスを経て、常識的な結論を出すことが重要になります。

① **証拠の収集**　　まず、先ほどから話題になっていますが、クレームについての法律問題でまず重要なことは、過去に生じたクレームの原因となっている、あるいは内容となっている、過去に生じた事実関係を認識することが重要になるわけですが、そのためには証拠を収集することです。証拠の収集というと、非常に難しそうな問題のように考えられがちですが、そうではありません。クレームをつける人が、自分のクレームの内容を説明したというような場合、その説明そのものが証拠になるわけです。専門的に言いますと、本人の供述ということになるわけです。あるいはクレームの対象になっている製品を持ってきてもらって、その製品を確認するということになりますと、その製品そのものも証拠にな

185

るわけです。あるいは取扱説明書が問題になっているということになりますと、その取扱説明書の内容なり、実際にどういう方法で使っていたかというようなことも、本人が話すとそれが証拠になるということです。

② **証拠の内容の判断**　そういった証拠をまず収集し、証拠の内容を読んだり見たりして、その証拠の内容を判断するわけです。

③ **事実関係の認識・認定**　証拠の内容を判断することが、過去に生じた事実関係の認識ということになるわけです。その認識とは、専門的に言うと、事実の認定ということになるわけですが、この証拠によって、事実関係を認識することになります。ここでクレームをつけた人と対応される担当者、あるいは企業における事実関係の認識が対立することがあります。認識が違うということになって、その認識をいかに埋めるかという作業が必要になることがあります。

④ **想定される権利の抽出**　そういう事実関係を認識すると、その事実関係の中から法律的にどのような権利が導き出されるかを検討します。ここが法律論の1つの重要なプロセスになるわけですが、この辺がなかなか一般の人にはなじめない、なかなか経験のない分野になるわけです。これはある程度法律的な訓練をしないとなかなか難しいところはありますが、基本は、今からお話ししますようにそう難しいということではありません。

⑤ **想定される権利の発生等に関する要件事実の抽出**　権利というのは基本的には法律に書いてあり、たとえば不法行為だと、民法709条に根拠となる条文があります。民法709条には、このような場合には損害賠償請求ができるということが書いてあって、こういう場合にはという、その場合というのを要件事実と専門的には言っているわけです。これは常識的な理解をしてもいいわけで、他人の権利、利益を故意または過失によって違法に侵害したという場合には、損害賠償請求ができるということになっています。故意または過失によって他人の権利、利益を侵害するということが、不法行為の場合の要件事実になるわけで、先ほどお話

しした事実関係を読んで、認識をして、権利が発生する事情があるということになれば、不法行為に基づく損害賠償請求ができるということになります。

⑥ **要件事実の解釈**　法律問題ですから、民法709条であれば、その解釈が前提としてあるわけですが、これも普通の本を読めば、どこにでも書いてあります。

⑦ **事実関係の要件事実へのあてはめ**　そういう事実関係を、要件事実にあてはめる作業をすることになるわけですが、これもたとえば民法709条の場合であれば、民法709条に書いてある要件事実に、先ほど認識した事実関係を当てはめて、その要件事実を満たせば、損害賠償請求権が発生するということになるわけです。一見難しそうにみえますが、実はそう難しい話ではありません。

⑧ **想定される権利の発生等の判断**　皆そうですが、たとえば人を認識するときに、その人のイメージがあるわけですね。それを要件事実とすると、ある日歩いていたら、そのイメージに合う人が向こうから歩いてきたというときに、その人だというあてはめの作業をしています。こういうあてはめの作業をして、権利が発生するかどうかというのを実は判断しているわけです。今お話ししたプロセスが法律論の基本で、関係する法律の条文を普通の人は十分理解してないから難しいというだけで、ある程度理解すればそう難しい論理ではないということになります。

⑨ **結論の妥当性、合理性の判断**　訴訟が提起されると、証拠を出して、いろいろ主張をし、権利、義務があるかないかという判断をするわけですが、さらに裁判所では、結論が妥当であるか、合理的であるかというような判断もするところがあり、そのようなプロセスを経て、訴訟では結論が出されることになります。

⑩ **訴訟における勝敗の予想**　裁判官によって、そういった判断、認識作業は相当まちまちなところがありますし、原告、被告双方の当事者に弁護士が付くと、主張立証の仕方によって、やはり訴訟が影響されること

もあります。また、判例も過去の事例の蓄積の理解の仕方によって変わってくることもありますし、いろいろな事情が影響します。その意味で、訴訟における勝敗の予測は、一般に考えられているほど簡単ではないわけです。過去の事実であるから、裁判官が適切に判断するということがいえるかというと、なかなか簡単に、そうであるとはいえず、やってみなければわからない部分も相当あるということになるわけです。したがって、裁判になった場合、勝敗の予想がなかなか困難であるというような事件になると、だったら示談で解決しようかという選択肢も出てきます。それに訴訟になると、手間暇、時間、費用等々が相当かかるし、それに見合うだけの経済的な利益が得られないと、訴訟を起こした人には負担が耐えられないこともあると思います。それから訴訟を起こすと、訴訟をやる間の心理的、精神的な負担というのも相当ありますし、それぞれ手続を踏む都度、当事者が協力をしないと、なかなかスムーズに訴訟が進行しないので、そういった負担も大変だろうと思います。

　以上のような点から、訴訟がなじみにくいと言われています。これが大体訴訟のイメージですが、わかりやすく説明したつもりでも、難しいところがあると思います。訴訟について、何か感想をおもちでしたら、聞かせていただきたいと思います。

【関根】　こんなに詳しく聞かせていただけるのは初めてです。一般企業の専門対応者も、この流れを知ったうえで対応を心掛けるべきですね。

【升田】　もう眠くなったと思いますが。

【関根】　やはり大変な作業だな、というのが率直な感想です。

(2) 必ずしも訴訟がすべてではない

【升田】　たとえば、ある事件で製品やサービスに不満があり、被害を立証する裁判を起こして、損害賠償請求するということになると、請求するほうにとっては、弁護士に依頼して、先ほどお話ししたようなプロセスを経て、訴訟を提起し、遂行するわけですが、場合によったら裁判所で尋問という手続

において、自分で説明しなければならない場面が生じます。

　過去のことを話すことになりますが、すべて覚えていることは到底ありませんし、われわれの日常生活からいっても、相当アバウトには記憶していても、細かいことになると曖昧になるのが通常でしょう。あるいは、実際に問題になった事故であっても、プロセスを正確には覚えていない、説明できないこともあるかもしれません。相手方は、矛盾点があったり、疑わしいところはどんどん聞いてきますから、なかなか訴訟を起こすのも大変だと思います。

　逆に事業者のほうとすれば、製品はきちっとしていても、さまざまな主張をされ、その主張に矛盾があるとしても、その矛盾を証明する段階では、当時の状況が明確にはわからないため、結局裁判官に対して証拠によって事実を証明することができないというのが、通常です。

　そうすると裁判所がどのような判断をするか、なかなかわからない。信用性の問題もありますし、裁判は実際には難しい、予測し難い部分が相当残るということになります。それは、場合によっては原告にとっても不満が残る。逆に、被告となった企業にとっても不満が残るということになろうと思います。

【関根】　窓口対応をしていて、相手方から訴訟といわれると、大体こちら側はビビるものなんです。ですから、もし現場の人たちが今のような訴訟の現実を知る機会があれば、非常に助かると思いますね。そして、今起きている事件に関して、1つひとつあてはめてみたら、法的に何が足りないのか見つけやすいと思います。

(3)　事実の証明は図柄のないジグソーパズル

【升田】　弁護士の業務でいえば、過去の起こった出来事を証拠によって証明することが最も重要な作業になるわけですが、それをもう少しわかりやすく言いますと、図柄のないジグソーパズルだと言っているんです。普通のジグソーパズルですと、もともと図柄が決まっていて、そこにあてはめていけば

いいわけですね。ですからある程度あてはめていくと、像がおのずと明らかになるわけですが、訴訟におけるジグソーパズルは、もともとどういう図柄であるのかはっきりしていません。

　もちろん、客観的には過去のことですから、1つの事実しかないはずですが、とはいっても、本当にそのような事実であったかどうかすら疑わしい。仮に被害を受けた人が本当に気の毒そうな人で、被害を受けたといっても、その人がうそを言っている場合もありますし、全部が全部うそではないとしても、重要な部分ではうそを言っている場合もありますし、自分にとって不利益なことは口をつぐんでいる場合あるわけです。

【関根】　そうですね。

【升田】　客観的な証拠と矛盾していればそこを突けますが、客観的証拠もないと言われると、これもまた問題になりますので、ジグソーパズルではあるのですが、図柄のないジグソーパズルだと言っているわけです。ですから非常に難しい作業であるわけですね。ただ、裁判ですから、いずれにせよ結論を出さないといけません。なかなか、この点が理解されにくいというのが現実でしょう。

　裁判では、一方的に自分が被害を受けたから、自分の主張が通るんだというのは無謀ですし、あるいは正義は貫かれるんだといっても、もともと根拠がないのに正義ということはないですから、やはり裁判にあたっては、攻めるほうも守るほうも受け入れることがなかなか難しいかなと思います。

(4)　実体法と手続法の分類および法律論

【升田】　法律問題における法律、たとえばクレーム対応の場面では民法や製造物責任法のような法律が登場するわけですが、関係してくる法律は、このような法律に限られません。民法や製造物責任法のような法律は、実体法と総称されており、先ほどお話しした、損害賠償請求権などの権利の内容を定める法律です。その権利の内容をどうやって明らかにするかという手続的な法律もあって、これを手続法と呼んでいるわけです。そのような分類もある

ということです。

　それから示談交渉であっても、訴訟であっても、その他の場面であっても、法的な権利が重要になった場合には、訴訟と同じプロセス、つまり法律論を経て認識することが基本です。ですから法律論というと、訴訟を前提とした非常に堅苦しい議論のように思われますが、示談交渉その他の場面でも、基本的に通用する論理ということになります。少なくとも弁護士が関与する場合は、示談交渉などの場面でも同じような発想で議論をするということになります。

　クレームを提起するお客さんがクレームを提起する目的、動機、経緯、背景、事情、期待、効果というのは、さまざまあるわけですが、法的な場面だけではなかなか解決しないと思います。訴訟になれば、法的に解決するしかないわけです。こういう事情を十分把握しておくことが、クレームを適切、迅速に解決するために非常に重要であり、私は法律論が基本だとは言っていますが、それだけで解決するわけではありません。法律論を重視して、ほかのものは軽視してよいということでもありません。ケース・バイ・ケースによって、法律論にどの程度ウエイトをかけるかを、それぞれの事件ごとに検討していけばよいのではないかなという気がします。

(5) クレーム提起によって狙う効果、対処法

【升田】　クレーム提起によって期待する効果についても、クレームをつける人の実際の動機、目的、期待する効果というのはさまざまで、企業の信用の低下、要するに企業に情報攻撃を行ったり、商品、サービスのブランドを毀損する、企業の困惑を楽しむ、担当者の困惑を楽しむ、単なる自己満足、経営者の辞任を求めたり、責任者の制裁を求めたり、謝罪、責任の公表、代金の返還等の原状回復、代替品の提供、修理、代金の減額、損害賠償、製品の回収、名誉、信用回復措置、責任者の制裁、営業停止、廃止、製品の販売等の差止め、行政上の処分、刑事制裁等々さまざまな法的措置を求めることがあります。

どれが主眼かわかりませんが、以上のようなさまざまな効果を求めてクレームを提起することがありますので、この点も考慮しながら、企業としては対応を考えていかないといけないでしょう。この点については、どのようにお考えですか。

【関根】　相談窓口や現場の者としては、いかにそこまで踏み切らせないかという対応を心がけることです。

【升田】　クレームの中で本当に軽いものであれば、丁寧に対応して、満足していただくということが最も重要ですが、対応の仕方によっては、今指摘したような深刻な事例に発展しますね。

　最初のクレームでは何事もなくても、そこで不満を感じて、また次のクレームのときに、あるいは別の事業者に対してクレームをつけたときに、最初からさまざまな効果を狙うこともありうるわけですね。ですから、クレームというのは、クレームをつける人にとって融通無碍で、企業としてはどうしても受け身にならざるを得ないというのが、やっぱり対応を難しくする原因の1つだと思います。

【関根】　そうですね。修理代金などは非常に難しくて、通常1年が保証期間となっていますが、367日目にお客さんが修理の依頼に来た場合、「修理に1万円ほど掛かります」と言ったりすると、「何を言っているんだ、前は無料で修理したじゃないか」と言われることがあります。「それは無料期間でしたから」と言っても、「2日間くらいいいだろう」と言われ、押し切られてしまうと、10年経過しても同じように無料で修理しなければならない破目になりかねません。ですから、何を言われても受け入れずに保証期間を徹底的に守ることが大切です。一度例外を認めてしまうと、その後も同じように例外的な対処をせざるを得ず、企業にとって大きな損害になる可能性があるわけです。

【升田】　揺さぶりをかけるというのは1つの手ですからね。

【関根】　ええ、必ずありますよね。

【升田】　揺さぶりに弱いと思いますから。

【関根】 その通りです。揺さぶりをかけ自分を有利にしたいのはよくわかりますが、それではと思ってアンケートをとってみると、「今回限りの特別対応」は満足度が非常に低いですね。その意味で、お客さんのほうがシビアにみていて、もっと常識的で、質の高いサービスを求めているのだと思います。

(6) 事実上の根拠がある場合のクレーム処理

【升田】 謝罪、責任の公表、代金の返還等の原状回復等を得ようとする顧客等に対しては、顧客等の側には、一応の法的、事実関係上の根拠があると考えられるから、顧客対応上、企業理念上の観点から検討するだけでなく、法的な観点から検討することが必要です。すなわち、①謝罪、②責任の公表、③代金の返還等の原状回復義務、④代替品の提供、⑤修理、⑥代金の減額、⑦損害賠償、⑧名誉・信用回復措置、⑨営業の停止・廃止、⑩製品の回収、⑪製品の販売等の差止め、といった点です。

【まとめ】 クレームに対する法的な考え方と対処法

1　クレームの法的な意義
　(1) 顧客等から提起されたクレームを処理するためには、さまざまな視点からその処理を検討する意義がある。
　　　① クレームを将来の営業情報として利用すること
　　　② クレームを将来の製品等の改良情報として利用すること
　　　③ クレームを他のクレーム処理情報として利用すること
　　　④ クレームを従業員の教育情報として利用すること
　　　⑤ クレームを企業組織の改善情報として利用すること
　　　⑥ クレームを解決、解消する視点から取り扱うこと
　(2) 企業にとっては、顧客からクレームが出されると、マイナスの印象、不利益・損失の発生源、負担の端緒、失敗の叱責・罵声が思い出されがちであるが、企業が製品を製造・販売し、サービスを提供

するなどして経済活動を行う限り、クレームは不可欠であり、クレームによって製品・サービスに対する適切な情報が提供され、有用な情報が提供されるものであり、企業の経済活動にとって有意義であることにもっと積極的な価値を見い出すべきである。
(3) 企業が顧客から提起されたクレームは、その受付け、担当者の段階で、必要な事項を確認し、記録を作成することが必要であり、重要である。
(4) 受付の段階において最小限度確認すべき事項は、次の事項であるが、事情確認の方法は、形式的に、あるいは紋切り型に行うのではなく、臨機応変、柔軟に、真相を確認するように事情確認を行うことが重要である。
　① 誰が
　② 何時
　③ 何に対して、あるいは誰に対して
　④ どのような状況、事実関係の下において
　⑤ どの製品、あるいはどのサービスによって
　⑥ どのようなことが生じたのか
　⑦ その後、どうしたのか

の各項目を確認するとともに、

　⑧ どのような証拠をもって、あるいはどこにある証拠によって
　⑨ どのような根拠で
　⑩ どのような手続を利用して
　⑪ どのような解決をするか

の各事項を確認することが重要であるし、確認の過程において、

　⑫ 顧客等の氏名、電話番号、住所、連絡先
　⑬ 顧客等のクレームの提起の動機・目的
　⑭ 顧客等のクレームの提起に至るまでの経緯
　⑮ 顧客等の性格、生活状況、職業

⑯ 顧客等の相談者

の各事項を確認することが重要である。

(5) 事実確認の段階
(6) 交渉の段階
(7) 解決の方向の模索の段階
(8) 解決手続の選択の段階
(9) 提案の段階
(10) 最終決定の段階
(11) 示談の段階
(12) 裁判外紛争解決の段階
(13) 訴訟の段階
(14) 訴訟上の和解の段階

2 クレームによって提起される法律問題

(1) クレームによって提起される問題は、法律問題に限られないが、法律問題であっても、その解決、解消は、法律の解釈、適用だけによって解決されるわけではない。

(2) 法律問題を取り扱う場合には、おおむね次のような過程を経て、結論を出すものであるが（これが法律論である）、法律問題を法的に解決するとは、最終的には、権利・義務の有無、内容を具体的に明確にすることである。

① 証拠の収集
② 証拠の内容の判断
③ 事実関係の認識・認定
④ 想定される権利の抽出
⑤ 想定される権利の発生等に関する要件事実の抽出
⑥ 要件事実の解釈
⑦ 事実関係の要件事実への当てはめ
⑧ 想定される権利の発生等の判断
⑨ 結論の妥当性、合理性の判断
⑩ 訴訟における勝敗の予測

(3) 法的問題における法律は、いくつかの観点から分類することができるが、実体法と手続法の分類が重要である。
(4) 実体法は、権利者が得る実質的な利益の内容を定める権利(実体的な権利)に関する法律であり、たとえば、不法行為に基づく損害賠償請求権とか、売買契約に基づく売買代金の返還請求権等の多種多様な権利を定める法律のことであり、民法、商法等の多くの法律がこれに含まれる。
(5) 他方、手続法は、この実体的な権利を実現するための手続に関する法律であり、民事訴訟法、民事執行法、民事保全法等の法律がこれに含まれる(なお、1つの法律の中に、実態法と手続法が含まれることがあり、このような複合的な法律としては、破産法、民事再生法等の法律がある)。
(6) 示談交渉であっても、訴訟であっても、その他の場であっても、法律論を議論し、権利・義務の有無・内容によって紛争を解決する場合には、程度の差はあっても、このような過程の法律論を経ることが必要である。
(7) クレームを提起する顧客等がクレームを提起する目的・動機、経緯、背景事情、期待、効果はさまざまであり、クレームが提起された場合には、これらの事情を十分かつ的確に把握することは、クレームを適切、迅速に解決するためには、極めて重要である。
(8) クレーム提起による期待、効果については、企業の信用の低下、商品・サービスのブランドの毀損、企業の困惑、担当者の困惑、満足感、経営者の辞任、責任者の制裁を求めたり、謝罪、責任の公表、代金の返済等の原状回復、代替品の提供、修理、代金の減額、損害賠償、製品の回収、名誉・信用回復措置、責任者の制裁、営業の停止・廃止、製品の販売等の差止め、行政上の処分、刑事制裁等の法的な措置を求めたりすることがある。クレームを提起する顧客等の期待、効果によって企業の対応が異なる。
(9) 企業の信用の低下、商品・サービスのブランドの毀損、企業の困惑、担当者の困惑、満足感、経営者の辞任、責任者の制裁を得ようとする顧客等に対しては、その根拠が法的なものではなく、その期

待、効果も合理化できるものではないし、その目的・動機も正当化できるものではないから、原則として丁寧かつ厳格な姿勢で対応することが適切である。
(10) 他方、謝罪、責任の公表、代金の返還等の原状回復等を得ようとする顧客等に対しては、顧客等の側には、一応の法的、事実関係上の根拠があると考えられるから、顧客対応上、企業理念上の観点から検討するだけでなく、法的な観点から検討することが必要である。

① 謝罪
② 責任の公表
③ 代金の返還等の原状回復
④ 代替品の提供
⑤ 修理
⑥ 代金の減額
⑦ 損害賠償
⑧ 名誉・信用回復措置
⑨ 営業の停止・廃止
⑩ 製品の回収
⑪ 製品の販売等の差止め

3　クレームの提起者の法的な意識

4　企業の法的な意識

Ⅶ　モンスタークレーマー対策

1　学校におけるモンスタークレーマー

(1) 強圧的なクレーマーに対する対処法

【編集部】　編集部からお聞きしたいのですが、理不尽なクレームを突き付ける、いわゆるモンスタークレーマーが、特に面前で罵倒、あるいは脅したりするような場合、多くの人々は動転したり、声が出なくなってしまったりすると思うのですが、そのような状況に対する面前対応のポイントを、関根さんから伺いたいのですが。

【関根】　モンスタークレーマー、あるいは一般のお客さんでも同様ですが、大きな声を出すことで自分の存在を認めさせるとともに、企業側から押し切られないように抵抗しているという背景があります。もう1つは、大きな声を出すことによって、自分の主張を周りにいる人にもわかってもらい、一般のお客さんの力も味方にしたいという理由で騒ぐことがあると思います。

　ではどうやって対応を図るかというと、今お話ししたように、慣れていないと非常に難しいのですが、これは受ける側が冷静さをもっていないと、動揺してしまいますから、まずは話をゆっくり聞くんです。大きな声を出していても、「大丈夫です、十分聞いておりますので」という、なだめ方を行うのが適切です。あるいは、「聞こえておりますから、もう少しトーンを落としていただけますか」というように対応します。ただ、このように冷静に話しができるようになるには相当時間がかかるのですが、一番効果があります。暴力団関係者など怖い人たちは何回も大声を出すのですが、それは、判断力を誤らせるためのものですから、一般のモンスタークレーマーとは違うんです。一般のモンスタークレーマーのときは上記のようなお願いをするとよい

VII　モンスタークレーマー対策

でしょう。

　それでも収まらないときは、場所の移動をします。すなわち、応接室などでゆっくりお話したいことを告げます。それでも、「俺はここでいいんだ」と切り返されることもよくありますから、ゆっくりお話を伺いたいということを丁寧に告げて、その場を鎮める必要があります。それから対応がこじれて、引くに引けない状態になったときには、上司を入れて2名で対応することも1つの手法です。

【編集部】　わかりました。ありがとうございます。升田さんはどのようにお考えでしょうか。

【升田】　もちろんとっさのことというのは、誰しも気が動転しますが、基本的にはその人の性格なり、あるいは経験、これがベースにあるのではないかと思います。もう1つやはり重要なのは、日頃からシミュレーションをして、あるいは研修を受けておくということではないかと思います。

　いずれにせよ、目の前で突然に大声を出されると、やはりその場では動転しますから、問題は動転した後にどう対応できるか、リカバリーがどの程度

速くできるかということが重要です。経験の深い人は、瞬時に切り替えることができるのでしょうが、経験が乏しいと、あるいは経験がないような場合には、戸惑うのはやはりやむを得ないと思います。その場合の顔色も見られているでしょうから、そこから間隙を突かれるということがあるのではないでしょうか。

【関根】　実は今、升田さんに言われて気づいたのですが、私も百貨店時代に、閉店後80人から90人を集めて、お客さまの接客、苦情対応係がクレーム対応のロールプレイングをやって見せるんです。そこでは、1人はやくざの役、店頭の人間は応対の役、そしてわれわれは脅かす役をやるんです。ここでは、目で見ることによって対応ができるという自信をもたせます。

　その次に、シチュエーションを変えて、今度は模範的な対応を見せます。売場の人は、怒鳴り役になるわけです。こんな研修をすると翌日には、対処法が具体的にイメージできたとして、館内で話題になりました。

【編集部】　シミュレーションというか、実地訓練が非常に大切だということになるわけですね。

【関根】　そうです。学校でも、講師を呼んで具体的な対処法を図っているみたいです。

(2) モンスターペアレントの対処法

【編集部】　引き続いて、今、関根さんから学校でも行っているというお話がありましたが、以前、新聞にも載っていましたが、いわゆるモンスターペアレントといわれる人たちの対応に非常に苦慮している先生が多いというデータが出ておりました。

　結局、今学校で最も問題になっているのは、そのモンスターペアレントといわれる保護者の対応が最大課題である。それによって先生がノイローゼになったり、病気を発症したりして、休職に追い込まれたり、あるいは退職に追い込まれるということが結構あるようです。結局、理由なき、理不尽な暴言、脅す、脅迫まがいの行動、こういうクレーマーが、今学校の現場では極

めて問題になっているということなんです。

　これは、特に升田さんにお聞きしたいのですが、品川区のようにいよいよ弁護士と共同して、こうしたモンスターペアレントに対処しようという段階になっていますが、まさに暴言、脅迫まがいの言葉を繰り返す、モンスターペアレントに対する法的対応についてはどうあるべきなのか、お聞きしたいのですが。

【升田】　モンスターペアレントの場合には、何が現象として現れているのかという点と、何が原因なのかという点を、もう少しきちっと分析してみる必要があるのではないかと思います。現在は、現象面で特異な事例だけ取り上げられているような印象が否定できないと思います。端的に言えば、クレームをつける側の要因、それからつけられる教師の要因、それから本来は教師に対して支援する立場、あるいは場合によったら監督する立場にある学校の要因、それをさらに支えるべき教育行政の問題が直接にはあると思います。

　まず、モンスターペアレントといわれている人は、確かに学校で暴言を吐くという現象がありますが、その人たちは本当に学校だけでクレームをつけているのかというと、多分たまたまクレームの材料が学校にあって、モンスターペアレントになっているだけで、ほかの場面でも、クレームの材料があればモンスタークレーマーになる可能性が相当にある人たちではないかと思います。それは、その人たちの考え方そのものの問題であって、状況が状況になれば、そのようなクレームをつける可能性が相当にあると思います。それが、たまたま学校に来ている気もします。

　他方、教師の側はどうかといいますと、従前は教育者ということで、社会的にも学校においても、あるいは児童、生徒からも尊敬されるべき立場にあったものが、さまざまな事情から必ずしも尊敬されなくなってきている面があると思います。しかも、社会経験が決して豊富とはいえず、クレームに対して従来経験がないわけですから、もともとそういった経験がないところに、社会で十分経験を積んだと思われる人がクレームをつければ、それは当面の勝ち負けはもうはっきりしています。攻めるほうが有利になるわけですね。

しかも攻める手段は、インターネットをはじめさまざまあることも影響していると思います。
　教師がそういったクレームを想定して、日頃から学校内で生活していないところに問題があるのではないかと思います。
　他方、学校とすれば、本来不要なクレームがついたときにどうするか、きちっと前もって検討するなり、何らかの指針を設けるべきなのでしょうが、そういう話はあまり聞いたことがありません。
　教師はうまくやってくれる、というような発想があるかもしれない。また、何かトラブルが起きたら、それは教師の個人の問題である、あるいは教師が自分で解決しなさいということになっていく。また同僚についても、親切な人は相談に乗るにしても、しょせんクレームをつけることに十分な経験や知識をもっている人の前では、太刀打ちができないという状況もあるわけです。
　解決するといっても、子どもを対象にしたクレームであるために、なかなか決着つかないわけですね。クレーマーと教師の、直接の問題ではないわけです。お互いに子どものためと言い張って、何か他人事、ある種非常にお互いに人質をとっているようなところがあって、子どものため、子どものためと言って責め合っていれば、それはなかなか解決しない。結局弱いほうが、精神的にダメージを受けてしまう。そうして、誰も支援しないという学校の中の環境もあるということが、次の原因になるわけです。
　しかも教育行政が、最近では必ずしも教師を支援しているかどうかわからない。クレームが教育委員会などの教育行政の現場にいくと、何とか自分で解決してほしいというような発想があるように思えます。
　さらに社会環境も、クレームをつけることに何らかの障害になるような事情はない。むしろ、クレームをつけることを奨励するような雰囲気もあるという状況であれば、学校におけるクレームはなかなか根絶は難しいし、逆に教師のほうもクレーム対応の経験を十分積むまでの間に、精神的にも、あるいはほかの側面からも、やはり相当ダメージを受けてしまうし、逆に子どもを人質にとっているのではないかと思われるあまり、萎縮することもあるの

ではないかという気がします。

　そのような状況の中で、弁護士に相談しようという動きがあるわけですが、注意をしないといけないのは、弁護士は法律の専門家であっても、ほかの分野の専門家ではないわけですね。発想が基本的に法律的な解決になると、対応を誤る可能性がある。ただし教師のほうとしては、最悪の場合やはり法律問題として対応せざるを得ないということになると、最悪の事態を想定して相談するという意味では非常に有効だと思われます。もう1つは弁護士が付いたということで、なぜか相手方がひるむことが、社会的にあるわけで、そうすると、その2点が基本的な弁護士の役割ではないかと思われます。

　さらに付け加えれば、第三者的な見方もできるということもあると思います。しかし、そのほかの教育的な配慮を必要とする問題となった生徒、児童とどう対応するか、学校教育の中で父兄とどうやって対応するか、といった問題は、弁護士が解決できるとは到底思えないわけです。そういった、やはり限界をきちっと見据えて相談する、あるいは利用することが重要ではないかと思います。

2　人格攻撃に対する対処法

(1)　弁護士に依頼することが解決に直結するのか

【編集部】　たとえば学校へ来て、子どもの面前で極めて人間性を、人格を否定するような脅迫まがいの言動、あるいは深夜にわたって、1時間、2時間にわたって、学校の先生に苦情あるいは問題の指摘を行うというようなことで、まさに人格攻撃みたいなのがあるわけですけれども、そうした場合、弁護士が付くということで、そうした行動に対する法的対応ということによって、ある程度抑止機能といった効果はあるのでしょうか。

【升田】　先ほどお話ししましたように、まず弁護士が付いたということで、抑止機能がある程度まだ日本の社会にはあるといえます。これは、何も学校におけるクレーム処理の問題だけではないと思います。その次に問題になる

のは、法律的な問題がクレームによって生じているという場合には、それに対する対応も迅速に行うことが可能になります。たとえば理不尽な時間、あるいは理不尽な方法によってクレームをつけるのは、それは社会的に許されないわけですね。ですから、そういう意味では法的な対応が必要な場合には、弁護士が対応して抑止力によって相当程度問題を解決、あるいは軽減することが可能だと思います。

ただし、次の問題は、親のほうは子どもを盾にとって、子どものためにこれぐらいは許されという発想があるのか、あるいは口実にしているところがあって、子どものためなら何でも許されるという論法できたときに、弁護士がきちっと対応できるかというと、そこら辺はなかなか難しいでしょう。

それから、そのような紛争、クレームを続けているとすれば、当然その子どもの教育に重大な影響が出るわけですが、その問題は弁護士が付いたからといって、解決はできないわけです。ですからそこは、やはり昔から「餅は餅屋」というわけですが、きちっとそれぞれ1つの問題について、それぞれの専門家が対応すべきでしょう。法律的な問題であれば、弁護士が十分活躍できる場もあるわけですが、そのほかの、教育そのもの、あるいは親と教師の関係、児童、生徒と教師の関係、あるいはさらに教育行政における問題点などは、やはりほかの人もきちっと対応しないといけないのではないかと思います。

さらに、老婆心ながらお話ししないといけないのは、逆に学校当局が、あるいは教師が、弁護士に頼んだから、何か解決してくれるんだという具合に安易に思うということ自体も、恐れるべきことです。なぜかというと、本来そういったトラブルというのは、他人任せにはできない側面があるわけです。自ら主体的に解決する意欲と行動がなければ、適切かつ迅速には解決できないわけですが、弁護士が付いてくれたらそれでもう解決したと、学校当局、あるいは教師も思うとすれば、それは大きな誤解であると思いますね。

(2) 法的対応手続は教育現場にも適用できるのか

【編集部】　たとえば、暴力団が企業に押し掛けてきて暴言を吐いたような場合、録音するなどして、その言動が脅迫に当たるかどうか、弁護士と慎重な判断をしたうえで、内容証明で、今後会社に来た場合は法的対応をとるなどの手続は、学校のクレーム現場でも活用できるのでしょうか。

【升田】　理論的に、あるいは制度的に利用が可能だといえますが、法律上問題になる場面以外に、学校の現場におけるトラブルについては、教育をどうするかという問題があるわけですね。したがって法的な問題だけ切り離して解決できればいいというわけではなく、それがひいては教育の問題にすぐに影響することを考える必要があります。暴力団との対応と同じように、たとえば内容証明郵便を送るなどの行為を仮にした場合に、確かに親の理不尽なクレームについては抑止になっても、その後の、親と教師、教師と児童、生徒との関係を一体教育上どう取り扱うかという、なかなか難しい問題が残ります。法的に対応したとしても、教師と父兄との関係が一切切れるわけではありませんね。切れるためには、どこか別の学校に転校するしかないわけです。

ですから、非常に難しい問題があって、法律制度を利用するといっても、どの辺まで法律的な問題解決が許されるかということは、教育の面も合わせて考えないといけないと思うわけです。ですから相当慎重に事を運ぶべきであって、暴力団関係者がクレームをつけた場合と同じように、直ちに解決するというようなわけにはいかないでしょう。ただし、物事にはすべて緊急事態がありうるわけで、それこそ暴力ざたに及んでいるときに、何も対応しないというわけにもいきません。それは、事柄の軽重をおのずと判断しないといけないとは思いますが、そういった意味の教育的配慮はやはり必要ではないかという気がします。

【編集部】　わかりました。最終的には、暴力行為に及ぶような場合には、やはり法的な対応もしなければならないということですね。

【升田】　さらに、クレーム対応を見たときに、親のほうが子どもを前面に出

して、子どものためだと言ってはいても、その子どもが一体どう考えているのかという問題もあるわけです。中には、本当は教師から指摘されるようなことをやっていても、親にうそをつく子どももいることは否定できませんね。

あるいは、逆に子どもが本当のことを言うのを親が抑えたり、子どもを抜きに、あるいは子どもをだしにしながら、クレームをつける人もいるようです。そういう人たちは、別に学校の現場だけで問題を起こしているのではなくほかでも同じようなことを行っている疑いは捨て切れないわけです。

【関根】 今の事例からいくと、以前テレビで放映されていた、「モンスターペアレント」という番組の中で、弁護士が教育委員会から依頼を受け、学校におけるクレーム処理のお手伝いをするわけです。

今、升田さんがおっしゃったように、生徒がうそをついている、生徒が親に押し切られている、そして先生を非難するという場面がたくさん出てくるんです。

私はあの番組を見て感じたのは、学校関係に関するクレーム処理を相当学んだ人が番組制作にかかわっているということです。弁護士、学校の先生、教育委員会、保護者の心理までとらえて、すごくよい番組だったんです。ですから、講演の際には、学校の先生に見ることを勧めたと同時に、学校はあれが一番生きた教科書になるのではないかと思うぐらいよくできています。

しかし、現実に見ている教師はほんの数パーセントです。つまりドラマだと思ってばかにしているんですね。ここに、学校や教師の大きな問題が潜んでいるような気がします。

3　インターネット攻撃に対する対処法

(1)　匿名で書かれたものには対応しない

【編集部】 東芝事件にみられるように、インターネットを通じてクレームを明らかにしていくと、個人的なブログで同調するような人間を集めて、それが極めて大きな多数意見を形成していくことになり、そこで企業の信用が毀

損し、企業の信用維持が難しくなるというような事例があります。これからさらにそうしたことが起こりやすい、また起こるべき時代に入っているわけです。企業を悪者に仕上げるという意図の下に行われるインターネット攻撃などに対して、どうあるべきなのか。

　関根さんは、相談窓口として、あるいは升田さんは弁護士としてどう対応するのかという点をお聞きしたいのですが。

【関根】　百貨店でも、以前からクレームをインターネットに書かれることはありますし、2チャンネルを見れば、店名を入れて、全部書いて、出ています。それを見たときにどうするかですが、匿名で書かれたものには一切対応しない、行動しないことに決めてあるんですね。下手に動きだすと、東芝の事例のように、仲間が一斉に加わってしまい、大たたきを食らってしまう。ただし、その書いてあることが事実なのか中傷なのかはしっかり見分けて、行動する必要があります。

　ただ、社員の実名が書かれているような場合には、もちろん個別に対応しますが。

(2)　情報攻撃に対する法的対応は後手に回るだけ

【升田】　私も数年前から、情報攻撃という言葉一言で類型化しています。なぜそのような状況が生まれてきているかというと、やはり世の中の力関係が変わりつつあるということだと思います。どういう具合に変わりつつあるかというと、従来、個人というものは力も手段もなかったと思いますが、コンピューター、インターネットの登場によって、個人1人ひとりであっても、社会に訴えていくことができるということが一番大きいわけです。たとえば、やや違う場面でいえば、誰もがワープロを購入したときに感激した時期があるわけですね。どういう感激かというと、自分でも物が印刷できる。自分の打った字が印刷文字で出てくるというのは、やはりある程度意識の中では非常に大きな変革だったと思います。大げさに言えば、グーテンベルグ以来の変革かもしれません。

第2章 クレーム処理の現場から学ぶ

　どんどんコンピューターが発達してきて、1人でも世界に訴えることができる。しかも社会を見ると、やはり企業に対して不満をもっている人が相当にいる。仮に根拠のある不満でなくても、印象として不満を持っている人がいる。つまり同調する人がたくさんいるという世の中になってきたわけですね。

　他人のよいことは、誰も集団で褒めそやすことはないわけですが、他人の悪いこと、印象の良くないことになるとすぐ集団になる傾向が、この近年非常に強いのではないかと思います。そうすると、それだけの情報を発信して、他人を攻撃し、しかも物理的な攻撃以上に、情報によって攻撃されることによって、信用を直ちに失うような事例が幾つも出てきているわけですね。

　そのような情報攻撃は、手段が非常に手軽であり廉価です。非常に実効的でもあります。それが過去の事例で証明されてきている。しかも、さらに訓練を積んでいる人もいるということで、企業とそういった個人の力関係は、大きく変化してきているのではないかという気がします。

　それに対して、企業はそれに十分対応しているのか、あるいは理解しているのかというと、必ずしもそうとは思えない。どこかにやはり個人だからということで、甘く見ているところがあるのではないか、という気がするわけです。そのような中で情報攻撃をされると、事情によって、企業によっては、経営が悪化します。さらには、倒産間際の状態に陥れられる事態もないではありません。

　さらに言えば、情報攻撃の内容である情報の真偽が必ずしも真実でなくても、そのような攻撃を受けて、甚大な被害を受けることがあります。その情報の真偽が、まるっきりうそであれば、相手にされませんが、これがまるっきり本当であれば、それは情報攻撃だけではなくて、ほかのマスコミ等々も加わって、さらに情報攻撃の深刻度が増すわけです。真偽が取り混ぜてあるような情報を提供されると、またそこで意外と深刻な影響を受ける恐れがあるということになるわけですね。

　問題は、そういった攻撃に法的にどう対応するかということになるわけで

すが、法的な対応はどうしても後手後手になるわけですね。事情によっては、そういった遅れが非常に深刻な影響を及ぼすということもあるわけで、そういう刑事、民事等々の手段というのは後手後手にならざるを得ないということで、どうしてもその被害を完全に防止することはできないのではないかと思います。

　今の情報攻撃は、何も企業だけがターゲットになっているだけではなくて、個人もターゲットになっているわけです。些細な事例はおそらく多数発生していて、みんな被害を受けているけれども、ある種泣き寝入りの状況になっているのではないかと思われます。そのような非常に恐ろしい時代に生きているんだということは、よくよく自覚しておかないといけないのです。

　今何もない人は、たまたまそのターゲットになっていないというだけだということだと思います。もちろん事後救済を図るためには損害賠償とか差止めとか、はたまたは情報者を開示する請求とか、幾つかの手段は用意されてはいますが、それにしても救済されない被害は相当残るということを、十分自覚していく必要があると思います。

【編集部】　わかりました。いわゆる情報攻撃に対して、適切な対応をとるマニュアルや、あるいはシミュレーションなどいろいろなことを行って、備えあれば憂いなしというような方向にもっていかないといけないという時代に入ったということでしょうか。

【升田】　いや、備えがあっても、ある程度憂いが残るのが情報攻撃の社会です。ですから、よほど日ごろからそういうことを認識して、そういう兆候を早め早めに摘んでいくことが大切でしょう。全く兆候もなく、情報攻撃を受けるということはないだろうと思います。何かの兆候があるわけですから、早い段階でそういう兆候を見つけ出して、仮に情報攻撃を受けても、直ちにほかの手段で対抗できる、対応できることを考える必要があると思います。

　情報攻撃に対しては、情報による反撃が1つ考えられますが、しかしまだ慣れていませんから、先ほど関根さんのお話にもありましたように、いちいちこまごまと対応していると、それについてまた上げつらわれて、面白おか

しくとられて、またそれが拡大する。そのような人たちが世の中に相当いるということを、前提として活動していかないといけない時代になっているのではないでしょうか。

Ⅷ　クレーム処理の基本

1　クレーム処理はだれが責任を負うのか

【升田】　クレーム処理は、企業にとって自分の責任で対応しないといけないと思うのですが、いかがでしょうか。

【関根】　そうですね。実はクレームを簡単に考えれば、発生したら対応しなければいけないという、単純なものなんですね。

　そして自分の企業に降りかかるものは、当然自分の企業が対応しなければいけないわけで、逆にもう一方でみると、クレームを受け付けないという対応も考えられないわけではありません。少子化が進んできた時代で、どの企業もここに集中してくると言っても過言ではないくらい、クレームに敏感になっています。クレーム対応のミスで失う顧客の噂には、尾ひれが付いたりしてほかのお客さんに伝わるなど、その被害は大きいものです。今後の企業においては、自己責任で徹底した対応を図る必要があります。そして私が思うに、顧客をすべてとどめるというように、囲い込むくらいの気持が根底になければ駄目だと考えています。

【升田】　クレームがつくと、よく会社、企業としては、クレームつけるほうに問題があるのではないかと、他人に責任を転嫁することがあると思うのですが、やはり自分の問題としてとらえるべきですよね。

【関根】　私が制作中の、『日本苦情白書』によると、企業全体では、クレームを言うほうが悪いと4割ぐらいの人がみています。つまり言いがかりだと受け取っているんです。

【升田】　やはりクレームは、社会で何らかの事業を行うにあたっては不可避なわけですから、それは自分の問題としてとらえるべきではないかと思うの

です。事業者でも、規模が大きくなると、どうしても現場の人あるいはクレーム対応部署のところに押し付けがちで、クレームはそこで何とか押さえ込めよといった姿勢の企業もまだまだ多いと思うのですが、経営的な判断がやはり重要ではないかと思います。

【関根】　はい、おっしゃるとおりだと思います。私もこの世界に身をおいて、すでに14年目になりますが、経営判断については、日本の場合大きなまちがいを起こしているように感じます。それは、バブルの頃はクレームにも耳を傾むけた企業が多かったのですが、不況になるとその組織さえ縮小されています。

　問題は、現場でクレームがつけられ、そのまま失われる顧客が予想以上に多いのです。そのことを組織を通じていかに現場の社員に認識させるかが重要なのですが、この点について経営者の意識は大変低いと思います。

2　適切なクレーム処理には全社態勢が必要

【升田】　今のお話のように経営者の認識、理解というのがまず基本にあって、それだけで足りるかというと、もちろんそうではなくて、クレームもいろんな内容、種類のものがあります。適切にクレームを処理してくというためには、真偽、内容に応じてどういった社内的な手続で解決していくかという意味で、会社全体で取り組むべきだと思います。また、そのような体制をつくりつつある企業もそこそこ増加しているとは思います。しかし、逆に旧態依然とした企業もまだまだあるわけですね。この点について、企業側は全社的な組織や、体制、といったものをどのように考えているのでしょうか。

【関根】　悪い例から言うと、教師やお医者さんとは、自分たちの世界から一歩もはみ出さない対応をするんです。そして百貨店のようにクレームで長年苦労しているところは、会社内部だけではとても足らなくて、外部の組織とも連携を図っています。

　すなわち、メーカーを巻き込んだり、あるいは行政を巻き込んだりするこ

とで対応を図っていくんです。そして、そのためには消費者センターまで相談に行って、適正な対応をすることも図るんです。また、会社の中だけをとらえてみると、上層部の判断基準もさることながら、法務、総務の人間と連動し、現場の人間と連動することにより、全社的に対応することが会社の姿勢として正しいと思います。

　学校の事例でいうと、教育委員会と校長、それから担当に当たる副校長に連携が乏しく、最終的には、正しいのに教育委員会の圧力で謝っているという事例もあります。その辺で、全体的なコンセンサスがどう取れているかということが、非常に大事なことだと思います。クレーム対応を行うにあたっては、組織をどのように動かすか、システムがしっかりできてないと駄目だと思います。

3　情報対策の観点からのクレーム処理

【升田】　クレーム処理を別の観点からみると、たとえば商品に対するクレームや、あるいはサービスに対するクレーム、あるいは単純に対応に対するクレームなど、いろいろなものがあるわけですが、そのような観点からの分類とは別に、クレームは端的にいえば、お客さんが自分の不満や何らかの救済を求めるという、情報を企業に伝えているわけです。

　もちろんその中の緊急性あるいは重大性、必要性、相当性、いろいろな観点からまたそれも分類できるわけですが、情報を伝えられている企業が、全社的にどう伝えられた情報に対応していくかという、情報対策の観点が必要だと、私は思います。情報が往々にして必要な部署に届かない、あるいは届いたとしても遅い。逆に企業から発信する情報がまた遅い、内容が適切でないというような、情報の伝達、交換がスムーズに行われないという問題があります。つまり情報そのものの伝達の問題からも、やはり企業の組織、内部の体制というものをみる必要があると思うのですが、いかがでしょうか。

【関根】　クレームというのは、勘違いとか悪質クレーマーを除くと、ほとん

どの場合、企業に非があると私はみています。そうなると、クレームは企業にとっての有益な情報となるはずです。升田さんのおっしゃるとおりで、クレームをお客さまからのプレゼントととらえて、対策を立て、お返事を差し上げるということが当たり前の対応です。ただ、企業全体として、受け取った情報を有効に活用していないという大きな問題があります。

たとえば、やや古い例ですが、雪印の牛乳で子どもたちが嘔吐した事件で、症状を聞いた営業マンが被害者のお宅に伺ってみて、牛乳を飲んでみせたんです。そのうえで、大丈夫ですよといって、そこで話が途切れているんですね。そのために、初期対応が遅れてしまい、結局は雪印グループが事業再編にまで追い込まれたわけです。

仮にその営業マンが、おかしいですよと、上司に言っても、上司は、「おまえも体調悪いんだろう」と言われるかもしれない可能性があったと思います。ようするに、コンプライアンスにかかわってくるクレームを嗅ぎ分ける能力をもった社員を配置できるかが重要です。そして、それに対して部下の報告を的確に受けとめることができる上司、組織が存在しているかが、非常

に大きなポイントだと思いますね。情報の重要性は、ここまでかかわると思います。

4 適切なクレーム処理には顧客の立場が不可欠

【升田】　情報がお客さんから伝えられたときに、情報の内容と重大度、これを早期に区分して、適切なルートで会社内、企業内に伝えて、適切な判断をしなければいけないわけですが、そこがうまくいかないと、やはり思わぬ重大事に発展するということは十分ありうるし、現に最近はそのような事例が多くあるように思うわけです。

　ところで、「適切なクレーム処理」ということがしばしばいわれていますが、「適切な」という掛け声は、いつでもどこでもそれらしく耳に心地よく響くわけですが、具体的な内容に乏しいわけです。やはり具体的なクレームがついたときに、それを適切に処理したということができるためには、具体的な指標や基準によって考える必要があるのではないかという気がします。

　もちろん、クレームにもいろいろなクレームがあるわけですが、暴言を吐く、あるいは理不尽な要求をするといったモンスタークレーマーのような人については、的確に排除することも必要です。ただ、すべてのクレームを的確に排除することがよいかというと、そんなことはないわけです。多くのクレームの場合には、やはりいろいろな意味で行き違いがあったり、あるいは製品、サービスに問題があったり等々するわけですから、そういったものを改善に結び付けていかないといけない。そのような総体的なクレーム対応を行う場合に、従来企業のほうでは、自分の都合で解決したと思いがちではなかったかという気がします。

　最近のはやり言葉ではないですが、お客さん目線といいますか、お客さんの立場に立って、何を求めているかということをまず的確に把握し、もちろんそれに全部応じる必要は全くないわけですが、しかしそのお客さんの希望

が正しいなら正しいとして受け止めて、どう対応するのか。あるいは間違っているのなら間違っているということで、どう対応するのか。つまりお客さんの考えあるいは気持を前提としない限り、適切な対応はできないように思うのですが、どうでしょうか。

【関根】　その通りなのですが、口で言うほど、顧客の立場に立つのは簡単ではなく、たとえば、クレーム処理に対してお客さんが求めているのは、改善や修理、あるいは交換や返金をすることによって、自分の安全を求めています。お金で解決することはほとんど必要ありません。つまり、正常なものをお渡しすればいい、あるいは、精神的に安定したものを提供すればいいということなんです。

　ところがその対応の処理のまずさから、クレーマーが生じて、対応する組織よりもクレーマーが強ければ、排除したいという方向に向くだけなんです。ですから、前にもお話ししましたが、クレーマーも抱き込んで顧客にする必要があります。ただ、それには高いレベルの対応技術が必要ですから、相手の心理を読み取るくらいの能力が要求されるでしょうね。

　ですからどんなクレーマーが来ても、最初の要求は改善、修理、交換、返金、そんなものです。ところがその対応において、ピントを外した対応をしたために、「おまえは何もわかっていないじゃないか」となって、買った商品の上の機種を要求されたりするんです。

5　具体的な目標設定と実体法・手続法の視点

【升田】　適切なクレーム処理には、社内的にどのようなクレームに対する対応をするのかという、基本的な姿勢とか理念を前提としつつ、やはり具体的にお客さんとどう対応するかという、具体的な目標をそれぞれ設定していないと、なかなか解決したとはいえないのではないかと思います。排除したら、もうそれで解決になるのか、あるいは来店しなくなったら、もうそれで解決

したことになるのかというと、それは十分ではないという気もするわけです。

　それはそれとして、先ほどから関根さんがおっしゃっているように、多くの場合クレーム処理は、こじれてしまうと、最終的には法律的な問題になることも否定できません。

　その場合に、法律は大きく分けると実体法の分野と手続法の分野に分けられます。最低限そのような法律的な制度がどのようになっているのか、どのような内容になっているか、概要だけでも、クレームを担当する人が知っている必要があると思います。というのも、モンスタークレーマーをはじめ理不尽な要求をつけられた、クレームをつけられたときに、やはり安心して対応できるのではないかと思うのですが、いかがでしょうか。

【関根】　おっしゃるとおりだと思います。法律に触れるのは先の段階だとしても、まずその前の段階で、具体的な目標設定をどのようにおいて、対応を図るかということが必要で、これはクレームが来たときに、「あ、クレームが来たな」と思っているうちは駄目でしょう。クレームが来たか、では何とかお客さんを離さず、逆に信頼してもらおうと考えるわけですね。

　それは何かというと、相手としては要求のレベルを、必ず決めてきているんです。ここまで対応すれば良しとしよう、ここまで対応したらすごく良い、ここまで対応したらもうけものとわかっているんです。そのときに、その対応心理まで読むんです。この人はどこまで求めて、どこで折れたらいいのかということで、対応するんです。そうすると、相手が想像してきている50％での妥協よりも、少しだけ相手にとって有利な対応をする、51対49の対応を真剣に考える必要があります。それが顧客にとって、自分が妥協できる対応の少し上の返事をもらえたということが、大きな信頼に変わるんですね。これが根底にあります。

　ただ、それ以上に強気の要求をしてきたときには、いろいろな争点が出てきますが、たとえばPL法、商事法、民事法などは一応勉強はしています。もちろん、すべて頭に入れるわけではなく、常にマニュアルを持って、それを見ながら確実に話します。

ところが、さらに相手のほうが法律に精通していたりすると、いろいろな方法を知っていますから、そのときには自分たちの手を離れて、法務部などを通して弁護士に引き継ぐといった手段をとっていると思います。

【升田】　法律の内容は企業にとって、理不尽に不当な負担を強いるわけではないですね。国民に等しく適用されるわけですから。ただ、うまく対応しないとかえって法律が足かせになることもありますから、やはり法律をある程度知っておいて、一番ひどい事例でもこのあたりだなという、ある程度の踏ん切りをつけておけば、何か相手方から攻められても、そう驚くことはないのではないかと思います。精神的に何か不安があると、そこに付け込まれて、勢いに余って、何か認めさせられるというような事例もありますし、言質を取られて、あれこれ言われるというような事例もあると思います。

　最近は、ご承知のように録音機器も非常に発達しており、相手方がわからないうちに、録音することも可能なわけですし、録音を片方がして、相手方にさせず、自分に有利な内容だけを聞き取っていこうとするわけです。企業の担当者も、お客さんだと思って安心してしゃべっていると、後に友好的な会話を、実は認めていたという証拠に利用される事例もあります。あれこれ日ごろから驚かない程度の知識は、もっておいたほうがいいような気がします。

6　クレーム処理は企業イメージの伝達であり、担当者は企業の顔

【升田】　次は、観点はやや違いますが、関根さんが再三強調しておられるように、クレーム対応のプロセスで、お客さんとの結びつきをより強くすることが非常に重要だと思います。それは全くそのとおりで、もう少し理屈めいたことを言いますと、やはりクレーム対応の過程で、担当の方は企業のイメージをこの機会に伝達するんだということの側面が、非常に大きいのではないかと思うわけです。

さらにクレーム対応される企業の方は、どんなに役職の低い人でも、お客さんにとっては企業の顔ですね。ですからそこをきちっと自覚して、企業のイメージを伝達するんだということを、それぞれの人が考えていったほうがいいのではないかと思うのですが、いかがでしょうか。

【関根】　おっしゃるとおりです。ただ、企業のイメージを伝達する企業の顔という意識をもっていない担当者がほとんどですね。なぜかというと、第1章でも若干触れましたが、対応する者は多くの場合、新入社員の時からずっとこの世界にいるわけではなくて、40年もたったベテランが初めて対応したりしますから、顧客にあまり良いイメージを伝えることができません。

　そうかといって現実をみると、大体企業のクレームを専門に対応している人は10年未満だと思います。長くても5年から10年の間ですね。それ以下の人が非常に多い。企業によっては、どこの部署にも行き場がなくなった上層部の幹部が配属されるパターンが非常に多くなっています。その人たちは企業の内部をすべて知っているわけではないので、かえってイメージを悪くしている場合が、はるかに多いと思います。

7　複数の担当者と適切な権限の付与

【升田】　クレーム対応を担当する人がどういう資質が望ましいかについて、企業の中には強面の人だけを対応させて、とにかく排除する、あるいは1人の担当者を任命して、その人に専らやらせるところもまだまだあります。

　しかし先ほど来の話で、クレーム対応者は企業の顔であって、企業のイメージを伝達するのであれば、やはりいろいろな人が対応するほうがいいし、複数の対応者がいないと、問題が生じたときに相談もできない、あるいは対応も適切かつ柔軟にできないというような問題もあります。場合によっては、権限の全くない人が対応して、とにかく伝えるだけ、わかりました、聞いておきますというだけで、あとは諦めるのを待つようなところがあります。そうすると、ある程度の権限を付与して、解決に当たるようにしないと、少な

219

くとも企業にとって実効的な解決、対応はできないと思うのですが、実際に担当しておられて、どのようにお感じですか。

【関根】　書面で明記されているわけではありませんが、付与された権限を使います。クレーム対応の場面では、店長と同等でございます、あるいは言い方によっては、社長と同様に考えていただいて結構ですという話をする必要があります。そうでないと、相手は社長を出せ、店長を出せと言い続けますから、私の申し上げることは、すべて社長の言葉と思って受けていただいて結構でございますと、そこまで言い切れるようにならないといけないんです。

　企業のマニュアルには、社長と同等の権限をもつというようなことが書いてあると思います。ですから、それを胸を張って答えられるようにするためには、言質や言葉尻を取られないように、最小限の的確な言葉で、しかも相手にわかりやすく話す必要があります。

【升田】　最近のクレームの1つの特徴は、会社の代表権をもっているのは社長であるから、社長以外とは話さないというクレーマーもいますね。担当者が、私は代理権をもっていますと言っても、代理権を証明する書面があるのかというような、非常に形式論理を振りかざす人もいるわけです。したがって、社長あての文書を取り交わすほか、社長あてに文書を出して、文書を受けるときも社長からよこせというような事例もみられるわけです。世の中いろいろ人も変わり、時代も変わると、いろんな手を使ってクレームをつける人もいるわけですから、そういったことにも柔軟に対応できるだけの権限が担当者に与えられていないと、適切に対応していけないのではないかと思いますね。

【関根】　そうですね。そのような場合には、相手方によく説明したうえで、総務なり、あるいは社長直轄の部門と相談をして、代表権のある人の書面で対応することも考えられますが、実際問題は、代表権はありませんが、同等の権限で私は動いていますということをはっきり伝えて、私が窓口ですからそれ以上お望みでしたら、受け付けを拒否しますと言ってもいいと思います。

【升田】　世の中には社長を出せと言う人は、決して今は少なくない時代にな

って、特に会社勤務の経験のおありの方は、社長でなければ代表権はないだろうという形式論理をおっしゃる方もいるんですが。

【関根】　過去の経験では、社長を出せ、会長を出せ、あるいは店長を出せという要求が何回かありました。それに対しては、私は同等の権限をもっているつもりでお話をさせていただいていますので、私の過失は会社の過失ですから、どうぞ私とお話を進めてくださいと言い切りました。

8　早期確実な受付けが重要

【升田】　次に、クレームがつけられたその受付けから最終的な解決までのプロセスについて、基本的なことを少し考えてみたいと思うのですが、先ほども紹介しましたように、クレームの受付けの段階、これが最終的な解決に非常に大きな影響を与えると思います。クレームの内容を非常に正確に、確実に理解する必要があるわけです。ただ、クレームはお客さま相談室、あるいはクレーム対応の担当部署に常に来るとは限らないわけで、企業にとっては従業員1人ひとりが受付けせざるを得ない場合もあるわけですね。

　そうしますと、企業全体で従業員の末端まで、受付体制を整えておかないと、クレームをつけたほうは、クレームをつけたつもりなのに、受けたほうは、クレームとして受け付けていないおそれが生じます。先ほども事例としてご紹介がありましたが、そのような事態になると、クレームの内容によっては、非常に迅速に事態が悪化して、企業内のある程度の担当者のところへ情報が届いたときには、もうすでに非常に回復困難なクレームになっている事例もないわけではありません。そういった受付けの重要性については、どのようにお考えでしょうか。

【関根】　ご指摘のとおり、社員全員が対応できる体制が必要です。

　ただ、現実は難しいですね。たとえば、衣料品の最終処分を5割引で行い、返品は受け付けませんというセールを行った場合に、買った人が1度着て、やっぱり気に食わないから要らないと申し入れてくるんです。これは悪質で

すね。でもそのときに、できれば何とか断りたいけど、その初期対応を間違えて、何で返金できないのと突っ込まれて、結局返金することになっている事例はたくさんあります。

そうではなく、理路整然とした、揚げ足をとられない言葉を用意しておかなければいけません。そしてその次に、相手がそれでも食い下がってきたら、上司に相談するという段取りを準備しておかなければ、適切な対応はまず無理ですね。上司に相談することによって、乱れていたものが1つに集約されていく。そしてその上司の判断によって、さらに上層部に話を上げるのか、あるいは相手方と対応するのか判断することをアドバイスしています。

9　迅速な調査と的確な見込み

【升田】　受付けはもちろん、お客さま相談室なりクレーム対応の部署に行けば、ある程度のベテランがいらっしゃるわけで、そういった意味での対応は可能なのですが、企業にとっては末端の従業員1人ひとりが、受付担当者だということを言わざるを得ない。その受付担当者が受け付ける段階から、もうすでにクレーム対応は始まっているわけですが、多くの場合は、自分がクレーム対応をしているという自覚がないままに対応しているおそれもあるわけですね。

しかし企業として、これがクレームだと認識した場合には、一般論としていえば、事実関係の確認あるいはクレームの内容の確認、それからクレームをつけている背景事情、最終的な解決の意向等々を的確に把握して、ある程度の見込みを付けるということが重要になってくると思います。このあたりになると本格的なクレーム対応になりますが、そういった体制を企業では整えているのでしょうか。

【関根】　ええ、整えています。ただ、お客さま相談室といえども、1人の人間が1つの苦情に対して動くだけなんですね。そしてこじれたり、難しいというときにはベテランに聞く、あるいは得意分野の人に聞くということは行

いますが、現実にお客さま相談室に来ているクレームというのは、現場で若干こじれたものが来ますから、それには総力をあげて一斉に対応します。

　ただ、現場はどうかというと、一番難しい対応をしているんですね。その受けた現場で、すべてを対応しようとしているんです。これはほとんどできないことなんです。それに、現場の社員が何かを調べてようとしても、よいつてがありませんから、時間がかかり、こじれることとなり、最終的にはお客さま相談室に上がってくるということになります。ですから、的確な判断を、お客さま相談室のような部署はもっていますが、現場は気付かないというのが現実だと思います。

10　迅速・適切な方針の決定と柔軟な変更

【升田】　受付けの段階で、見込みも的確に付けられればいいわけですが、その次の段階として、方針をある程度決めないといけません。見込みが立てば、それによって、大体そのクレームをどの方向で対応していくかということが、あらすじとしては見えてくるわけですから、方針を決めて、それに沿って対応していかないといけないわけです。ただ、決めただけでは駄目で、やはりいろいろと情報収集をしている過程において、やはり調整していかないといけないでしょう。

　方針の変更もあるでしょうし、その変更も柔軟に変更していく必要があることと、クレームをつけているお客さんと交渉していくにあたっては、それなりの交渉の技術も必要になるし、交渉しながら、また対策を立て、また必要な情報も収集するというように、すべて関連しながら進めていくことになると思います。そのような具体的な対応については、どのようになされていますか。

【関根】　申し入れ内容から、どのような方向でいくのかといった想像はしますが、クレーム１つひとつへの方針を立てることは、ほとんどないと思います。大きな括りで、法的なものに触れてしまうおそれのあるものに対する方

針や、一般的、あるいは軽いクレームに対する方針というものはありますが、1つのクレームに対して個々に方針を決めていくことはなくて、この辺に落ち着かせるんだろうなということを、最初の段階で一応判断し、会話の中で相手の反応を見ながら、柔軟に対応するしかないですね。

　たとえば同じクレームが来ても、受ける人が違いますから、全く違う方向に進む可能性があります。それはまずいことで、たとえば食中毒だといって、それが食あたりの人でも、必ずこの段階でこういう話をして、ここで訪問してというように決めてあるんですが、相手の言い方、それからこちらの受け方で、お金を出すようになってしまうということも、まれにありますね。ともかく、方針を立てることも必要ですが、それ以上に柔軟性のほうが大切でしょうね。

11　適切な交渉技術、交渉戦略に具体化しているのか

【升田】　クレームを処理するといっても、具体的な過程では相手方と電話するなり、あるいは会って、交渉していくことになるわけですが、やはり交渉というのはその人の知識、経験、人柄というものが非常に出てくると思います。また、企業におけるいろんな知識も重要だと思うのですが、そのような技術を磨くなどの対策は何かしておられますか。

【関根】　結局、交渉の技術というのは経験によって磨かれることは間違いないのですが、その経験自体が難しく、通常は1対1で対応しますから、慣れてくると目線1つも変わってきます。優しい目をしたり、無理な注文をしたときのきつい目をしたりというようなことですね。それから言葉の力もあります。優しく言うのか、言い切ってしまうのか、乱暴な言葉を使うのか。こういう技術は徐々に備わっていくものでしょうが、本気で取り組んでいかないと、いつまでたっても身に付かないと思います。

　そして、相手の心理を読んで、そしてうなずき具合と相手の言葉の変化、

言葉というか、ニュアンスというか、トーンの変化とか目元とか、そのような情報を基にして戦略を練っていきます。これは簡単に、電話でというわけにはいかない、難しい問題になるほど、早いうちに相手に会おうといった戦略を立てるわけです。

　また、名前や住所から、若干でも何か引っ掛かりそうだなというときには、当然確認しますし、それから情報の収集では同業他社というのに全部連動する必要があると思います。

　さらに、お客さんによっては、あの店は教育がなっていないというような店を非難する発言をすることがあります。それは何を指すかというと、過去にそのお店では無理な要求に失敗したということなんです。そんな時は、そこと協力します。無理な要求に失敗したお店のお客さま相談室を訪問して、クレーム対応の経過を聞くんです。これがうまくいくんです。このようにして、交渉の技術を磨くこともありますね。

【升田】　交渉の技術についていえば、近年、企業間の契約交渉とか、法律実務家でも法的な交渉という問題を抱えています。そういったところでは、交渉の技術について理論化の動きも相当行われているわけですが、クレーム処理の場面では交渉の技術というようなことについて、体系的に理論化しているようなところはあるのでしょうか。

【関根】　たとえば注意点が7つあるとか、あるいはどれを最優先してやるとか、その程度のことはどこでも決めていると思いますが、技術を体系的に理論化している企業はあまりみかけませんし、あまり有効とはいえないと思います。

12　広範な情報の共有をすべき

【升田】　なかなか技術を理論化することは難しいと思いますし、またそれを承継させることも非常に難しいと思います。今後ますますそういった問題に関心が高まれば、技術を理論化する分野の研究も進むと思います。

225

交渉戦略については、古来から言われているとおり、「敵を知り、己を知る」というのが常に重要な指針であって、最悪の場合には「敵を知らない、己も知らない」ということになれば、もう出たとこ勝負にしかならないわけですが、実際の事例をみると、相手方もわからない、企業内の対応もわからないということで失敗する事例もあります。

　やはりそういうことを踏まえながら、情報を集めていき、最終的には、担当者の方の人柄と企業のもっている姿勢が非常に大きいと思います。しかし、企業のもっている姿勢をきちっと出すためには、担当の方あるいは関係する方が集めた情報を、やはり組織内で共有する必要があるのではないかと思うのです。

【関根】　そうですね。前述したように、食品は食品に関する情報、衣料は衣料に関する情報というように分けてしまい、情報の共有に関しては、私も失敗したと思っています。やはり、情報の共有化は大切だと思います。

【升田】　個々のケースについて、担当者の方だけが情報を握って、いろんな事情からそれを伝えない、あるいは、うまくいかないような状況になると、なかなか人に伝えられないというような事態を生じかねません。そういった場合の共有というのは非常に重要だと思うのですが、それだけではなくて、企業全体としてクレームの実情やクレーム対応の実情を共有していくと、それが将来のより適切で的確なクレーム対応に対する知識、経験として生きていくということになるのでしょうね。

【関根】　そうですね。結局、食品の人は食品の事例を聞いても、実は頭が硬くなっていまして、決まり切った対応しかないと思い込んでいます。ところが婦人服のクレームを聞くと、全然食品にないクレームをみて、「うわあ、こんなことがあるの」って、みんなびっくりするわけですね。これは応用力をつけるのに必ず役に立つと思います。

13　顧客の意向・人柄の的確な把握

【升田】　他方、クレームをつけているお客さんに関する情報というのもやはり非常に重要で、もちろんクレームの内容について事実関係、あるいはコンプライアンス上の問題があるのであれば、そういったものを早期に情報をお客さんから入手するということも重要ですが、そのほかにお客さんが一体どういう意向であるのか、どういう人柄であるのか、そういったお客さまの属性にかかわる情報を日ごろから注意して、集めるように、できるだけ相手方の言葉とか動作とか、そういったところから集めているのですか。

【関根】　もちろん住所から始まって、クレーム内容、回数、過去の事例まで、その都度書いておきます。ただ、これは個人情報ですから対応をするうえでの参考にするだけで、外に出ることはありません。それから人柄の的確な把握については、前任者が見た人柄は、非常に参考になります。ただ、先入感が生まれた失敗したということも多々あるんですね。ただ、これが俗に言うモンスタークレーマーととられてしまう。つまり自分の力量不足で相手に対抗できないときに、モンスタークレーマーと言いたくなるんですね。

　私がみると、こちらに非がたくさんあるだけで、お客さんをないがしろにしたのはこちらではないかいうことを見抜いて、後で相手方と対面すると、間違いなく親しくなります。これがやはり情報のよいとこなんでしょうね。間違っていることも信用しないし、仮に間違っていない情報であっても100％は信用しない。そして、自分の目で確かめて初めてお客さんと接することになりますが、事前の情報は大切だと思います。

【升田】　クレームの内容を類型化すると、幾つかの類型に分けることはできると思うのですが、お客さんの人柄、これは多分非常に多様なお客さんがいらっしゃると思うのです。実際にクレームの対応をされて、やはり世の中いろんな人がいるなという印象をおもちですか。

【関根】　多くの場合は、初対面で会話をした者が継続的に対応します。この

人は優しく物を言ってくれて、提案してくれる人だなと思ったら、こちらも真摯な対応で聞きますし、とげがあって、こちらを少しでもいじめにかかっているなと思えば、そういう対応で聞くんですが、まれに変化してしまうお客さんがいるわけです。

　こっちが、甘い顔をするわけではないのですが、人柄がいいからこちらも人柄良く対応していると、いきなり物の要求になってくるという人がいますね。ですからそれは人柄が結局把握できてなかった段階ですから、そうなったときも決して慌てることなく、また元の話に戻しながら、先ほどはこうでしたよねと言いながら、対応しました。

【升田】　たくさんの人柄のお客さんがおられるということであれば、やはりそういったものを冷静に分析できるほど、ある程度人間を対象にすることが好きでないと、できないように思うのですが、いかがですか。人間が嫌いだったら、やっぱりクレーム対応の仕事はできないのではないかと思います。

【関根】　そうだと思います。私もよく言われることですが、人が好きなんだよねって。やはり人間平等だと思って見ていますから、私もお客さんを測っているのですが、お客さんもこちらを測っているわけですね。その測りにいかに近づけるか、相手の思っている対応者になるかということも非常に大事なことです。一番無駄なことはクレーマーを長期化させることであって、一番大事なことは顧客を元に戻すことなんです。ですからこれは全職業、全企業に共通することですから、相手を嫌いでは対応できないと思いますし、そこには角が立つと思いますね。

【升田】　人と応対することがあまり好きではない、あるいはクレームをつけるお客さんに対して嫌悪感をもつようになると、やはり対応するときに顔に出たり、言葉の端々に出たりすることがあるのではないでしょうか。

【関根】　ええ、それは如実に現れますね。やはり先ほどから申し上げているように、年配の幹部がお客さま相談室の要員になる。そしてそこで働きだすわけですが、そうすると自分には過去に部下が何百人もいたという意識が抜けず、電話でお客さんと平等に話をするんです。

そうなると、敬語がうまく使えず、適切な対応が難しくなるわけです。そして自分の気持の中に、クレーム対応なんか好きじゃないという感情が膨らみ、言葉にも出るようになります。しかも、対応しているときの表情も硬くなります。

　そして、間違いなく相手方に見抜かれます。そして、「あなたには誠意がない」、あるいは、「あなたは何様なの」と言われて、揚げ句のはてに電話を切られてしまう。これが顧客を逃がすことになるのですが、切られた人間は何と言うかというと、「短気なお客さんだよね」と言うんですね。これを聞いたときに私は、「あなたは自分の立場をわきまえているのか」というように厳しく注意しました。それくらい厳しくしないと、本当に企業の危機になりますからね。

14　顧客のとりうる手段を把握せよ

【升田】　クレーム対応は、企業にとってお客さんから出されるクレームにどう対応するかという側面が強調されがちですが、お客さんのほうも企業の対応を見ているわけですね。ですから対応というのは相互に対応し合っているわけで、クレーム対応によって、クレームを処理するというのは相互の人間関係の中で解決されていくことだと思います。

　一方だけ、いくら自分が適切に対応しているといっても、相手方にとってある程度意味のあるものでないと、支障を生じることになるわけですね。従来、どちらかというと、相手方のことはあまり考慮しないで、こちらの都合で対応しがちであったというような傾向もあると思うのですが、それではやや不十分だと思うのですが。

【関根】　そうですね。時代は相手方の身になって考える方向に進んできていて、ともかく、相手のことを真剣に考えるということを時代が要請していると思います。そもそもクレームをつける側はお金を払っている側だと考えた場合に、こちらは１歩も２歩もへりくだった対応しかできないはずですから、

そのあたりを取り違えていると、クレームをつけているお客さんをなだめようとしても難しいですね。

【升田】 お客さんとクレーム対応をしている段階で、相手方がどのような手段を取ってくるかわからない。わからなくて、不安になるということもあるだろうと思いますし、それから実際にクレーム対応に何らかの障害が出る。障害が出ないまでも、お客さんの中にはクレームをつけている企業だけではなくて、業界団体やら公的機関やらマスコミやら、はたまたその他さまざまなところにいろいろなことを言ったり、インターネットに書き込んだりする人もいるわけですけが、そのように相手方の手段が予想できないとなると、さらに一層不安感が増したりすると思います。

よく考えてみると、とりうる手段は、以上のように限られているといえば限られているわけですから、何もそう慌てることもないと思います。第三者のところにそういった苦情をもち込んでも、そういったところが直ちに反応するわけでもありませんから、取りうる手段はきちっと、どういうものがあるかということを日ごろから認識したうえで、冷静に対応したほうがよいということです。実際にクレーム対応を行っていて、意外な手段をとってこられたということがあるのでしょうか。

【関根】 やはり長い経験からすると、このような手段でくるだろうということをほとんど読むことができます。そして、次にどのようなことをしたいのかということも、語調というのでしょうか、相手の言葉の調子とか言い回しで読み取らなければならないですね。読み取ったときに、それを引き出してしまう言葉がこちらにもあるわけで、言ってはいけない言葉を封印します。

そして相手の逆鱗に触れないように、あるいは導火線に火を付けないような言葉で対応するわけです。次に、インターネットはインターネットで、こういう投稿をしても、あまり意味ないですよ、私どもは誠心誠意あなたに対応させていただきますから、と伝えてインターネットの攻撃は無駄であるとか、消費者センターへ行っても、私どもとしては手が省けて楽なだけで、何も結論は変わりませんよ、と言葉こそ換えて言いますが、このように対応す

ることも技術の1つなんですね。

　ただ、唯一間違っていけないのは、先ほども言いましたけど、感情的になって、引き出してしまう言葉があります。文句を言いたければどちらへでもどうぞといった言葉を吐いた途端に、電話を切られたりするわけです。これをさせてしまうと、担当者とお客さんのラインは切れたことになってしまう。これは避けなければいけないことだと思います。

【升田】　確かに対応している中では、売り言葉に買い言葉という場合もあって、冷静に考えれば、不用意なことは言うべきではないと思いますし、クレームをつけているお客さんの中にはいろんな手段を示唆し、あるいは露骨に指摘をして、反応を見るというような事例も多々ありますね。

　それを見ながら、相手方、つまりこの企業はどのあたりが弱いか値踏みをしている場合もあると思いますが、いかがですか。

【関根】　ありますね。たとえば強気のことを言ったり、脅かすようなことを言って、謝罪文を3大新聞紙に出せなどいったことも言ってくる人がいますが、それをまともに取りあっても仕方がない。出せないことを、きっぱりと伝える必要があります。リコールの問題とは違いますから、クレームの謝罪を新聞に出せなどということは大きな間違いであるし、そのときは、まともに受け取っていませんよというニュアンスも伝えるんです。

　それによって、相手方には、こちらが要求をのまないことをわからせる必要がありますし、それをいつまでもグズグズ言うようでしたら、強い口調に言葉を換えてでも対応することがありました。

　よくあるのは、こちらの社長を知っているなど、圧力をかけてくる人いますが、最初はやはり驚くのですが、そのうち慣れてきて、そうですかと言って、逆手にとって、「弊社の社長とはどのようなご関係でしょうか、今日お電話いただいたことを報告いたしますので、詳細を教えていただけませんか」と言うと、名前を知っているだけにすぎないといった例がたくさんありましたから、その辺も冷静に対応する必要があると思います。

15　交渉過程のシナリオを想定する

(1)　落とし所を想定する

【升田】　先ほどの交渉の過程で、ある程度の見込みをもちながら対応していくわけですが、具体的なシナリオは担当者の方として描きながら、状況によってそれを修正しながら対応していくのが普通だと思いますが、やはりシナリオの想定は行っていましたか。

【関根】　ええ、これはしっかり行います。クレームを聞いて、二言、三言クレーム内容を聞いたときに、このあたりで落とし所を見つければいいな、ということを想定します。そしてその話の内容によって、若干変わることはありますが、落とし所が決まれば、話がどんなに遠回りしてもそこにもっていきます。そういった技術をもっていないと、どこで結論を出すかがぶれてしまい、話がまとまらずどんどん不利な状況になります。

【升田】　現につけられているクレームについて、最終的な解決の姿とそこに至る手順、プロセスを自分なりに想定して、できるだけ解決の中身に近づけるようにされるということだと思うのですが、実際そのようにスムーズにいくときはいいと思うのですが、担当者によってはスムーズにいかなくなった場合に、慌てたり、あるいは1人で抱え込んだりする場合もあるわけですね。

　特に突発的な出来事でそのようなことになって、自分の想定したシナリオに固執してしまい、失敗するようなこともあると思います。また、現に1人で抱え込んで、悩んで、上司に相談したときにはもうこじれていて、なかなか描いていたシナリオに戻すことはできないということもあると思うのですが、このように柔軟に対応できない人には、どのようにアドバイスしたらよろしいでしょうか。

【関根】　この場合は、目の前にいれば、その人のもっている最大の誠意を見せるしかありません。つまり、その人が一生懸命謝る姿を見せることによって、通じるんですね。たとえば、入社して3カ月程度の社員は、どう謝って

も3カ月の謝罪なんです。10年いる人は10年の謝罪ができますから、それを真摯に示すことで相手の気持まで動かすことができるんですね。
　ですから、真摯に謝っているかいないかということは非常に大事なことです。

(2)　ミスは謝り話を元へ戻す

【升田】　そういうクレームを担当される方の中には、なかなか思うように対応が進まないというときに、悩んで、抱え込むというような人もいるでしょうし、自分でミスをしたと思うと、なかなかそのミスを周りの人に言えなくて、余計深刻になってしまうという場合もあるだろうと思います。そのような場合に、今おっしゃったように、謝るとか、積極的な改善の措置をとることによって、誤りの上に誤りを重ねてしまって、さらに深刻になってしまうこともあると聞いたことがあるのですが、そういった場合はどうしたらいいんですか。
【関根】　これも成長過程の問題ですが、謝罪をして、あるいは対応を間違えたときに、やはり最短の手段、最短の道というのは、間違ったことを謝罪して、そして元のレールに戻すことです。これは非常に難しいことですが、おまえが間違ったんだろうと怒られても、申し訳ございません、お許しくださいという姿勢を見せて、元へ戻すまで努力してから交渉の再スタートですね。
【升田】　自分で想定したシナリオ、それは企業にとっても基本的な考え方ですが、それを誤った場合に、担当の方のとるべき方法は2つあるわけで、1つは間違ったうえにさらに相手方の要求を飲んで、穏便に済ませようとするのか、間違いは間違いとして、はっきりお客さんに伝えて、そのうえで対応するのかということがありますが、後者のほうがクレーム対応としては正しいのでしょうね。
【関根】　そうですね、後者のほうが正しいといえます。
【升田】　しかし担当者の中には、隠蔽し、周囲には知らせないで対応する人もいるのではないでしょうか。

【関根】　いますね。それは、結果的に時間もかかる大きなクレームになって、結局は金銭的な対応をもせざるを得なくなります。
【升田】　時間、手間、それからイメージ、そういったもののダメージを抱えながら、さらに担当者にとっても非常に不幸な出来事になってしまうのでしょうね。
【関根】　ええ、そのとおりです。

16　精神力の向上と気分転換

【升田】　実際にそういったクレームに対応していると、いくら短く解決できるといっても、それなりの時間がかかる場合もありますし、ある程度内容的に重大性のあるクレームだと、相当な時間、手間がかかってくると思います。そういった問題に対応するには、やはり担当者の精神力も、非常に重要なウエイトを占めるんではないでしょうか。

　クレーム対応をされる方も１人の人間ですから、いろいろな悩みを抱えながら、お客さんから言われっ放しの場合もあるでしょうし、それから非常に強い言葉で迫られる場合もあることになると、さらにクレーム対応という問題で悩みを抱えることになるわけです。そうなると、相当程度の精神力も必要ですし、気分も滅入りがちになりますので、気分転換ということも非常に重要だと思います。

　しかし、人によっては本当に気分がうつになって、あまり職場にも出たくない、電話も聞きたくないというような精神状態に陥ることもありますから、そういった精神的なケアといいますか、あるいは精神的な支援、こういったものについてはどのように考えてますか。

【関根】　当然、クレーム対応の過程でストレスは溜まります。ただ、悩んでいることを話してくれればアドバイスもできるのですが、それぞれが独立してクレーム処理をしており、対応を間違っていても、その場で的確に指摘することは難しいんですね。ですから、対応がひと段落した後に、室長、ある

いは室長とベテランスタッフで相談して、悩んでいるスタッフと面接し、方向性を示してあげるようなフォローをしていました。

【升田】　同じ部署のほかの方が、できるだけケアをしてあげるということが重要だと思うのですが、クレーム処理を担当して悩んでいる人の中には、性格的な面あるいは職場における地位、そういったことからなかなか人には話せない。あるいは、人に話すことによって、自分の無能さをさらけ出すということで、さらに躊躇する人もいる。躊躇すると、大抵状況はだんだん悪くなっていきますから、そういった人を最終的にどう扱うかというと、なかなか難しい面もありますよね。

【関根】　ええ、弱みを見せたくないという人が最悪のパターンにはまっていきますね。

【升田】　逆に、何でもかんでも話して相談されるというのも煩わしいと思うのですが、これはいかがでしょうか。

【関根】　新人ならともかく、一般の社員はそういうことはないと思います。

【升田】　職業人ですからね。自分に与えられた職務はやはりできるだけ自分で対処していかないと、成長もしないですからね。

【関根】　そうですね。ただ、短時間にあらゆる情報を仕入れなければいけない。あるいは覚えなくてもいいけれど、どこにあるかということをインターネットや文献などで検索できるようにしておく必要があります。それから、業務上の書類に関しても、過去の事例がどこにあるかなど、整理して短時間に見られるような努力が必要だと思います。

17　解決結果の書面化

【升田】　そういった精神的な支援、ケアのほかに職場における人間関係による支援というものを得て、いよいよ担当の方も最終的な解決にあたって、いろいろ注意すべきことがあると思います。クレームの内容によりますが、内容を問わず正確に事実関係を認識して、中身はともかく、基本的にはお客さ

んとの関係の最終的な法律関係になるわけですから、その関係をきちっと理解したうえでさまざまな解決を最終的に提案し、相手方の了解を得て、解決に至るわけですね。

　最終的な解決にあたって、お客さんと了解し合うことが重要だと思うのですが、そのほかに何か内容を書面化されることはあるのでしょうか。

【関根】　まれに、内容を書面化することがあります。これは補償をしたり、弁償をしたりということになると、必ずお互いの合意書を取っておきます。また、相手方が、たとえば問題となった商品を処分してくれと言い、そのとおり処分した後に、いや、あの商品は必要だったんだというように、やや詐欺的な場合もありますから、完全に相手方からの合意書をいただいて、トラブルを防止しています。

【升田】　実際に金銭そのほかの経済的な利益が動くという場合には、後日どのような再度のクレームがつくかわかりませんから、全部解決済みだという内容の書面をとる、結ぶことが必要だということですね。

【関根】　ええ、そうです。

【升田】　そのほかに交渉の過程を経て、やはり将来的にもめるおそれがあるとみれば、やはりきちっと書面にしておいたほうがいいということなんですね。

【関根】　記録にはしておきますが、合意書にはならないと思います。しかも合意書にはサインをしていただくということになると、書けないことがたくさんあって、相手の癖なり、あるいは態度なり、あるいは目つきなりを細かく書きますし、それから過去のどこの店でどのようなことを行ったかということなども、すべて書いてあるわけですから、もしすべてに合意をとろうとするならば、この合意をとることに対して、また１つのクレームになる可能性さえあります。百貨店、あるいは通常の企業でも、あまり合意の書面化は行っていないと思います。

【升田】　ただ、その場合でも、たとえば返品を受け付けて、現品を渡すということで了解されれば、合意書という形はとらないけれども、そのやりとり

に関して書面をいただいたり、そのときの状況を社内の記録に残しておくといったことは行っているのでしょうね。
【関根】　ええ、それはもちろん行っています。

18　次につながる記録の確実な作成・保管

【升田】　クレーム対応の手続、あるいは過程を最終解決に至るまで伺ったわけですが、さらにそういったクレーム対応の中で、今まで折に触れて出てきているわけですが、もう1つ重要な視点は、いろいろな段階の対応を記録に保管するということが重要ではないかと思います。受付けの段階から始めて、クレームをつけているお客さんとの間でいろいろなやりとりがあるわけですね。それから企業において、いろいろ調査をしたりするわけですが、そういったものをすべて信頼できるような形できちっと記録化し、それを保管しておくことが重要だと思うのですが、記録化にあたってはどういう点について配慮していますか。

【関根】　企業において、担当部署があるところは、必ず記録・保管のためのフォーマットをもっていると思います。フォーマットの内容ですが、できる限り詳細に書けるようにしておくのがよいと思います。ですから相手の住所・名前・年齢などを書く欄、対応した交渉過程については非常に細かく、2枚も3枚も書けるようなスペースを設けていました。

【升田】　そういった記録化された情報は、もちろんその事件のクレームの解決にあたっても重要ですが、企業全体としてクレームにどう対応していくかといった体制をつくることや、あるいは担当者、関係者の研修などにあたっても重要だと思うのですが、そういった情報は活用しているのですか。

【関根】　交渉過程の記録などを残したときは、社員研修などで活用するようにしています。当然のことながら、研修の中でも悪い事例あるいは困った事例というものをあげて、こういうこともありますという警鐘を鳴らすのですが、通常は話だけで、ロールプレイングを行うなど、そこまでには至ってい

> クレーム処理で得た情報は
> パソコンに
> データベース化する!!

なかったです。

【升田】 そのような事例について、クレーム対応が妥当であったかどうかなどの検証をするために、症例研究会なども行っているのでしょうか。

【関根】 はい。それは１つ終わるたびに、相談室あるいは担当者同士は、１週間の事例をまとめたような内容で行っていました。

【升田】 こういった記録化された情報というのは、企業にとっては非常に重要な情報ですから、そういった情報を将来とも活用できるような形、それから検索できるような形でのデータベース化、これは現在ではもう必要不可欠であるということができるんでしょうね。

　そういった記録を保管するにあたっては、個人情報としての取り扱い、これも現在ではもう必要不可欠になっているということですね。

【関根】 ええ、クレーム対応には情報の迅速な検索が重要ですから、パソコン上でのデータ化は不可欠ですね。また、現在では個人情報の取扱いにかなりの注意を払っています。

19　経営資源としての波及効果

【升田】　そういったクレーム情報も個人情報保護法にいう個人情報だと、その個人情報に関連してさまざまな規制が個人情報保護法上行われています。そういった個人情報としての取り扱いを、個人情報保護法の規定に従って行わなければなりませんから、その点も踏まえた対応が要求されるわけです。

　いろいろな観点から個人情報の規制が加えられているわけですから、これを盛り込んでいくとして、そういったものは当然クレーム対応の段階でも注意しなければならず、コンプライアンス上も必要だということになると思います。

　さらにそのようなクレーム対応をした情報を、いろいろ利用しなければいけないという中に、クレームをきっかけして、もちろんモンスタークレーマーのようなクレームには厳格に対応していかないといけないと思いますが、企業にとって、商品やサービスの改善に非常に有用な情報、それからクレーム情報によって、たとえばリコールに結び付くような場合、製品とかサービスの改良、改善、開発に結び付くような場合もあります。見方によれば、クレームというものが非常に重要な経営資源になる可能性もあると思いますが、この点はどうお考えですか。

【関根】　確かに、重要な経営資源といってよいと思います。事件の公表自体はあまり多くないですが、社内的に重要なポイント、全部門が関連するようなカード詐欺など、注意すべき情報を全社的に流します。

　それから問題が大きくなり、とうとう社長まで謝りに行った、あるいは、役員まで謝りに行ったというような事例も、これは相当大きなクレームですから、失敗がどこにあるかということを社内では社員食堂や休憩室を使って情報を流し、警告していきます。

　まれに、社告として謝る事例もありますが、百貨店の場合は販売業ですから、リコールに関しては主にメーカー主体となります。お客さんへの連絡は、

台帳に基づき行います。

　ただ、どんな業界でもクレームから製品が改良されたという事例は多々あると思います。中には、行き過ぎもあって、たとえば、古い話ですが、ウォークマンの場合も音飛びのクレームから性能が向上しましたが、次に、あるメーカーが、カセットテープより小さな機械でカセットテープを聞くレコーダーをつくったのですが、結果としては売れませんでした。お客さんの要求以上に、行き過ぎた改良になった結果だと思います。

20　クレーム処理は多角的に活用すべき

【升田】　クレームがつくと、企業にあるいは、経営者によっては、ぜひクレームをなくすべきだといった方向に考えがちですが、お客さんがわざわざクレームをつけてくれるというのは、それ相当の手間暇がかかりますし、実際に商品を使ったり、サービスを受けたりして、重要な指摘をしてくれる場合も多々あるわけですから、それは虚心に耳を傾けることも必要だと思います。

　また、クレームの内容が事故の発生にかかわるようなこと、あるいは事故が発生したというような内容であっても、最初のころにそういう情報をもらって、たとえば品質、性能等を分析したところ、やはり事故の可能性があるということがわかれば、早めに社告なり製品の修理、修繕、回収などの措置を講じて、より深刻な被害が生ずるのを未然に防止するということは十分可能だと思われます。

　それはやはりクレームにいかに対応するかということにかかってきますから、そういった意味ではクレームというのは実に多角的に活用できるということがいえるのではないかと思います。

　もっとも、このようなクレームとは別に、これまで話題になったモンスタークレーマーというタイプのクレームがあります。これについては別の観点、姿勢で対応すべきだと思います。

●ワンポイントアドバイス——個人情報保護対策●

1　クレーム処理は、個人情報の取扱いであるから慎重に対応
2　クレーム情報の取得に注意
3　顧客に関連する情報の調査・取得の留意点
　(1)　調査依頼の適法性
　(2)　情報取得の適法性
　(3)　調査業者の調査の適法性
　(4)　調査業者の情報提供の適法性
　(5)　調査業者選択の適法性
4　利用目的の特定
5　利用目的の公表
6　クレーム情報の利用
7　クレーム情報の管理
8　クレーム情報の第三者提供
9　クレーム処理において利用可能な個人情報
10　交渉段階における個人情報の開示・利用
11　示談段階における個人情報の開示・利用
12　裁判外紛争処理手続における個人情報の開示・利用
13　訴訟における個人情報の開示・利用
14　情報収集を目的とした個人情報保護法の利用（開示等の請求）
　(1)　プライバシーの侵害の誘発
　(2)　名誉毀損の誘発
　(3)　信用毀損の誘発
　(4)　個人情報保護法違反のクレームの誘発

第3章

具体的事例から学ぶ正しいクレーム処理

【編集部】　長時間にわたりまして、いろいろお話しいただきました。最後になりますが、関根さんから具体的な事例を伺いながら、それについて若干の検討をしてみたいと思います。

【事例１】　コンビニエンスストアでのクレーム

　私は東京都内でＡ社のフランチャイズチェーンに加盟し、コンビニエンスストアを営業しています。経営は私と妻が中心になっています。従業員は４、５名のアルバイトを随時雇っています。経営状態は近隣にライバル店が数店舗あり、なかなか利益が出ないのです。

　そうそう、ご相談の件ですが、２カ月前のことです。若い男が昼食にランチとサラダを購入したのですが、その夜、アルバイトのＢが店に出ているときにこの男がやってきて、サラダに虫が入っていたとクレームをつけてきたのです。この男は、仮にＣとしますが、食べ残しのサラダと虫を持って店に来たそうです。Ｂはその虫を見たそうですが、サラダは清潔な場所でパックされており、あり得ないと説明したそうです。Ｃはその説明を受け入れず、誠意がないなどと大声で怒鳴っていたため、店に入ろうとするお客さんが慌てて出ていったりしたそうです。Ｂはサラダに虫が入っていたことはないが、上司に相談すると伝えたところ、翌日から毎日Ｃが誠意を見せろと言って、来るのです。店内にはお客さんがいますので、断固たる措置がなかなか取れませんし、私が店にいないときにも来るので、対応に困っています。サラダは、Ｃが裁判に備えて冷凍庫に保管しているそうです。妻は精神的にまいって、店に出たくないとか言っていて、危害も大変です。どうか相談に乗っていただけますでしょうか。

---

(1)　事例の諸相

【関根】　まずお断りしておきますが、クレーム対応は書面や口伝えでは、正しい対応をするのが難しいということです。クレーム対応の現場では、相手の声の大きさ、語調、顔の表情、体の動き等、総合的にみて怒りを判断します。そして、対応を図ります。

(2)　具体的対応策

【関根】　コンビニエンスストアはトラブルが少ない業種ではあるのですが、事

【事例1】　コンビニエンスストアでのクレーム

例を前提として対応を考えるわけですから、あくまでも一例として受け取ってください。この問題では、相手方のクレームを肯定することから対応に入るほうが無難です。最初から突っぱねるのではなく、「そうですか、ご迷惑をおかけいたしました」と言っていいんです。そう言ってから、われわれも徹底した調査をさせていただきますが、お客さまもこの商品を冷凍保管しておいていただけますか、というような対応をすべきでしょう。

なぜかというと、悪意をもって、虫が入っていたとクレームをつけてくる人は、本来少ないだろうという発想で取り組まなければいけません。仮に悪意をもってクレームをつけたとしても、請求される金額はたかがしれています。逆に本当に入っていたのだとしたら重大な事件になり、製造ラインの見直しも必要になります。ですから、話をこじらせるよりも、素直にクレームを受けて、途方もないことを要求してきたときに、私どもでは対応しきれませんので、訴訟を起こしてください、というように、逆に弁護士を紹介しますよというくらいの気持で対応したほうが、適切な対応といえるでしょう。

いずれにしても、真摯な対応をすることが最も大切です。

【升田】　法律的な観点からいうと、最終的には訴訟で、勝つか負けるかということだけになりがちです。いずれにしても、最低限それも考えておかないといけないということになると、やはり証拠をきちっと収集しておく、すなわち、相手方の話をきちっと記録に残すようにしておくことが大切です。もちろん録音できない場合もしばしばありますが、その場合でも相手方の言ったことを、きちっとメモや、パソコン上のデータなどに残しておくことが重要で、その前提でこのケースみると、非常にささいな事柄についてクレームをつけてきています。

2つ目に、クレームの内容の割には、クレームのつけ方がやや常軌を逸しているところがあります。それから誠意を見せろと繰り返し言って、具体的な要求をしていないこと、毎日連絡してくるというようなことに注目したほうがよいと思います。そうすると、そういったことは、クレームの内容の合理性、妥当性を非常に疑わしく思わせる事情ではあると思います。

(3) 関連するクレームの内容と対応

【升田】 このような事情からみると、裁判になっても、このコンビニエンスストアの経営者としては、十分闘える事件だと思いますが、ただ問題は、仮に裁判に至っても、精神的にまいって、仕事が手につかないとか、また別の事故を起こすおそれがありますから、そういった精神的なケアもきちっと対応しておいて、仕事に支障が出るようであれば、割り切って弁護士なりに相談して、弁護士を窓口にして対応するというようなケースではないかなと思います。

(4) 今後の課題

【升田】 従業員のケアや教育も重要ですが、それはそれとして、自らの負担になるような対応を避けたほうがよいことがあります。

　また、弁護士に対応してもらうためには、それ相当の費用の負担が強いられるわけですが、しかし精神的にまいって、病気になったり、あるいは経営に影響が出るよりは、やはりそのほうが中長期的に見れば、合理的な範囲内の対処法ではないかと思います。

【事例2】 携帯電話販売会社でのクレーム

　私は、携帯電話の販売業者の販売員をしています。先日、携帯電話を買った人から電話がありまして、最初は、電話の使い方で質問があったのですが、その後、自分が注文していない機能が付いているというクレームになったのです。お客さんは、携帯電話を初めて購入されるということで、相当に時間をかけて説明をしたのですが、余分な機能を買わせたといってうるさいのです。会社のマニュアルでもきちんと説明することになっていますし、私も説明をしたのです。毎日のようにクレームの電話がかかり、一回の対応に相当時間もかかりますし、上司からは対応が悪いように言われているのです。困りました。

---

(1) 事例の諸相

【升田】 携帯電話も、日常生活の必需品であるという位置づけになってきたように思います。したがって、誰でも購入をするという商品になったと思う

のですが、携帯電話の販売ではトラブルの発生が少なくないということも聞いたことがあります。

　本件の事例をみてみますと、初めて購入するということのほかに、日頃あまり携帯電話を使い慣れていない高齢者の方が購入されている事例という気もします。確かに携帯電話を購入すると、たくさんの機能がついていて、取扱説明書もひじょうに分厚いわけです。おそらく大半の人はすべての機能を使うということもないでしょうし、多くの機能を使っているかどうかも、非常に疑わしいわけです。

　使っている時にいちいち取扱説明書を読むのは大変だということ、また、使い慣れない人が使うには機能がひじょうに複雑だということになると、どうして説明してくれなかったんだということが問題になるということもあります。

　そういった事情を背景にして、現在では高齢者対応の携帯電話も販売されているわけです。高齢者対応といっても、機能がより使いやすいというか少ないわけです。

　ここでは説明があったかどうかということが議論になっていますが、実際は販売しているほうも相当注意を払って、売る時に説明しているわけです。私の個人的な体験でいえば、急いでいるのに長々と説明をされ、余計な時間をかけられたことがあります。

(2)　具体的対応策

【升田】　実際には機能に関する説明をしているとは思うのですが、ただ、こういったトラブルが起こる原因は、やはり言った、言わないということが議論になり、そういったところに不満があるのではないかと思います。そうすると、この場合、法律的な問題としてどう対応するかということはなかなか難しいと思いますが、説明したという形跡を残しておくことが重要な時代になってきているのでしょうね。ほかの業界でも、そういった説明の問題は重要視されています。説明したことを記録上に残すことが多いとは思いますが、いかがでしょうか。

【関根】　そのとおりだと思います。業界は違いますが、たとえば歯科の分野ですと、インプラントの治療代が非常に高くなっていまして、1本について30万円から40万円くらいだといわれています。

　ところが、一般の歯科医院では30万円くらいかかりますと事前に話しても、書面にして見積りを出すわけではありません。大学病院であれば、書面にしているようですが。

　ですから、このような治療費に関しましても、これからさまざまなクレームが起きてくる可能性が大きいと思います。

【升田】　最近の携帯電話はいろいろ選択肢が増やされているようなところがあって、機能の説明はあるのですが、その説明の仕方がどちらかというと買わせたいという説明であることは否定できないわけです。

　購入者は、なんでこんなに時間がかかるの、その機能がどういう意味をもっているかあまりよくわからないままに、便利なら付けてくださいというような雰囲気でいると、あれもこれも付いている場合があります。確かに、販売員が書面にいろいろチェックしているのを見かけたことはありますが、そのことを本当に理解して購入者が返事しているのかどうかということもありますからね。少し工夫をして、最後に確認を求めることも行っておけば、本事例のようなクレームにはならないでしょう。

　そもそも、クレームがきたら後々対応が大変だという前提で、販売する時の説明を考えておかないといけません。とにかく売上げだけを上げたいというだけでは、そのような気持がある限り、なかなかクレームをなくすことはできないのではないでしょうか。

【関根】　クレームの世界では当然あることなんですが、言った、言わないと同じように、聞いた、聞かないについては、消費者のほうが有利なんですね。まして、これは1対1の説明でしょうから、何らかの記録を残さざるを得ないだろうなと思いますね。親切のつもりで伝えたことを、書面にして差し上げますという営業スタイルをとることが、これからの業界の方向ではないかと思いますが。

(3) 関連するクレームの内容と対応

【升田】　この事例では、最初、電話の使い方で質問があってクレームに発展したのですが、確かに慣れない人が使うと、それこそ発信するのも受信するのもそう簡単ではないですね。電話器は鳴っているのに、どうやってそれを受けたらよいのか、必ずしも十分わかっていない人がいます。それから、たとえば何かの会合の時に、本人はサイレントモードにしたつもりで、使い方がわからず、していないというのはあり得ます。

そのようなときに、非常に慌てて、焦ったために、他人から変な目で見られたりして、それがこのような質問につながっている可能性もあります。元々心理的に何か大きな不満をもっていて、対応が悪いため機能の問題に発展し、その機能が機種の問題に、つまり経済的な価格の問題に発展したという可能性もあるわけです。ですから、クレーム対応も使い方がよくわからないという不満から生じていることがあるという前提で説明するということが重要ではないでしょうか。

【関根】　携帯が鳴ってしまうというのは、講演を行っていると、よくありますね。ある講演で250人くらいの参加者がいたのですが、前から4番目か5番目の席の人が1回鳴らして、慌てて止めたのです。それから15分ぐらいでまた鳴って、また止めて、3度目に鳴った時は、周りの人がその人にブーイングをするんです。おい、何とかしろよといって。ところが、4度目に鳴ったんですよ。そうすると、さすがに皆が私のほうを気にするわけです。そこでこちらはその人が気の毒だから、ジョークで返すんです。「お客さん、電話をこう持ってこうすれば止まりますよ」と携帯電話を折る仕草をするんです。そうしたら、参加者が爆笑しましたけどね。

【升田】　電源を切ってしまえばいいのですが、たぶんわからないまま買ってきているんでしょうね。

(4) 今後の課題

【関根】　日本人は書面にサインをして渡してほしいといいますと、すごく不安になるわけです。でも、初めて携帯を購入するような人には、すべて書面

に書きながら、1つひとつ説明することで納得していただけたか、○を書き込むなど、チェックをしていただく。そして、最後に日付を入れ、こちらがサインを行い、購入者のサインももらえれば十分な対策になるでしょうね。もしサインをいただけなくても、控えを渡しておけば、後々クレームが来たときに控えをご覧いただければ、ご説明したことはご理解いただけますよね、といえるわけです。今後はこのような対策も、相当必要になると思います。

【升田】 前にも述べたように、背景事情があってクレームの電話をしてきているわけですから、今後はその背景事情も想像したうえで対応することも要求されてくるでしょう。

【事例3】 歯科医師へのクレーム

　いま、静かなブームになっているものに、歯の矯正があります。歯の矯正は、基本的には永久歯が生え揃ってから行うのですが、早い人では、10代前半で始める人もいます。

　矯正治療は、長い時間と高額な費用がかかりますが、中には矯正治療時が思春期に当たる人もいて、精神的にも大きな変化を起こす年代ですから、トラブルが多いのも確かです。

　ある19歳の女性が矯正治療を終えて、歯並びが見た目には良くなり、口元もすっきりしました。ただ、矯正で歯の向きを変えたため、咬合わせが少しずれたようで食べ物の咀嚼力が弱くなったようです。

　やがて、食も細くなり健康体でいた彼女は、病気にもかかりやすくなる状態になりました。その女性は、矯正の治療を始める前に咬合わせに関する説明はなかったといい苦情を言ってきました。

　歯科医師としては、矯正が専門ですから、1年半前ではあるものの、細かい説明をし、リスクも話したと伝えましたが、納得をせず、慰謝料の請求をすると言ってきています。

　具体的には、説明不足による健康障害を訴え、200万円の慰謝料を請求するとのことです。

　この場合、歯科医師はどのような対応をすべきでしょうか。

(1) 事例の諸相

【升田】 歯医者さんも、事業者ですから、患者からさまざまなクレームをつけられることがあるわけですが、日頃からこのような想定をし、実際にクレームがつけられても驚いたり、怒ったり、心配したりしないようにすることが重要です。社会的に高い地位、職業に就いている人の中には、他人からクレームをつけられ、精神的に大きな負担を抱える人がいますが、無用な負担を抱えることによって悪影響が生じることがあります。歯医者さんでも、このような負担を抱え、日常の診断、治療にあたってミスを犯すことがあります。世間にはいろいろな人がいますが、すべての人を知ることはできません。しかし、いろいろな人がいることから、予想できない事態が生じ得ることも、この事例は表しています。

(2) 具体的対応策

【関根】 治療時の説明が記録に残っているかどうかで対応が大きく変わります。たとえ残っていなくても、患者が困っているのは事実で、咬合わせが上手くいくように治療の努力をせねばなりません。矯正は美しい歯並びになりますが、当然咬合を考えて治療しています。

そのため、患者さんとの話し合いは、相手の困っている状態がどの程度か、どの部分か、さらには、ほかには不具合がないかを親身になって聞きだすことで怒りを鎮めます。

治療のために再来院していただくまで、辛抱強く対応をしてまいりましょう。時間的に余裕があれば相手宅に訪問して方向性を決めるのも、患者さんが満足する対応の1つとなるでしょう。

一方、咬合わせは人の記憶を呼び覚ますという発表もあります。歯科医師は、重要なことであると理解して対応を図ってください。

【升田】 患者からのクレームについては、日頃からクレームがつく可能性があることを想定し、そのために必要な対策をとっておくことも重要です。心構えだけでは、実際にクレームがつけられたときに、自分の立場を適切に説明することが困難になり、患者の言い分に押し切られるおそれがあります。

具体的には、この場合には、治療の前に説明をしたかどうか、どのような内容の説明をしたかが実際上重要ですが、説明用の書面を準備して使用するようにしておくとか、カルテにその旨を記載するような事務処理を行っておくことが賢明です。口頭の説明をし、そのことが記憶だけにとどまっていると、どうしてもその説明の有無・内容が争われ、訴訟になったような場合には、せっかく口頭で説明をしていたとしても、裁判官から認めてもらえないような事態に陥ることもあります。裁判になって、自分の説明が通らないことは多いのです。

　訴訟は、紛争が生じた場合には、最後の解決の手段ですが、訴訟を起こすかどうかは、患者の意向次第であることが多いのですが、この場合にも、慰謝料として200万円を具体的に要求していますから、訴訟に発展する可能性があるといえます。訴訟の対策は、訴訟が提起されてから検討するものではなく、日頃の事務処理の段階から検討し、実施しておくことが重要です。

(3) 関連するクレームの内容と対応

【升田】 患者とのトラブルが発生したからといって、常に訴訟になるわけではありませんが、具体的に金額の要求があったり、誠意をみせてほしいなどの要求があった場合には、法律的な観点からの対策が必要になりますから、直面した事態を法律的な観点から検討することや、法律専門家に相談することが重要になります。

(4) 今後の課題

【升田】 以上のことは、クレーム対策の最小限度の要請です。顧客との関係をどのように維持していくかは、歯医者さん個人個人の考え方次第ですが、歯科医という事業を遂行するにあたってはさまざまなリスクがあり、そのようなリスクのうちにはクレームがあるわけですから、必要な対策をとっておくことが重要です。

──【事例４】　健康器具製造会社へのクレーム──
　当社は、健康器具の製造、販売を行っている会社です。製品の特徴としては、日頃の運動不足を解消する補助器具を開発し、販売しているところです。健康器具は、使い方によっては、利用者が怪我をすることがありますから、取扱説明書には使い方を詳しく説明していますし、使ってはならない事項、誤って使用し、身体に違和感が生じた場合の対応も詳しく説明しています。特に危険な使い方については器具本体にも注意事項を記載しています。また、お客さんからの苦情に対応するために、相談室も設けています。先日は、販売店からお客さんからのクレームが回されてきたのですが、全治１カ月の怪我をし、すでに医師の診断書もあるということで、損害賠償を求めているということでした。当社の担当者がお客さんのところに伺って、事故当時の事情をいろいろ伺ったのですが、何度聞いてもはっきりしないのです。最初の頃のお客さんの説明だと、事故があったときの使用状況が取扱説明書で禁止している方法であったため、当社の担当者がその旨を説明したところ、その話はしなくなり、次からは違う話になっているのです。怪我は本当らしいのですが、当社の製品によって怪我をしたのかもはっきりしませんし、どうしたらよいのか困っています。

(1)　事例の諸相

【升田】　最近健康志向の時代になってきて、健康器具の販売店とか量販店に行くと、各種各様の健康器具が売られているわけです。そういったものを利用して、できるだけ健康を長く保ちたいという時代になってきていますし、最近は高齢社会を背景にして、いつまでも元気に過ごしたいという人も増えているわけです。

　そのような状況もあって、いろんな健康器具が社会に提供され、利用する人も多いのだろうと思います。健康器具を使うにあたっていろんな面で注意しないといけないのは、まず何の用途でどういう具合に使うのかということをきちっと理解しておかないと、誤った使い方によっては結構怪我をしてしまうことが従来からいわれています。しかも、使う人の身体的な能力が落ちてきていることもありますし、場合によったら、何か病気のある人が使うということになると、事故が起こりやすいという状況でもあります。事故が起

こったときに、重大な事故に発展する可能性もあるということになるわけです。

　もちろん、その製品について、適正に取扱説明書をきちっと読んで使うといっても、それでも事故が起こる可能性は否定できないこともありますが、取扱説明書をきちっと読んでいて、その範囲内で使っていれば、そう事故は起こらないという場合もあるわけです。

　そうしますと、一体何が原因で事故が起こったかが問題になることが多いわけで、それは、製品の性能や、使い方、危険性が問題になることもありましょうし、同時にどのような使い方をしたのか、取扱説明書にどう説明してあったのか、あるいは使う人の能力など、単独または複合的な原因で起こることもあるわけです。

(2) 具体的対応策

【升田】 事故原因が何かというのは、事故が起こったときに一番重要な問題になるわけです。そうすると、少なくとも事故が起こったときに、複数考えられる原因のうち、どれが原因であるかということをきちっと分析して検討しないといけないということになるわけです。仮に製品事故の報告があったときに、健康器具の製造会社としてはどういう状況で事故が起こったのか、さらに、どういう原因で事故が起こったのかということを最初に客観的に分析して、そういった問題を相当程度認識しておく、評価しておくということが重要だろうと思います。

　しかし、他方、人身事故が起こると、事故に遭った人は自分のせいではないと、責任を追及してくる。比較的短時間に責任問題が起こるわけですから、そういった状況において適切な対応をしないといけないと思います。まずやはり使い方、どういう状況で起こったのかなどのことについては重要な情報ですから、使っていた人に適切、正直に内容を提供していただくということが重要なわけですから、できるだけ真実の内容を聞き取ることが必要になってくると思います。

　もし、そういった内容がきちっと説明していただけないときは、次のステ

【事例4】 健康器具製造会社へのクレーム

ップを考えないといけないと思いますが、どうでしょうか。量販店などでもこのような器具を売っていて、メーカーにだけクレームがつくわけではなくて、販売店にもクレームがつくと思いますが、いかがでしょうか。

【関根】 一般的な、取扱説明書を見てもらうと、最初の4ページから5ページぐらいが、危険防止について大きな文字でわかりやすく書かれています。健康器具に限らず、玩具の説明書でも、同じように書かれています。子どもさんの怪我が問題になると思うのですが。

ここで升田さんにお聞きしたいのは、お医者さんが診断書を書いているというときに、製造会社としては診断書を見せてもらいたいが、本人以外には見せてもらえない。そうなった場合にはどんな方法をとれば見せてもらえるのでしょうか。

【升田】 先ほどお話ししたように、事故の状況がどういう状態で起こったのかということを十分な証拠によって認識するというのが、一番重要だと思います。その中には、いろんな証拠を検討しないといけないわけですが、ご本人のお話も1つの重要な証拠になると思いますし、診断書も、どういう障害を受けたかについての重要な証拠になります。

ご本人の話はできるだけ正直に話していただきたいわけですが、なかなかそのようにはいかない事例もあるわけで、特に本件だと、最初は自分に責任があったような話しになっていたのを、その後話しが変わってきているという事情があります。やはり利害が関係してくると話しが変わってくるということもありますが、いずれにしましても事故の内容はきちっと聴取して、書面の記録に残しておくということが重要だろうと思います。

また、診断書の件ですが、最も迅速に入手するには、ご本人に入手していただくしかないわけです。それは、ご本人に依頼して診断書をもらってくださいという方法をとることになると思いますが、それ以外の方法になりますと、ある程度訴訟を想定した手段ということになりますし、訴訟を起こさなければ入手できないという手段もあります。ですから、相当緊迫した状況になってくるわけです。

逆にいいますと、本人に診断書をとってもらう、あるいは本人の承諾の下でとりにいくということを考えたときに、本人が拒否するということは、やはりどこかに問題があるとみざるを得ないと考え、そのような場合には最終的に訴訟にもなりうることを前提に物事を考える必要があるのではないかと思います。

　逆に、診断書をすぐに提出して、相当障害を受けてはいるが原因がはっきりしないという場合のほうが、むしろ難しい問題になります。被害がひどいからとにかく責任をとれ、謝れというようなクレームがつくこともあるわけです。残った器具などを見ても、どうも取扱説明書に違反している、よっぽどひどい使い方をしたというようなことが相当程度の確率でわかるときに、一体、謝る必要があるのかどうか、悩まされると思います。

　もし、事故原因が製造会社側に何らかの形であるということであれば、それは迅速に謝り、かつその後の対応を考える必要があるということになりますので、それ以外のときにどうするかというのは、やはり相当悩まされるということになるのではないでしょうか。

【関根】　私のクレーム対応法だと、やはり升田さんがおっしゃるように、本人に依頼して診断書をとってきてもらい、見せていただくことをお願いします。それが見せられないということになりますと、対応を打ち切らせていただきたいとはっきり申し上げます。

　最終的には裁判になるかどうかは別として、われわれも紳士的に、正確なことを知りたいことを伝えます。そして、必ず２人で行くことです。というのも、相手の話しが進むにつれ最初の頃と話しがひっくり返っていますから、認識のズレを避けるために、１人が書き残したメモを、相手に読んでもらい最後の確認をして帰ってきます。そのうえで、その原因がその健康器具を使ったことにあったとしたならば、改善点をまとめたいのでどんな状態だったか、その状況を教えてほしいというように、迫る必要があります。

　そして、距離を徐々に徐々に近づけていく。そうすることで、お客さんは失わないし、製品に瑕疵はないことも保証させ、信用させるという近づき方

をしていくと思います。ともかく正確なことを早くつかむということが大事です。

(3) 関連するクレーム内容と対応

【関根】 残念ながらこの事例に近い場合で、全く別件ですが、今から10年ぐらい前に衣料品に針が入っているという事件がよくありました。その場合に特に困るのは、時間をおくと悪質者が周りから悪を支えるんです。金になるぞ、というように。ともかく行動を早くして、針を取り出し、針がどこのメーカーのものか証明して、謝罪して終わりにするということを行なわなければいけません。

池袋のデパートでは、暴力団関係者が針1本で300万円をデパートからとったんです。300万円もとるといったら、やはりお互いに弁護士さんを付けますよね。最後には、この針に刺さった人がエイズにならないという保証をしろというような会話になったみたいです。

(4) 今後の課題

【升田】 健康器具は非常に流行っているわけですし、必要のある人が使うということで、事故は起こりやすいわけです。もちろん事業者のほうでも、最近はこういった事故に対応するためさまざまな工夫をした製品があると思いますし、取扱説明書も相当の工夫はされています。健康器具だからといって安易に手軽に使うような印象がありますが、それは決してそんなことはないわけですから、本来きちっと取扱説明書を読んだうえで、事故を防止するためには十分注意しないといけないと思います。

それでは、事故が起こった後にどう対応するかということですが、やはり先ほどお話ししたように、原因いかんによるわけです。原因というのは、できるだけ冷静に関係する証拠を集めて判断するしかないわけですよね。お客さんのほうが訴訟も辞さないという態勢であれば、基本的には最悪訴訟になるという前提で物事を考えて対応していくことにしないと、その場しのぎの対応に終始することになります。そうすると、予想外の進行になったり、結果になったりするわけです。

そのような慎重な対応というのは、決してお客さんを疑えということではなくて、できるだけ本当のことを知りたいという見地から物事に対応していったらよいのではないかという気がしますし、真実というのは後に証拠によって判断されるわけですから、できるだけその時点、その時点で証拠を集める。そして、それを保管できるような状況にしておけば、後で役立つということになるのではないでしょうか。

――【事例5】 児童公園での事故と慰謝料請求――
　公園には滑り台やブランコを始めいろいろな遊具があります。しかし、ここ数年、公園内事故等により、日本全体の公園が右にならえの状況となり、こぞってその遊具を取り除いているのが現状です。嘆かわしいことです。
　人気の遊具に、「回転ジム」（球形のジャングルジムで回転する）というものがあります。ある7歳の小学生(女児)が回転ジムで遊んでいた時、前日の雨でぬかるんでいる場所に足を取られ転倒してしまいました。運悪く後についていた同級生が避けられず、膝が目の上にあたり大きなこぶとなってしまいました。
　自宅に帰ったその子どもの顔を見た保護者が、夜間にもかかわらず市役所の公園管理課に電話をしました。当然、職員は皆帰ったあとで誰も対応できませんでした。たまたま、当直のガードマンが電話に出たため、公園管理課の職員か副市長に連絡をし、電話をよこせということになりました。
　夜9時を過ぎた頃、確認のため公園管理課の責任者が電話をしました。すると、子どもの顔にできたこぶを見に来いと言われたのですが、夜も遅いので翌日に訪問する旨を伝えました。今度は、誠意がないと言い出しました。何とかその場は収め、翌日訪問したのですが、対面は拒絶されました。その後、治療費を出せと請求してきました。その対策を始めた頃、今度はぶつかった子どもの親からも慰謝料がほしいと言い出す始末です。さて、この場合の対応はどうしたらよろしいでしょうか。

(1) 事例の諸相
【升田】　公園に設置されている遊具を使用する幼児、生徒の事故が後を絶たないようです。公園で遊ぶ幼児、生徒は、心理的に開放感があり、緊張感が

緩んでいることもあり、事故に遭いやすい環境にあるということができます。

(2) 具体的対応策

【関根】 休日、または放課後の市内の公園での事故は、公園管理に大きな過失がなければ自己責任となります。今回は、雨後ということでぬかるみもあったようですが、訪問して状況説明をし、今後の改善を約束することで終わりにすべきです。まして、加害者からの慰謝料請求はやや無謀だと思います。この対応時で大事な点は、痛みを感じた子供の気持になって、ぬかるみのあったことを詫びることです。

【升田】 公園に設置されている遊具については、その機能、性能等の面で安全性が確保されているものですが、それでも使用方法等の事情によっては事故が起きることは否定できません。遊具に欠陥、瑕疵があるような場合には、その製造業者、設置者に法律的な責任が生じることになります。

　安全性が確保されている遊具については、幼児が遊具を使用中に事故に遭ったような場合には、その遊具を適切に使用することを教え、見守ることは引率する親らの責任になります。小学校の生徒の場合には、その年齢によって異なるところがありますが、日頃の親らの躾が問題になることが多いでしょう。

　遊具を公園に設置している以上、管理者としては、日頃から事故発生の可能性を想定して対策を一応検討していると思いますが、実際に事故発生のクレームをつけられると慌てるものです。実際に事故発生のクレームがつけられた場合には、まず、落ち着くこと、続いて事故の状況、事実関係をできるだけ正確に把握することに努めることが重要です。

(3) 今後の課題

【升田】 幼児が怪我をしたというと、親も居丈高になり、その怪我の状況を見せられると、その場で法律的な責任まで迫られ、その場の雰囲気で認めさせられるおそれがありますが、先ほど説明したとおり、遊具の事故は、その使用方法等の事情によるところが多いのですから、事実関係の調査、把握を

重視すべきです。怪我については、人の情として詫びることも自然ですが、その後の対応は、事実関係の調査、把握を優先させ、その事実関係に基づいて検討し、判断することが重要です。

【事例6】 レストランへのクレームとアルバイト店員の教育

　私は、フランチャイズで運営されている喫茶店兼カレー店の店長をしています。店員は、私のほか、アルバイト店員2名がいます。アルバイトの定着率が低く、店員教育が大変です。本部から教育マニュアルは来ているのですが、うるさいことをいうと、定着率がさらに低くなりますので、あまりうるさいことはいえません。お客さんは、地下鉄の駅が近く、またオフィス街も近いため、まあまあの入りです。ただ忙しいお客さんが多いため、注文から注文品を出すまでにはできるだけ早くすることを心がけています。ところが、先日、アルバイトに来て間もない店員がお客さんの注文を受けたのに、注文品を間違え、気づくのが遅くなり、店内でお客さんに怒鳴られたのです。しかも、この店員があれこれ言い訳をしたため、お客さんが余計に腹を立て、その後、お客さんから何度もクレームの電話が来て困っています。お客さんには、私が謝ったのですが、結局、注文の食事をする時間もなくなり、空腹のまま店を出てしまった次第です。アルバイト店員ですか、その後、間もなく来なくなりましたよ。どう対応すればよいでしょうかね。

---

(1) 事例の諸相

【升田】　まずレストランの事例ですが、レストランでもいろいろクレームがつくことは多いと思います。現に、レストランといってもいろいろありますが、レストランに行った時に店員のサービスの仕方、あるいはそれ以前に店の雰囲気というものについて、どうかなと思うような場合もあります。

　この事例ですと、時間がかかってなかなか出てこない。注文を間違え、気づくのが遅かったというようなクレームにはどのように対応したらよろしいでしょうか。最近では、店員もアルバイトが多く、店への帰属意識のない人が増えていると思いますが。

(2) 具体的対応策

【関根】　この問題は、非常に複雑な内容を有していますね。実は私自身1年もの間、毎月大阪へ行って、レストランを800店舗経営している方に依頼されてクレーム対策のマニュアルをつくっています。現場で起こる事例対応というのは、100から120くらいになると思うのですが、それが企業側として起こる場合と顧客側として起こる場合に分けられますから、対応の仕方として2倍の240ぐらいになると思います。

　この事例をみると、アルバイトの定着率が低いとか、店員教育が大変だという事実がありますが、これはどのレストランも共通しています。このような状況を踏まえたうえで、具体的な対策を考えなければなりません。

　事例からするとお名前はわからないかもしれませんから、また来てくださることがあるかもしれないという意識をもって、チャンスを待つという姿勢が大切です。この点を店長がどこまで気遣えるかが、非常に大切と思います。

　ですから、またみえた時に、どのような対応ができるのか、うまく謝罪ができるのか、対策を立てておくことです。そして、アルバイトに関しては、そもそも苦情を起こすのが一般的だ、というくらいの心構えをもっておくことです。それを取り違えて、1カ月も働けば仕事に慣れたのだから、そう大きなクレームはないだろうと思うのは間違いでしょうね。逆に、間違いなく苦情があるものだと思って店長は行動していかないといけないということです。

　お客さんの心理から考えれば、お昼は逃したけど、その日の夕飯は食べているでしょうし、次の日からも普通に食事をしているわけでしょうから、怒りも薄らいでいるので、次回みえた時の対応がひじょうに大切だということです。

【升田】　レストランですから、それぞれの個性を大切にしないといけないわけですね。このレストランの場合、お客さんは早く料理を出してくれることを期待して来るわけですから、それに応じたサービスを日頃から心がけていないといけないわけです。こういったことはしばしば起こるわけですから、

クレームが出るという前提で、店員の教育を考えないといけない。それがアルバイトだからということは、何の理由にもならないわけですね。アルバイトで店を切り盛りしていることを前提として考えていく、それが経営者にとって必要だと思います。

　ここではクレームの電話が来て困るということですが、本当に何度も何度も業務を妨害するような問題なら別ですが、そうでない以上は、法律上問題にはならないわけです。ですから、法律的なことよりも、関根さんもおっしゃったように、このお客さんが再び来られたら、より適切に対応していく、すなわち1人ひとりのお客さんを大切にするという姿勢が重要ではないかと思います。

【関根】　ここで何度もクレームの電話が来て困っているということは、ミスを挽回するとっかかりのチャンスがあるわけです。対応の仕方でまずいのは、何回も電話をもらってしまうということです。たとえば、ドリンク券などのサービス券をおもちして謝罪に行くなどの対応をとれば、また来ていただけることにはなると思います。そのあたりをうまく伝えるためには、レストランがルールを作る必要があると思います。

【升田】　この店員も、間違えたうえに、気づいたのも遅く、しかも言い訳をしてしまったところに根本的な原因があるわけです。そんな言い訳をしているうちに、おそらく時間がかかってしまい、忙しいのに余計腹が立ってしまったのだと思います。フランチャイズのレストランであれば、忙しいお客さんが多いわけですから、そのセールスポイントは、できるだけ早く食事を出すことになるはず。ですから、セールスポイントに反するようなサービスの提供に問題があったわけですから、それなりに謝るべきだと思います。むしろ、飲食代をただにしてもいいぐらいの話だと思いま。

　レストランによっては、たとえば駅や空港のレストランの中には、「何時のご出発でしょうか」と聞くところもありますね。

【関根】　ええ、ありますね。

【升田】　ですから、お客さんの状況を考えることができるように、店員の教

育をしっかり行うことが最も重要でしょうね。

(3) 関連するクレームの内容と対応

【関根】 関連したクレームで一番多いのは、やはりレストランのぶっ掛けといいまして、飲食物をお客さんにかけてしまった場合のクレームでしょうね。そのときの謝罪の方法として、補償の仕方が決まっているレストランは、ほとんどないと思います。たとえば洗濯代をお出しする場合でも、お客さんがクリーニングに出して、後から代金を請求します。あるいは、そこで着替えを差し上げて、店側がクリーニングに出してお返しするなど、さまざまです。

その次に多いのは、酔っ払いへの対応ですね。断り方や、大声をあげたお客さんへの注意の仕方などがレストランには絡んできますね。

(4) 今後の課題

【升田】 運営するレストランがどのような態様で、また、どのようなサービスを提供するのかということをきちっと認識していれば、当然それに合わせた店の雰囲気づくりや、サービスの提供の仕方、それから店員の教育の仕方も変わってくるわけです。その点を踏まえたうえで、トラブルが生じたときの初期対応をしっかり準備しておく必要があります。

【事例7】 居酒屋でのトラブルと損害賠償請求

居酒屋のチェーン店とはいっても、大型もあれば高級店も存在します。

私は、お取引先と商談の懇親会のために、ある「居酒屋」を利用しました。そこはやや風情もあり、座敷に座ると目隠し程度の仕切りもあります。宴が進むうちに何回か料理や酒が運ばれ盛り上がっていましたが、若いスタッフが料理の片付けで手を滑らせ接待先の社長のスーツに刺身に使った醬油をこぼしてしまいました。

社長は、「大丈夫だよ」と言いましたが、この先新幹線で大阪まで帰ります。オシボリのタオルで拭いても薄水色系の地についた醬油の色は抜けず、帰路恥ずかしい思いをさせてしまうことになります。私は、謝罪をするスタッフに「責任者を呼んでほしい」とお願いしました。出てきた責任者は、白衣を着ていました。料理をしていたのでしょう。

口では詫びるのですが、どのように対処するか回答はありません。謝罪は続けられましたが、やはり結論が出ないので、私のほうから、差し当たっての処置はどうなるのか、代替のものはあるのか、と聞いたところ、店長は「脅かすのですか」といきなり凄んできました。呆れた私は「誠意がない、どうにかしろ」と叫びました。店長は、スーツはハンガーにかけておいてほしかったとか、真中に座れば片付けの邪魔にはならない……、と、こちらに非があるようなことを言いながら、最後は千円の洗濯代を出しました。
　不満は残りましたが、社長が諫めてくれたので、それで終わりにしました。会計をして店を出る時に、店長の姿はありませんでした。
　社長には、「君は元気がいいね」と言われました。ところが、その1週間後仮契約した商談が断られました。これは、あの店のせいではないかと考え、損害賠償を請求するつもりですが、いかがなものでしょうか。

(1) 事案の諸相

【升田】 居酒屋でのトラブルは、自分の個人的な経験からいっても少なくないようです。衣類が店員の粗相によって汚された事例なども発生しやすい事故のようですが、この事案では、確かに店長の対応は問題があります。

(2) 具体的対応策

【関根】 対応として、2つの点があります。まずは、商談が壊れた理由は何であるか、居酒屋での不快感が原因であれば、その証拠を求めます。
　この事例では、相手の許可を得て、接待をしていた企業へ出向き、そこで上記の事項を確認し、居酒屋での不快感が原因であれば、対応し、真摯な態度で努力を続けます。しかし、直接の原因でなさそうなら、ご迷惑をかけたこと、店長の態度を謝罪して引くべきです。居酒屋としては大変な事故でしょうが、避けられない事故でもあります。その場合、弁償の規定というものが存在するのか、もしなければ、現場でどのように対応してよいか、スタッフ個人個人にバラツキが生じます。
　さらに、初期対応の方法を徹底しておくことが必要であり、それは謝罪の第一声が重要です。

最後に、補償規定がないと現場は適切な対応ができません。

【升田】 居酒屋の落ち度について法律的な責任を追及することが可能であるかは、さらに事実関係の調査、検討が必要な部分もありますが、法律的な責任が認められる可能性があるということはできます。もっとも、この事案の法律的な責任は、接待されていた取引先の社長が追及することができるものであり、接待側ではありません。

商談が居酒屋のトラブルで破談になったというかもしれませんが、醬油をこぼしたことと破談との間の因果関係が認められるかが問題になり、一般的には、醬油がこぼれた後の適切な対応はいくつか考えられ、接待側がとった対応が適切であったかの疑問があること等の事情を考慮しますと、因果関係があるとはいえないでしょう。

今後の商談の糧にすべきものです。

【事例8】 運動会での事故と治療費・慰謝料の請求

小学校の運動会には事故はつきものですから、教師も真剣に取り組んでいます。

ある小学校では、短距離走で転んで擦り傷を付けたことに対し、治療費と慰謝料を請求してきた保護者がいましたが、学校をあげての対応で大事にならずに済みました。

ただ、学校側は、PTAの中でも学校側のことをよく理解してくださっていた、その保護者の豹変には戸惑いが隠せませんでした。

さて、別の小学校の運動会で大きな事故が起きました。3段ピラミッドの最下段の子供が腕の骨にひびを入れてしまったのです。その日も練習どおりうまくいき、大きく崩落したわけでもなかったのですが、少ししびれるということでレントゲンを撮ってみると、ひびが判明したわけです。

学校からは、副校長と担任が謝罪に訪問し、事なきを得たと思われましたが、後日、ご両親が学校に来て、治療費以外に慰謝料を請求する事態になりました。

問題は、上に乗っていた3人にも慰謝料の請求をしてきたことです。理由としては、学校側はなぜうちの子が最下段になったか（多くの場合、身体の大きな子を下にする。この子はクラスで2番目に大きい）、上の3人がうちの子に

> 体重をかけたのではないかというものです。学校側は、上に乗っていた3人の保護者には、以上の事実を言うこともできず苦慮しています。

(1) 事案の諸相

【升田】 子供の頃には、運動会は楽しみでしたが、最近は、法律的な問題にも配慮しなければならないことは、本当にさびしいことです。

　従来から学校内、あるいは学校の行事で事故が発生する事例が生じていましたし、そのような事故をめぐるトラブルが訴訟に発展し、教員、管理者の法律的な責任が追及される事例がありましたから、一般的には学校においてもこれらの法律的な責任が問題になった場合に、どのように対応するかについて基本的な知識とか心構えをもっておくことが重要であったと思います。

(2) 具体的対応策

【関根】 この場合は、学校に対して慰謝料請求が妥当であれば支払うことも解決の1つと考えますが、過去の事例を参考にして対応する必要があります。また、他校の前例となるような模範的な対応をする必要があります。ただ、運動会の事故ですから、安易に慰謝料を出すことは、今後の運動会の運営にも大きな影響を残すことになります。安易に慰謝料を出さないと決め、辛抱強く対応をすることがよいと考えます。一方、上に乗っていた生徒への請求は、受け付ける必要はありません。大きく騒ぎだしたら、上に乗った子どもの保護者にも、請求の事実を伝えるべきでしょうが、穏便のうちに話し合いを進め説得することが、保護者同士の今後の関係のためにも良策です。

　また、対応窓口は本来副校長と決まっています。クレームに関するトラブルは必ず解決できるというものではありませんから、校長や社長等の直接対応は極力避ける必要があるでしょう。

(3) 関連するクレームの内容と対応

【升田】 近年は、小学校、中学校では一部にモンスターペアレントと呼ばれる不当な要求を執拗に繰り返す親が出現しているわけですから、クレーム対応とか、法律的な責任対応について事前に知識を得て、心構えをもっておく

ことは、さらに一層重要になっているということができます。
　学校において事故が発生した場合、教員、学校の管理者に法律的な責任が生じ得るかどうかは、まず、事故の事実関係が重要になりますから、その事実関係の調査、把握が重要になります。この事案の場合には、生徒の学年がわかりませんが、ピラミッドを行うについてどのような準備、注意をしていたか、ピラミッドが崩れた原因が何であったかが重要な事実になると思います。高学年の生徒の場合には、ピラミッドの練習にあたってどのような準備、注意をしていたか、その事実関係を裏付ける証拠としてどのようなものがあるかを十分に検討し、生徒が理解できる程度の準備と注意をしていれば、特段の事情がなければ、法律的な責任が認められる可能性は相当に低いと考えられます。

(4) 今後の課題

【升田】 このような場合であっても、残念なことですが、怪我をした生徒や親が訴訟を提起する可能性は否定できませんから、訴訟の提起をも想定した検討を行っておくことが無駄ではないでしょう。訴訟が提起され、勝訴しても、訴訟に応訴したさまざまな負担はかかります。しかも、訴訟において勝訴が見込まれていても、裁判所によっては予想外の判決になることがありますから、心を強くしておくことも大切です。

【事例9】　いじめによる中学生の不登校と責任追及

　保健室登校をして半年になる中学2年生の女子がいます。友人は数人いるのですが、元々おとなしい子だったようです。
　事件は授業のグループ発表の時に起こりました。グループで発表者を決めたのですが、内向的な彼女をいたずら好きの男子が発表者にしたてました。メンバーは協力するといったのですが、始めてみると協力的でなく、とうとう発表の段になったときはほとんどまとまっていない内容でした。当然口下手な彼女は立ち尽くすのみで、小声で詫びました。それに対しメンバーまで嘲笑したそうです。その結果不登校になり、やっとのことで保健室登校をするまでになりました。しかし、半年も経った頃保護者が学校に来て、全然良くならないでは

> ないかと、保健室員に抗議をして連れ帰りました。もちろん保健室員も丁寧な説明をして「良くなっているのですから、もう少し辛抱してください」とお願いしたのですが連れて帰られ、結局、そのまま不登校になりました。
> 　後日、その保護者が原因を知るところとなり、学校が秘密にしていたことと、いじめをした生徒を訴えると言ってきました。
> 　この場合の対応は、どのようにしたらよろしいでしょうか。

(1) 事案の諸相

【升田】　学校内におけるいじめは、昔からあったように思うのですが、最近は、報道される内容を見聞する限り、陰湿で悪質になっているようです。いじめにどのように対応するかは、個々の事案の実情を十分に把握し、本人、親、教員らの適切な協力をすることが重要ですが、適切な対応をしたと考えても、適切でなかったり、その後の事情の変化に伴って適切でなくなることも多いようです。いじめに遭った本人の立場に立った対応を柔軟に行い続けていくも重要です。

(2) 具体的対応策

【関根】　昔は、いじめでも本当の弱者は保護していたような記憶があります。
　この対応策は、まず、保護者はお嬢さんをどうしたいのか、それを聞いてできる限りの挑戦を教師や学校、クラスが一緒に行うべき問題です。特に、いたずらとはいえ、からかった生徒たちを中心にクラスで検討するべきです。問題はもっと深い部分にあります。それは本人がどうしたいのかを、はっきり聞くことです。それに対し、そのまま彼女の意思を受けとめるのではなく、前向きの方向を検討し、協力することをめざすことです。要は、保護者への対応ではなく、本人が普通に登校する気になるよう努力する姿勢で臨むことです。

【升田】　いじめの対策として、訴訟を提起することも1つの方法であることは否定できません。同じ学校にいて、いじめに遭った生徒が他の生徒を訴えることは、教育の現場とはなじまないのですが、学校内であるからといって、

訴訟の提起を一切排除できるものではありません。実際にもいじめをされた生徒がいじめた生徒、親に対して訴訟を提起した事例もあります。

　この事案の場合、学校としては、いじめに遭った両親に訴訟を思いとどまるように説得するなどすることは避けるべきです。学校としては、この事案をもきっかけにして、いじめをなくす努力をすることが重要ではないでしょうか。

　学校がいじめを知りながら秘密にしておくことなどは、最悪の対応です。コンプライアンス違反の隠蔽ととられても仕方がないでしょう。いじめ隠しの事例を聞くことがありますが、後に訴訟に巻き込まれる原因になります。

【事例10】　モンスターペアレントからのクレーム

　小学校の教員になって20年になりますが、時代の変化を痛感しています。特に子供の親は変わってきています。私の教育は、自分で言うのも何ですが、相当の自信をもっています。経験もありますし、1人ひとりの子供ができるだけ伸びるように教育をしているつもりです。叱るときは、叱るし、誉めるときは、誉めるという方針です。その自信も最近は揺らいでいますよ。2カ月前のことでしたが、教頭から呼び出しがあり行ったところ、1人の児童の親が学校に来て、子供に対する教育が杜撰であるとか、ひいきがひどいと言っているというのです。現在、6年生の担当をしているのですが、これでは、子供が私立の中学に入学できないというのです。この子供は、授業時間中に居眠りをすることが多いので、少し注意をしたことがあるのですが、どうも学習塾に通い、家庭教師もつけていて、寝る時間があまりないようなのです。親の話ですと、私の教育のレベルが低いので、やむを得ず学習塾に通わせているという話になっているようです。父親のほうは一時期羽振りがよかったようですが、最近リストラされたという事情もあるようで、校長のところにやたらと電話があるようです。子供も最近休みがちになっています。親に面談するだけでも気が滅入りますよ。

---

(1)　事例の諸相

【升田】　親が子どもの教育について、教員に対してクレームをつけていると

いうことで、法律的には別に何も問題になることはないように思います。しかし、法律的に問題がないからといってクレームがつかないということではありません。そういう意味では、教育の現場での話しを見聞すると、このような事例を含めてたくさんの事例が生じていて、まさにモンスターペアレントの問題をどのように解決するかということも本格的に議論されていると伺っています。そういった点の検討も行っておられる関根さんに伺いたいと思います。

(2) 具体的対応策

【関根】 ここは非常に難しい問題で、小学校の教員になって20年というように、教育に相当自信があるように書かれていますが、20年どころではまだまだ挑戦の段階といってもよいでしょう。そこを勘違いしているのかなということが1つあります。まずリストラという事情が問題になります。つまり、収入が落ちたということです。次に、自信を喪失した教師です。さらに、犠牲者は誰かというと、勉強だけに追い込まれる子どもですね。その3つが絡み合っている問題なんですね。

通常のクレームと違うのは、1つには介護の世界と似ているのですが、介護の世界の利用者がいて、そのクレームは介護されている人を飛び越したクレームになっている。学校の問題も難しいのは、生徒を飛び越した、本来クレームをつける側、つけられる側という、当人同士の問題になっていないところなんです。ですから、それを理解して判断していかなければいけないと思います。

そして、先ほど述べた、たった20年しか働いていない先生は、定年まで、毎年、毎年、挑戦なんですよ。相手が変わるんですから。しかも、担当する学年が変わったりしているわけですからね。そして時代が変わってきた中で生まれ、育った子どもたちを教育するわけですから、失敗はつきものだということを自分で自覚する必要があります。自信だけでは、対応しきれないと思います。

そして、事例の中で、ひいきがひどいと言われた、という事情があるので

すが、これも問題がありまして、ひいきに関するクレームの場合は、多くの場合、家庭の中での先生に対する親の評価を子どもが聞いています。

　たとえば、先生の能力や考え方を否定するような会話をすると、その子どもは先生の能力を低くみるわけです。

　そうすると、どういう現象が起こるかというと、能力の低い先生だから近寄らないということになるんです。いつも先生を非難している家庭の子は、遠巻きに先生を見ているんです。そうなると、声をかけるのは、先生を慕ってくれる子になるわけです。これが、ひいきを引き起こす大きな要因を占めているのです。

　あとは、学習塾に通わせるのも先生の指導レベルが低いせいだと言われていますが、校長も含めしっかり話し合いをもつということが必要です。1つだけ言えるのは、小学校に限らず学校業界は担任と副校長と校長と教育委員会が手を取り合っていなければ駄目だということです。この3者がそれぞれ情報を密にし、そしてお互いに裏切らないことが大切です。

(3) 関連するクレームの内容と対応

【編集部】最近は、大都市で中学受験が増えているようですが、受験目前の冬休みなどに多くの宿題を出すと、受験生の親からクレームが来るという話しも聞きます。教師としては、こういった点にどのように対応すればよいとお考えでしょうか。

【関根】　これは非常に難しい問題だと思います。

　ただ、全国単位でも平均的な宿題量を出しているというように説明し、それが無理でしたらご相談くださいと、はねるでもなく、引くでもなくという対応をする必要があります。そして、次に学校内では、コンセンサス、つまり宿題を少なくすることを皆で認め合いますか、ということを検討する必要があると思います。

　ただ、大反対する先生も出てくると思います。ならば、宿題を出す理由をしっかりつけましょうという方向へもっていく必要があると思います。ただ、間違ってはいけないのは、誰のためかということです。子どものため、子

もの成長のためにどうするのかということを前提に会話をしていかないと、おかしなことになります。

【升田】 小学校という段階での教育をめぐるクレームですが、もともと小学校なり中学校の教育を取り巻く環境は、大きく変わっているわけです。そのように変わっている中で、教師なり学校当局なり教育委員会が変化に対応できているかというと、現実にはできていないわけです。もちろん教師のおかれている地位、あるいは親がみる教師の印象、役割も随分様変わりしているにもかかわらず、昔ながらの教師像を描いて教育をするだけでは、十分対応できないと思います。

確かに義務教育として重要ではあり、親のほうは教育を話題にしていますが、親のクレームは教育以外の要素を持ち込んでいます。教育以外の要素を教育の現場で突きつけられた教師がどうしたらいいかというと、元々慣れていないわけです。しかも、慣れていないどころか、想定もしていないわけですから、最初の段階で悩んでしまうことになるのも、重大な原因の1つだと思います。

そして、学校当局が教師をバックアップしているかというと、決してすべての学校でバックアップされているとは言い切れないのが現状です。現場の教師だけに任せたり、あるいは親の責任、クレームの問題だとして逆に投げつけたり、あるいは教育委員会も教育委員会で、それは教育委員会の問題なのかと抵抗し、あるいは逆に教育委員会が何かしてくれないのか、という他人依存的なところが双方にあって、学校当局、教育委員会を含めて、クレーム対応にそもそも慣れていない、また、想定をしていないといえます。さらには能力も知識も経験もないという、ないない尽くしなのが現状ではないでしょうか。

【関根】 そのとおりだと思います。

【升田】 そこに親のほうは社会の中で生活をしていて、さまざまな社会環境の変化を受けているわけですから、社会全体がクレームをつけやすい状況になっているわけです。そういったクレームをつけやすい人がたまたま親にな

っているというだけのことで、社会でつけているクレームがたまたま教育現場で、教育のサービスの品質を問題にしてクレームをつけた親のほうも、なんで言っちゃ悪いんだという気持があるかもしれないですね。

　そうすると、クレームを言われたほうは、そもそもクレームを想定していない、対応の知識も能力も経験もないということになると、それはクレームがつきやすいというか、クレームをつけるほうも相手方の反応を見てクレームをつけることが多いわけですから、あたふたしていると、逆にクレームを余計に引きずることがしばしば起こりうるわけです。

　もちろん、根拠のないクレームをつけるほうも問題ですが、適切に対応できないということによってクレームを拡大し、より深刻化しているということも見逃してはいけないと思います。

【関根】　大事なことを見落としていけないのは、最近の出生率が1.37といわれている中で、多くの場合、小学校1年生の保護者は初めて保護者という立場になるんですね。この保護者たちに対して説明がしっかりできなければ駄目なんです。逆に、少子化の中では二度と保護者になることのない可能性さえある人が世の中にはたくさんいるということを理解したときに、升田さんがおっしゃったように、相手を受け入れつつはっきりした態度で臨まれることが非常に大事なことです。

(4)　今後の課題

【升田】　小学校、中学校の義務教育の問題におけるクレームの問題点は、今後も話題になってくると思いますが、学校当局あるいは教育委員会、さらに教育行政をやっている人は、学校内においてクレームが発生する背景事情について、もう少し十分な認識をもち、原因に対して直接解決するという姿勢を示す必要があります。すでに、クレームが日常化する時代はそこまで来ていることを忘れてはいけないと思いますね。

【関根】　先ほども話した保護者用マニュアルが必要なのは確かです。というのも、こんな事例があるんですよ。授業の中で、先生がある問題について君たちはどう思う、どう考えると問いかけたところ、誰も何も言わない。そこ

で、先生は、「君たちは奴隷じゃないんだから自分の意見をちゃんともちなさい」と生徒に発言したわけです。そうしたら、ある子が自宅へ帰って、「先生が、先生の奴隷になれって言ってた」と言うわけです。それを聞いた親がほかの保護者に連絡して、同じことを言われたか子どもに聞いてほしいと頼んだとします。そして、奴隷になれって言ったよという話を聞いて、最初の親が学校に怒鳴り込んできて大事件になったそうです。

【升田】　今回取り上げられた事例は小学校ですが、中学校の事例もあって、義務教育固有の問題もあるかもしれませんが、高等学校、大学でも、クレームはやはりあるわけです。クレームをつけることが珍しくない環境で小中学校をすごした生徒あるいは親が進学すれば、同じような、あるいはまた社会に影響を受けたような対応をとることがあるので、高校や大学でもクレームがつくという前提で物事を考えていく必要があると思いますね。

　最近の統計で、大学への入学率が50％を超えたということが報じられていたこともありますが、すでに大学自身が高等教育といってよいかどうかという問題もあります。また、高校も義務教育化したらどうかという意見もあるわけですから、教育に対する考え方もだいぶ違ってくるわけです。義務教育でない、つまり高等教育であれば、自分が選択したところに行くわけですから、それなりの姿勢があるわけですが、義務教育になるとどうしても相当の割合で、義務づけられて、やむを得ず行っているという姿勢があるわけですから、やはりおのずとクレームの出方も違うと思いますね。

【関根】　現実に、先生のところに、なぜ単位が取れないんだといって、親がクレームをつけてくることはあるんですか。

【升田】　ロースクールは、さすがにないですね。

【関根】　そうですか。

【升田】　ロースクールは怖くて言えません。

【関根】　歯学部なんかは、クレームをつける人が随分いると聞きますね。

【升田】　教育をめぐる問題は、モンスタークレーマーの世界の問題として、今後とも見守っていかなければならない分野だと思います。

> **【事例11】 開業医へのクレーム**
>
> 　歯科医院で衛生士と助手は仕事の範囲が違うことを法律で決められています。歯周病の原因である歯垢の除去は助手がやった場合違反行為となりますが、都内の歯科では衛生士がいる医院は半分以下になっているため、助手が歯垢除去をしている歯科医院も珍しくないようです。ここにきて、その違法行為の密告が増えているのが現状です。
>
> 　さて、一般医科でのトラブルです。
>
> 　ある田舎の医院、院長は75歳、助手2名。そこへ喉がいがらっぽいと50代の女性が診察に来ました。医者の指示で鼻と喉を霧散機で治療をし、帰る時に薬を受け取ろうとしたところ、あまりの量に驚き、助手にその内容を確認しました。そうしたところ、喉の薬以外に、胃の薬、鼻炎薬が同封されており、薬代だけでも1,800円となっておりました。
>
> 　さらに詳細を受付の助手に聞くと「いいじゃないですか、薬が出ているんですから」という始末です。怒った患者は医師に会わせるよう要求し、会ったところ、医師はその理由について、喉に関連して腫れが出てくるので、事前に予防を兼ねて出したといいます。胃の薬も同様に、胃の保護のためと言いました。一応納得して、再度支払いに向かうと、今度は喉の薬しか出ていません。その間、医師と受付の助手は接触がなく、うるさい客だからほかの薬を外したほうがよいと助手の2人で相談したのでしょう。医師の指示の下薬を出すのが正しく、薬剤師といえども同様です。
>
> 　患者は違法行為を訴えました。

(1) 事案の諸相

【関根】 顔見知りの医院ではよくある光景です。また患者も不勉強で、白衣を着た人が医者に見える人もいるでしょう。この医院は、その典型です。

(2) 具体的対応策

【関根】 このトラブルは医師がことの説明を再度行い、コミュニケーションの悪さを謝罪すると同時に、助手も勝手な判断をしたことを丁寧に詫び、2度と行わないことです。非難を覚悟していえば、指導力の衰えた医師は医業をやめるべきでしょう。薬の誤調剤での死亡事故も増えていますから。

【升田】　誤りを正すに憚ってはならないのが、トラブル回避の重要な方法の１つです。

　お医者さんも、事業者ですが、事業の遂行には、コンプライアンスの要請を遵守することが基本になっています。仮にコンプライアンス違反を犯した場合には、迅速にその違反を正し、今後、その違反が生じない対策を講じて実施することが重要です。面子などこだわっていては、事態が悪化するおそれがあります。

　なお、内部告発は社会では多数みられますから、悪事を隠し通すことはできないと考えるべきです。

【事例12】　顧客から銀行へのクレーム

　先日、いつも来ていただくお客さんから、銀行内で現金がなくなったと騒がれたのです。私は、窓口業務の監督をしているのですが、担当の者は、お客さんから現金を受け取ったことはないと言いますし、お客さんは、盗った、盗ったと言いますし、大変でした。まだ解決していませんよ。お客さんは、年齢は70歳くらいのおじいさんですが、近所の方です。長年の取引もあります。突然のことですから、窓口の担当者もびっくりし、一度謝ったようなのですが、私が説明をしても聞き入れてくれません。ご本人の家族にも連絡したのですが、さらに強硬で監督官庁に届け出ると言われますし、弁護士に頼んだとも言われています。私のほうでは、決して現金を受け取ってはいません。お客さんの物忘れだと思うのですが、本人が頑として聞き入れません。

---

(1)　事例の諸相

【升田】　高齢社会を迎えて、一時期銀行については、破綻の問題などがありましたが、その後大手の銀行では統廃合が随分進んだりして、支店も随分少なくなったような気がします。そういった中で比較的高齢者の方は、なお銀行を利用した預金取引などをしておられるように思います。たまに銀行に行きますと、結構高齢者の方が窓口におられるというようなことがありますね。

　銀行のほうも、現金の受け渡しについては非常に気を使っています。以前

も、銀行の窓口で渡したの渡さなかったのということで裁判になった事例もあります。ですから、常にこのような問題は起こりうると思います。

確かに、支払いや預金の関係で、しばらくの間現金をテーブルの上に置いたままの状況を見たことがありますが、その間、一体誰が責任をもっているのか疑問に感じました。受け取ったのか、受け取っていないのかということですね。

法律上の問題としても、受け取ったのか、受け取っていないのか、一体どちらがどう証明するのかというようなことが問題になると思いますし、そこにまた高齢者の方が取引の当事者ということで、忘れてしまうということもあり得ますから、やはり高齢者を顧客として行う取引である以上、そのようなことにも注意して、銀行としてはクレーム対応の仕方も考える必要があるようになっているのではないかと思います。従来から気をつけているとはいわれていても、まだまだ十分とはいえないような気がしますね。関根さん、いかがですか。

(2) 具体的対応策

【関根】 銀行の行員の構成をみると、私がまとめた『日本苦情白書』の中にも出てきていますが、受付はパートや派遣労働者が中心です。もちろん、パートや派遣労働者が問題だというわけではなく、銀行業務の特殊性に対応した教育を受けているかどうかという点が問題になります。

事例に書いてあるように、監督庁に届け出た、弁護士さんに頼んだとありますが、それは、仕方がありませんから、慌てずにクレームをつけた人と何度となくお会いする必要があります。そして、記憶を思い出す点に絞ります。ここに来るまでに本当にお金を持ってきましたか、という点まで細かく探りを入れるのです。

そうすると、たとえば切符を買った、定期を買った、切手を買った、物に残らないようなものを買った時に、現金を崩していることがあります。

ですから、この人が本当にお金をここへ持ってきたのかどうなのかということも、疑問は拭えません。お客さま相談室などの対応では、何回となくお

会いして、相手の様子をじっくり分析する必要がありますね。中には、病気にかかりかけている人もいますから。

【升田】　法律的にいいますと、預金のようにお客さんが銀行に渡す段階と支払いをするというように、銀行がお客さんに渡す段階と、2つの段階があるわけです。お客さんが渡すときには、渡したということを証明しないといけません。逆に今度は銀行が預金を払い戻したというときには、払い戻したということを証明しなければいけません。

ですから、若干問題点が違うと思いますが、カウンターのところに置いたという状況だけで問題になっているとすれば、なかなか法律的には難しいところがあると思います。ただ、場合によっては受け取ったかどうかという場面を、ご存じのように銀行の中には防犯カメラで撮っているところもあるわけですから、当然記録を保存しているという前提で考えれば、確認するということも、1つの方法だとは思います。

相手方が高齢の方であるとすれば、法律的な問題は別として、やはり銀行のほうで一般的に対応策をとっていると思います。もちろん、このような事故があることは、ある程度経験のある銀行員であれば、それなりの対応は日頃からしているとは思うのですが、それでもこのようなトラブルが起こるということはあります。

高齢者の方が仮に受け取っていたとしても、うそを言っているというわけではなく、ご本人の記憶としては受け取っていないということの記憶しかないという場合もあるわけですから、いたずらに、相手の言い分を否定するような言い方は避けなければいけませんよね。

直前のことを忘れるというのは、これは年を取れば誰しもやむを得ないことで、それを責めるのはどうかという気がします。これは物忘れだと言っていますが、物忘れというものを相手の責任とするのも、難しいですね。

【関根】　たとえば、盗った、盗ったと言いはやされたときに、事実ではなかったすると、名誉棄損になることはあるのですか。

【升田】　あるのではないでしょうか。

【関根】　そうですよね。
【升田】　犯罪を指摘しているわけですから。
【関根】　お客さんを失うので、あまり勧められないのですが、執拗に責められるならば、銀行としても、今の発言は控えさせていただきますよ、と言うべきだと思いますね。
【升田】　おそらく、銀行の窓口では、今の発言は確認させてもらいますと言わないでも、他の行員など誰かが確認すると思います。あまり店舗の中で荒立てるような対応の仕方をするというのは、多分ほかのお客さんへの影響もありますから、できるだけ避けたほうがいいと思います。現に避けているとは思いますが、逆にそれをまた奇貨としてクレームを言う人もいるとは思います。

　ですから、そのようなときに、警備員や、あるいは支店の幹部が対応するでしょうが、対応するまでの騒ぎは、現実には起こりますから、その前に確認を怠らないというマニュアルを徹底することでしょうね。

(3)　関連するクレーム内容と対応

【升田】　現金の受け渡しではいちいち領収書を取らないことが多いですよね。ですから、銀行に限らず現金の受け渡しではトラブルが生じやすいといえます。たとえば、ちょっと急ぎの用事で1万円札を出して500円の物を買ったのに、おつりを500円しか渡されなかったような場合です。1万円を渡したのに相手方が1000円と思って、おつりをくれないわけです。

　管理の行き届いたところでは、受け取ったものを別のところに置いて確認できるようになっていますが、たとえばにぎやかな場所にある売店のように同時に複数の人とお金のやり取りを行っているようなところでは、確かに1万円渡したとか、渡さなかったとかいう問題が生じますね。
【関根】　昔は、レジを止めて、その場で精算して、合っているかいないかを確かめました。それでも、いや、私は1万円を出したっていう人はいましたが。

(4) 今後の課題

【関根】　それともう1つは、2万2000円持っているお客さんがお店に来るまでに3000円のものを買ってしまうと、お財布には1万9000円残っているわけです。そして、5000円を払って買い物をしているわけです。ところが、頭の中は最初の2万2000円で、3000円をどこかで使ったことを忘れているから、私は1万円出したんだ、1万円出したんだと言い続けるんです。

　そこで、大変失礼ですが、外出される時には、お財布には1万円札と1000円札は何枚入っておりましたか、ということを聞いて、お買い物をされた時に5000円出されましたが、1万4000円残っているということはどこかでお使いになっていますよね、という会話をするわけです。頭の中には、1万円札が2枚あったということだけが残っているんです。これを冷静に、冷静に、話を続けると、はっと気がつき、表情が変わるんです。

　でも、すみませんという人は3割ぐらいです。ですから、はっと気がついた時の表情で間違いに気づいたか見抜きます。

【事例13】　美容院での低温やけどのクレーム

　美容院がテナントとして入っている百貨店のA店長の知り合いの常連客で、プライドの高い55歳くらいの女性客が来店されました。そのお客様は、他店で見た毛染めの色を要望しました。しかし、美容院は使用する染料やシャンプー・リンスのブランドが決まっており、ブランドが異なると、多くの場合近い色は出ても全く同じ色を出すことは難しいのが現実です。その店で使用しているブランドとお客様の要望しているブランドは異なるものでした。さらに、他社のブランドを取り寄せて使うこともできません。というのも、安全の確認ができていないからです。

　仕方なく、お客様の要望するブランドとは異なるブランドで毛染めをしましたが、仕上がりに不満があったのか、頭をドライしているときに、「熱い熱い」「冷やして頂戴」「低温やけどになる」と騒ぎだし、30分も水で冷やしました。「よかったわね、私が気づいて。やけどするところだったのよ。でもA店長には言っておくわ」とおっしゃいました。

その後、そのお客様は、低温やけどした場所が色変したので専門家の治療を受けたいと言ってきました。対応に出た苦情担当者が見たところ、何も変わっていなかったようです。A店長に相談すると、言われるとおりにしておけという始末です。そのお客様に地位がなければ対応が変わるのでしょうが、A店長も事なかれ主義に徹していました。
　その後、いつから治療を受けたらいいのか指示をしてくださいと言ってきました。自分の意思ではなく、美容院からのお願いで治療に行ったと言いたいのだろうと思われます。
　どのように対応すればよろしいでしょうか。

(1) 事案の諸相

【升田】　クレーム対応は、事業者としては、経営者、現場の従業員、担当者が協力して対応することが重要です。それぞれが異なる情報によって、異なる対応をすることは、クレーム対応としては杜撰であり、後により深刻な紛争、法的な紛争に発展してもやむを得ないと思いますし、そのような食い違いが法的な責任の根拠として利用されることもあり得ます。

(2) 具体的対応策

【関根】　まずは、丁寧なお詫びに行きます。プライドを害さないためには、権威が効果的です。できるなら、その世界の権威といわれるような医師に何とかコネクションをつけて、そこへ行くことを伝えるだけでも収まることがあるでしょう（一種のサプライズ対応です）。もし対面しても、その方が、「この程度のやけどは、市販の塗り薬で治りますよ」と一言いったらそれに従うでしょう。その医師に治療を必要とすると言われたら受けていただきます。そのときは、慰謝料の問題も生じます。一般的な対応は申出人の要望ですから、医院へ同行して誠意をみせることが必要でしょう。その後は、成り行きをみて対応します。

【升田】　この事案では、美容院の大家のA店長との対応が必要になりそうですが、美容院の経営者にもそのことを知らせ、A店長に説明できることを前提としてクレーム対応を検討することが重要です。

お客さんとの対応の内容については、クレームの内容である事実関係が本当にどのようなものであるか、その事実関係を裏付ける証拠として何があるか、その証拠をどのようにして確保するかが重要な視点になります。この事案では、お客さんのクレームである髪の変色については、医師に治療に行く前に、髪の現況を写真に撮らせてもらうことを検討することがよいでしょう。また、関根さんが指摘されているように、より中立的な医師を紹介するようにすることも重要です。

【事例14】 不動産売買に絡むクレーム

長年、不動産会社に勤めていますと、いろいろなクレームがつきますから、大抵のことは驚きませんよ。私は、バブルの頃からこの仕事に就いているのですが、当時は、どのような不動産でも売れてよかったですよ。最近は、景気が悪いのか、売買の仲介事例も少なくなりましたし、売買がまとまっても、クレームが来ることが多くなりましてね。先日は、このようなことがありました。マンション購入の希望者から仲介を依頼されたのでいくつかの物件を紹介し、ようやく売買契約がまとまり、物件の引渡し、代金の支払いも終わりました。ところが、そのお客さんから道路沿いで騒音がひどいというクレームが入ったのです。法律に従った説明はちゃんとしていますし、お客さんも物件を現実に見て購入を決めたのですよ。道路沿いということが問題のようですが、交通の便利のよい場所を希望していたのですからある程度やむを得ないと思うのですが。売買契約を無かったことにするか、代金の減額を求めるかを迷っているなどと言われています。自分で見て買っていて、何が問題になるのですか。

---

(1) 事例の諸相

【升田】 マンションの売買については、新築もあり、中古物件もあり、至るところマンションが林立して、都心に限らず、郊外でもマンションの数は相当多いわけです。聞くところによりますと、全国でストックが、すでに500万戸あるといわれています。したがって、住宅として一般的なものになってきており、マンションを購入するという選択肢は非常に重要な選択肢になっているわけです。

マンションを購入する際、購入者にとっては自分が支払うことができる金額、価格の問題もあると思いますが、最近では、利便性に加えて、環境の善し悪しも非常に重要な事情になってきていると言われています。

　もちろんこの場合、不動産会社が仲介していますから、宅地建物取引業法によって重要事項を説明しなければいけなかったという前提があるわけです。問題は、道路沿いで騒音がひどいことがクレームになっているのですが、反面、具体的なことはこの事例から明確ではありませんが、利便性がよいことにもつながるわけです。交通の便のよい場所でありながら、かつ騒音がひどい。どの程度ひどいかということもありますが、そこがクレームになっているという特徴があるわけです。

(2) 具体的対応策

【升田】　この場合、法律的な問題と、現実に当面どうするかという問題があるわけですが、法律的な問題とすれば、先ほどお話しした重要事項の説明義務がありますので、本件で問題となっている騒音が重要事項に含まれるかどうか、含まれるとすれば、その中で対応するということになります。そうでないとすれば、顧客対応ということになってくるのだろうと思いますが、マンションも一生の間にそう何回も買える物件ではないということで、お客さんのほうも真剣勝負になってきていると思います。やはり、ここはもしほかの事情が許せば、売買契約を無かったことにするか、あるいは納得いただければ自分の利益は減らしてもいいから代金を若干減額するということも、早期の解決にはなるのだろうと思います。

　自分が見て買って何が問題になるのかという点は、確かに1つの理屈ではありますが、物件が所在する環境を24時間見ているわけではないですから、反論としては弱いでしょうね。

【関根】　騒音がひどいというのは、物件の紹介が昼間だけだったからではないかと思います。つまり、夜も確認のため、部屋に入れて周りの光を確認してもらったり、上下の部屋の物音を確認してもらうことが、ビジネスの最小限の気遣いなんです。

このような対応をしておけば、マンションのクレームはかなり減るといえます。自分で見て買って、何が問題になるのかというのは、営業上の気遣いが不足しているといえるでしょうね。

　ところで、売買契約を無かったことにすることも考えられるのでしょうか。

【升田】　今お話しの、売買約契約を無かったことにするというのは、違約金の問題が発生して、違約金を取る、取らないということで、訴訟に至るということもあります。また、代金減額の問題であれば、いくら値引きをするかといった点が問題になることもあるわけです。この事案からはどちらが決定的によいとも悪いとも、きちんとしているとも、言えないわけですから、本当に訴訟になってしまえば、相当、手間暇、費用がかかります。もし業者のほうで説明が十分でないという判断に立てば、早期に合理的な範囲内で、新築のものであれば違約金をとることも考えられますが、中古物件になってしまいますから、なかなかそれはとれないということになりますと、売買契約を無かったことにするよりは、代金の減額で対応するというのが1つの方法だとは思いますね。

　あまりクレームのついた物件に住みたくないということをあげる方もいますけどね。

(3)　関連するクレームの内容と対応

【升田】　お客さんのほうも、現に見にいっているわけで、それは非常に重要なことなんですが、住宅を買う場合、やっぱり朝昼晩、時間帯の違う時に見るべきです。一定の時点で見たから、十分見たとはいえないと思います。しかし、業者のほうもそれはわかっているはずなんです。ですから、一定の時間帯に見たというだけでは何ともいえないわけで、騒音問題に関しては決定的な事情とはいえないと思います。

　しかも、曜日によっても違いますし。土曜、日曜の場合と、ウイークデーの場合をそれなりにきちっと見るべきで、お客さんのほうも配慮が足りなかったとは思います。業者のほうも、騒音は昼間でもわかるわけです。クレームがつきそうな物件であれば、それなりの配慮をしてもよいのだと思います。

(4) 今後の課題

【関根】　こうなったときに一番大事なのは、お客さんとの双方の信頼関係をどうつくっていくかということです。こじれても、何回も、何回も、お客さんのところに顔を出すんですよ。そして、うるさいのはご主人か奥さまかを見抜くことなんです。そのうえで、物わかりのよさそうなほうにアクションを起こして、「どうですか。まだ気になりますか」というように、半月ごと、ひと月ごとに、声をかけるのも有効です。

【事例15】　百貨店への取り付け不備のクレーム

　10年前に百貨店で買ったシステムキッチンのガス台が老朽化したので地元のガス器具店へ交換依頼したところ、取り付けに来た業者が煙突口に不備があることを発見しました。そのガス店から依頼を受けて、百貨店が確認に出向くと、確かに取り付けの不備がありました。

　その説明を聞いた、システムキッチンを取り付けた家の御主人は、間違えば出火ということも考えられるとして、善処することを要求するとともに、4人の家族が命の危険に10年間さらされたので、この代金は返還しろとの要求を突き付けてきました。代金は90万円になります。

　その後数回にわたり話し合いの場をもちましたが、お客様は要求を変えることなく平行線のまま半年以上経っています。

　4回目の話し合いの時には、少しアルコールが入っていることもあり、いきなり訴訟を起こすと言い出し、そのまま決裂になりました。

　今後どのように、対処すればよろしいでしょうか。

---

(1) 事案の諸相

【升田】　クレーム対応は、法的な視点のみから検討し、対応すると円滑かつ円満に進行しないことが多いのですが、事情によっては法的な視点から検討することが望ましいことがあります。クレームをつけたお客さんが訴訟を提起することを明言したり、具体的に相当多額の損害賠償を求めたような場合は、主として法的な視点から検討したほうがよいと思います。この事案もこのような場合に当たると思います。

(2) 具体的対応策

【関根】 状況からして訴訟は本気ではないと思いますが、対応策を考えなければいけません。対応策としては、確かに身の危険があったことを認め、そのことに対して誠意をもって謝罪したうえで、修繕をしお詫びとしてガス台の新調を申し出る等の対応でよいと考えます。過剰な対応は、危険を認めたと逆に攻められる可能性もあるでしょう。

【升田】 この事案では、過去10年間の危険について損害賠償を求めているわけですが、その場合、幸いに損害がまだ発生していないのですから、損害賠償の対象にはなりません。また、ガス台の代金の返還についても、ガス台に問題があるわけではありませんから、その返還に応じる必要はありません。

もっとも、煙突口の不備をそのままにして新たにガス台を設置し、ガス台を利用すると、火災が発生するおそれがありますから、煙突口の不備の修繕が必要です。煙突口を百貨店、あるいはその依頼による業者が設置した場合には、事故発生を回避すべき責任を負うことになりますから、修繕すべき義務を負うということができ、その費用も負担すべきです。しかも、事態は急を要しますから、お客さんにはその旨を告げて、早期の修繕を実施することをお勧めします。

【事例16】 証券会社への株売買に関するクレーム

私は、証券会社のお客さま窓口の担当です。担当の者がお客さんに株式取引を勧めたようなのですが、昨今の株価の低迷でお客さんに相当の損が出たようなのです。取引は、2年も前のことです。取引後、暫くの間は、株価が上昇してお客さんも喜んで、次は何の銘柄を購入しようかと言っていたほどです。ところが、最近、お客さんから私の担当窓口に電話があり、老後に蓄えていた僅かの資産を株式につぎ込ませた、説明は全くしなかった、この株は値上がりが期待できるなどと言って株式を買わせたなどと言っているのです。私としては、ご本人が自分の判断で買われたという認識なのですが、出るところに出てもいいとか、弁護士に相談したら、業者が悪い、その業者なら多数の苦情が出ているなどと言っているようなのです。会社の記録にはきちんと説明をし、必要な

> 書類もご理解のうえ書名押印をしていただいているのですが。

(1) 事例の諸相

【升田】　ご承知のとおり、株式などの証券の取引をする機会が非常に増えてきているわけです。いろいろな機会に証券会社からのDMや勧誘を受けることがあるわけですが、多くの証券取引の場合には、やはりリスクがあり、損をするときもあれば、儲かるときもあるということになるわけです。

　昔の証券取引法とか現在の金融商品取引法では、いろんな規制が業者に課せられていて、その中ではやはり説明義務が非常に重要になっていて、従来から説明義務をめぐる紛争がたくさん発生しているわけです。しかし、実際には説明しているとはいいつつも、やはり勧誘して取引に入ってもらいたいということで、だいぶ儲けが期待できるほうにウエートをおいた説明がされることも否定できないというほかに、取引に入る人が高齢者であるとか、あまり経験がないというような場合には、どの程度理解しているのかということも問題になるわけです。

(2) 具体的対応策

【升田】　そのような紛争が発生したときに、さまざまな解決方法がありますし、訴訟と限らずにその前の段階での裁判外の紛争解決の手続を利用することも考えられます。

　そのような苦情が出ている場合には、これはクレームとしての対応を行うことになるわけで、そういった証券会社ではクレーム対応については、相当経験を積んでいるとは思いますが、ただ、クレーム対応に相当な時間がかかり、場合によっては訴訟に発展して、さらに時間がかかることは否定できません。そのようなことを前提として、やはりクレーム対応を考えていく必要があると思いますし、法的には法律もありますし、裁判例もありますから、この点を元に最終的には対応するしかないと思います。

　最近の証券会社は、簡単に、クレームが来たから和解をするという対応はとっていないと思います。法律上も損失補てんにあたることがありますから、

別の問題が生じることになります。

【関根】　ただ、2008年のリーマンショックの頃からは、自己責任とはいえ、金融関係者に聞くと、やはり顧客へ謝罪に回っていますね。

　というのは、今後も期待できるお客さんであったり、年配であってもお金を動かしてくれるお客さんをつなぎ止める必要がありますからです。ただ、謝罪といっても、株価を読みきれなかったことへの謝罪だと思います。でも、これが、必ず上がりますよと言っていたら、謝罪とは言い切れず、補償にまで発展する可能性があると思います。

　特に、「多数の苦情が出ている」業者ですから、補償問題に発展する可能性があるのではないでしょうか。

　もう1つは、株価が落ちだした時に、ここでいったん取引を引きませんか、と強く言えるかどうかが重要です。株を売買する人たち、あるいはファンドを紹介する人たちは、相当な勉強をしたうえで、引く時は引くという姿勢をはっきり示さないと、クレームにより補償問題にもなると思います。

(3)　関連するクレームの内容と対応

【升田】　お話しのように、法律的にどう対応するかという問題と、そのお客さんとの対応は、原因は同じところにあっても、解決、対応の方法は全く別の視点から考える必要があります。法律的に自分は適切な対応をしているといっても、お客さんが納得するかは別のことですから、異なった観点からの対応が必要だと思います。

　もちろん、説明すべきことは書面にとっていただいて、客観的にもしっかり担保できるようにしておくことが必要です。しかし、問題はそれがきちっと理解されているうえでの書面なのかという問題や、それ以外にほかのことを言っているかどうかという問題もあるわけです。

　たとえば、この株は大丈夫です、儲かりますと言ってはいけないことになっています。

　記録をとっておくというのは最低限の要請であって、さらに顧客対応を日頃からきちっとしておくような方策を講じておかないと、本事例のようなク

レームリスクはなくならないと思います。

　ご指摘のように、株価あるいは為替の乱高下があったときには、やはり損をする人が出てくるわけです。しかも、その損をする人が相当深刻な損になるということになると、その人にとっては生活がかかっているかもしれませんから、どうしてもクレームをつけざるを得ないという事態が予想できるわけです。ですから、日頃からクレームが生じうる事態を念頭において業務を行わないといけないと思います。

(4) 今後の課題

【関根】 金融関係では、このような事例は繰り返し起きる可能性があるのでしょうね。

【升田】 リスクの大きい金融商品を販売する業者が証券会社に限らず、銀行などでも販売しています。どちらかというと、リスクの大きい商品に慣れない人も販売しているとなると、トラブルが発生する可能性は潜在的に相当多いのではないでしょうか。儲かれば誰も文句は言わないでしょうが。

　もちろん業者も、損が出るのに儲かるといって勧めるのは極めて悪質でしょうが、仮にそういったことがなくても、損が出れば、やっぱりお客さんとしては一言言いたいというのが人情ではないでしょうか。

【事例17】　ディスカウントショップでの事故と責任追及

　ディスカウントショップに買い物に来た4人の家族連れが、店内を歩き回っているときに、その家族の4歳の男の子が棚に並んだジュースをとろうとし、積んである下の段からとったために棚が崩れました。その際、ジュースの瓶が割れて、2歳の妹の額にガラス片が飛び傷を負いました。傷は深いものではなく、表面に傷が付いた程度ですが、額だけに傷跡が残る可能性もありました。

　店舗の店長は、応急手当をしてお引き取りいただいたが、数日後、その時同伴していた奥様から電話が入りました。それは、店内での事故であり、責任の所在は店舗にあるというものでした。自分が子供の目を離したすきに起きた事故であっても、当方にはまったく責任はないという。

　その結果、成人するまで傷が目立つようなら手術をする可能性もあるから、

> 手術代を保証することを書面に残してほしいと言いだしました。
> 　ディスカウントショップ側は、店内であっても本来想像できない取り方からこのような結果になっており、責任はないと考えています。一方、お客様は訴訟も辞さないと言っています。どのように、対処すればよいでしょうか。

(1) 事案の諸相

【升田】　幼児が怪我をした事案ですから、本人、親の気持を考えると、重大な事故として認識すべきものです。

(2) 具体的対応策

【関根】　お客さんが引き起こした事故であっても、店内である以上ある程度の責任は逃れられないと思います。事故のときに対応の不備があったといえます。たとえ軽症と判断しても、女児の顔ということを考えれば医院に行くことを勧めるべきであったでしょう。しかし、その対応ができていない以上、定期的な訪問をして傷の具合を確認し、目立つものであるなら何らかの対応を図ることも告げるべきです。申し出に対して、書面に残すことを避ける必要はないと思います。

【升田】　まず、法的な観点からは、棚における商品の陳列状況、幼児の行動の状況が重要になります。店内が幼児、生徒等が出入りすることが予想される場所であれば、これを前提とした安全対策を講じておくことが必要です。この事案では、4歳の幼児がジュースを取ったら、棚が崩れたということですが、幼児が商品を取りうる状況においてことに落ち度はないとしても、棚が崩れるような陳列をしていたか、どの程度の商品が積み上げられていたかにつきさらに事実関係を調査し、親の監督があれば、怪我をするような商品の落下、幼児の怪我が生じないような場合は別として、親の監督があっても、危険な状態であったとすれば、法的な責任を問われることは否定できないでしょう。

　商品の取り方が想像もできないものであったとお考えのようですが、これも実際の取り方がどうであったかの事実関係を具体的に調査をする必要があ

りますし、その事実関係を裏づける証拠も必要です。事実関係の調査、証拠の収集のうえ、商品の取り方が予想外であるとか、親の監督によって防止することができたとかを検討することが必要です。

さらに、この事案では、女児の顔の怪我であり、その原因関係は別として、店内の事故ですから、早期の医師の診断、治療を勧めることが重要です。

【事例18】 新築建物の瑕疵に関するクレーム

建築業界は、不景気のあおりをまともに受けています。最近は、建物の建築に瑕疵があるといったクレームが増えているのですよ。本屋に行くと、クレームのつけ方を教える本もありますし、瑕疵のクレームのつけ方を教える本もあります。建物の建築は、設計図どおりに仕上げればよいのですが、お客さんの中には、建物の引渡しの段階でパチンコ玉を持ってきてころがしてみたり、ハンマーで壁などを打ってみる人もいます。実は、３カ月前に引渡しを終了したお客さんからクレームがつけられて困っているのです。居間の壁紙に染みが出ているということで、雨漏りがしたというクレームです。２カ月前には大雨が降ったので、その影響かと思うのですが、建物の瑕疵であると言われ、損害賠償の請求を受けています。相手方には弁護士も付いているようで、法的な手段も辞さないという書面も届いています。どうすればよいのでしょうか。

---

(1) 事例の諸相

【升田】 建築を注文して建物が建ったということで実際上入られたところ、雨漏りがしたというクレームがついたということです。建物を建築するというのは、先ほどのマンションを購入するという事例と同様といいますか、それ以上にあまり経験することがない取引ですし、新築の建物に入ったということになりますと、やはり非常に期待するということもあります。そういった建物に入る時の高揚した気持でいたところ、雨漏りがして、しかも壁紙に染みが出ているということになると、すごくがっかりするということで、どうしても何か問題があったのではないかと不満が出るのは否めないわけですね。何年かたって不都合が生じても、当然そういったクレームになるという

こともありますが、この事例では3カ月前に引渡しを終了しており、新築間もない事例ですから、余計期待を裏切られたということになると思います。

雨漏りがしたというクレームは、クレームの中ではそうは多くない。たとえば建て付けがよくないとか、この事例にも書かれていますように、傾斜が少しあるのではないか、音がする、というようにいろんなクレームがあるわけです。その中でも、たとえばよく見たら少しひび割れがしているようなクレームがついたり、あるいはこの事件のように雨漏りがして染み込むというようなことになると、これはクレームの中でも重大なクレームになるわけです。

そういった中で、雨漏りが新築間もない時に生じたということになると、クレームを受けるほうとしても相当慎重に対応しないといけない状態だと思います。確かにこの事例にもありますように、本屋に行くと、いろいろなクレームのつけ方を紹介した本もありますし、建物の建築問題についても欠陥住宅に関連した事例を紹介したような本も出版されています。現に民事法研究会からも出ていますよね。

どちらかというと、クレームをつけるほうの情報はたくさん提供されているように思いますから、そういったものを読めば自分の場合も同じような事例にあてはまる気持になっても、やむを得ないのではないかと思います。しかも、クレームが重大だと金額も張ってきますので、やはり訴訟になるという可能性は相当にあると思いますが、いかがでしょうか。

(2) 具体的対応策

【関根】 この事例からすると、一軒家が問題になっていると思いますが、雨というのは上からだけではなく、あらゆる方向から吹きつけるわけです。たとえば、台風の場合など思わぬ方向から風雨が来て、構造上対応できていない建物がたくさんあるわけです。

何月何日のどういった状況からこうなったか、構造上の問題を相当徹底して調べる必要がありますし、全面無料修理と、さらにもう2度と起こらないように原因をしっかりつかんでおく必要があると思います。

【升田】 法律的に考えますと、最終的に建築会社が責任を負うかどうかとい

【事例18】　新築建物の瑕疵に関するクレーム

う問題は、建物に瑕疵があるかどうかということが非常に重要になるわけです。建物に瑕疵があるということは、お客さん、すなわち注文者のほうが証明しないといけないことになるわけです。したがって、そのような証明をするために、やはり、専門家に依頼する必要があります。そういった点が、このようなクレームをつける場合の非常に重要なポイントになると思います。

　他方、建築会社のほうも、専門家ですから、設計図どおりに仕上げればよいというわけではなく、瑕疵のないように仕上げないといけませんから、瑕疵があるかどうかということは、その意味でも重要になるわけです。

　もう1つの問題は、その建物が全く不具合がないかといいますと、程度の差はあれ、実際にはどこかしら不具合が見当たる、見つかるということもあります。

　問題は、そういった不具合が法律的にみて瑕疵といえるかどうかという評価がやっぱり難しいのではないのか、特に、建物を建てる時に注文者のほうが常に見守っているわけでもありませんし、もちろん施工監理ということで専門家にみてもらうという方法もありますが、すべてを細大漏らさずみるということは実際にはないわけですから、調べればどこかに不満の生じる点が見つかると思います。

　それが、法的な意味で瑕疵にあたるかどうかというもう1つの問題もあるものですから、確かにお客さんの不満は不満としても、なかなかそれが法律的に通用しないということはあると思います。しかし、だからといって、業者のほうが手を抜いてよいということには、もちろんならないわけです。日頃から業者のほうで、そのような不満が生じないようにきちっとした配慮が必要ではないかと思います。自宅という、人間生活の最も基本になる部分ですから、やは大切に考えていくべきではないでしょうか。

(3)　関連するクレームの内容と対応

【関根】　似たような事例では、リバーサイドのタワーマンションで、ガラスを真ん中に入れたつくりの玄関扉がありました。

　ただ、木とガラスをくっつけた扉をつくるときに、非常に神経を使うのが、

293

接着剤なんです。接着剤がクッションになっていますから、接着剤の量が足りないと、温度差により膨張した木によってガラスがぴしっ、ぴしっと夜中に割れるそうです。実際、そのガラスが割れ、大問題になっていて補償問題になっています。

(4) 今後の課題

【升田】 建物、特に新築の建物については思い入れが強いだけに、その思いを大切にして対応する必要があると思います。もし思いを無視して、どこか不満が残れば、やはりクレームになりますし、金額によっては訴訟を起こすという人も出てきます。ですから、そういったクレームがつくことを前提に考えたほうがよいとは思いますね。

【関根】 それと、要望がエスカレートしていって、どこまでも要求できると思っている人がいます。ですから、下請業者だけで対応するのではなく、大手の中間業者と対応して、できないものはできないと、毅然とした姿勢で対応することが必要でしょう。

【事例19】 百貨店で購入した食品による食中毒

ある百貨店で行われていた「北海道展」の会場で、イクラ丼は毎日人気の商品でした。2週間にわたる催事の10日目に、前日のイクラから菌が出て食中毒が起きました。食中毒が起きた日の販売は620食でしたが、翌日の説明会場には700人以上のお客様が押し掛けていました。そして、それぞれの状況に応じて対応をしていきました。

多くの方は、話し合いと補償で解決しましたが、数人が納得せずこじれています。中でも強面の社長は腹痛と下痢が止まらないことを告げ、入院させろと迫っています。結局入院したのですが、異常はなかったためお詫びだけを申し上げると怒る有様でした。

こじれた数人の方に対しては、最終的に、一般的な示談額に上乗せの代金で示談を頼みましたが、その社長だけは受け入れず訴訟を起こすと言っています。訴訟内容は、業務の停止による被害と、腹痛時にまとまるはずであった商談の損害を示してきました。どのように対処すればよいでしょうか。

(1) 事案の諸相

【升田】 この事案は、集団食中毒であり、因果関係も明らかであり、百貨店の関与した催事での食中毒事故ですから、百貨店の法的な責任を前提として検討することが必要です。また、お客さんも訴訟の提起を明言していますから、それを前提として検討することが必要です。

(2) 具体的対応策

【関根】 この道に詳しい方と心得る必要があります。食中毒でこじれた場合は、基本的に自宅または病院を毎日訪問して見舞うことから始めます。このように数が多い場合は、社の総意をもって、管理職は全員手分けをし、毎日全戸を回ることが大切です。そのような対応をしても、この件を知っている人なら、次回の北海道展でイクラ丼を買う人はいないでしょう。

最後の強面の社長も同様に、毎日お見舞いに出向くことで気分を和らげてからの対応を図るべきです。

【升田】 問題は、賠償すべき損害額になりますが、実際にはお客さんが要求している業務停止による損害、商談の破談による損害について検討することが必要です。また、その前提としてお客さんの実際の病状を把握しておくことが重要で、その病状を前提として損害を検討することが必要です。この事案では、入院を必要とする病状であったかどうかを医師の診断を基に検討することが重要です。

前者の損害については、会社の規模によっては、このような損害が相当な範囲で認められる可能性がありますから、会社の規模、業務の内容を検討して判断することが必要です。

他方、後者の損害については、商談の破談を予見することはできないものですから、これは否定されることになり、原則として損害賠償をする必要はないと考えられます。

> ──【事例20】 宅配業者へのクレーム──
> 　宅配便を届けに行ったのですが、留守のお客さんからクレームがつけられて困っています。留守の場合には、その旨と連絡方法を知らせる書面を郵便受けに入れておくのですが、書面に書いておいた時間内に連絡がなく、送り主に返送したのです。そのお客さんからは、連絡方法を知らせる書面がなかったため、連絡ができなかったというクレームです。書面を入れた、入れなかったという問題になっていて、しつこくて困っています。書面を置くことは、マニュアル上もきちんと指摘されていますし、それだけは担当の者も守っています。書面を置いたという証拠を出せとまで言われているのですよ。

(1) 事例の諸相

【升田】　どなたも経験がおありだと思いますが、留守の場合に不在票を郵便受けに入れられていることがあって、一定の期間内に特定のところに電話をすると再度届けてもらえるサービスにはなっていますが、実は宅配便は来ていたものの不在票がなかったという事態だって、あり得ます。あるいは、郵便物の中に紛れてしまい見落とすようなことも、事情によってはありうるわけです。

　そのときに、不在票については受領書を出しませんから、もめたときに、渡したのか渡さなかったのか、入れたのか入れなかったのかということが問題になります。また、物によっては送り主に返送したときに使い物にならない。受け取っても意味がないという事態もありうるわけです。確かに、このようなクレームが生じる潜在的な可能性はあると思うのですが、いない人に受領書を書けというのも無理なわけで、これは、どのように対処すればよろしいのでしょうか。

(2) 具体的対応策

【関根】　これは2つあって、まず、物事は起きた以上、解決しなければいけないということがあります。たとえば、賞味期限があるようなものだと、最悪は訴訟なんです。言った、言わない、入っていた、入っていないの水掛論になった場合、消費者優位のサービス業の世界においては、消費期限、賞味

期限があるものに関しては補償せざるを得ないかもしれません。
　ところが、賞味期限がないもの、すなわち、器具だったり、家庭用品だったりするものは、運送会社に再度連絡を入れて送り返してもらうということでもよいかもしれません。
　それ以外となると、確かに入れたというのをどこまで言い切れるかであって、升田さんが言われたように、毎日といっていいぐらい、一般の家庭でも郵便物は来るようになっています。そして、新聞を見るとわかるように、毎日チラシが入っていますね。新聞を読む人はチラシやはがきなどを別に置いて読みますから、それで見落とすということが多々あると思います。ですから、日本郵便の不在票の形式にしても、すごく長いはがきになっていて、他の郵便物に紛れないようにしているわけですから、そのあたりは気遣いをする必要があると思います。
　その意味で、クレーム対応としては、お客さんが犠牲にならないよう、最善策をどのように考えるかという点が、最も重要だと思います。

【升田】　確かに留守の時に置かれた不在票には、いついつまでにしかるべく連絡しないと、荷物を送り返したり処理するということが書いてありますが、不在票自体はおそらく運送会社の担当者が書き込むと控えがあって、控えは担当者のところにあって、不在票そのものは置いたとは言えるでしょう。ただ、あて先本人に不在票が届いたという直接の証明にまではならないわけですね。
　関根さんが言われたたように、たとえば新聞や郵便物だけならよいのですが、最近はいろんなビラ、チラシのたぐいが入っていて、その間に紛れ込んでしまうと、場合によっては山積みされている可能性もあるわけです。荷物の保管も短期間しか保管しないことになっていますから、そうすると、そこにはシステムとしてのクレームが生じる潜在的な可能性は残っていると思います。
　このような状況を前提にした事業ですから、そのリスクをどちらに負わせるかということでしょう。

【関根】 一般のクレーム対応として考えると、受け取った人が、認知症ではないかという点まで考えます。また、ポストの位置は必ず子どもでも手が届きますから、いたずらがないか、あるいは窃盗の可能性はないか、そこまで考えます。

　あらゆる角度から検討はしますが、結果を考えれば届いていないことになるので、そのご家庭の人とも話をしながら詰めていきます。それでも、怒らせなければいいんです。誠意をもった話しをしていれば、何らかのミスがどこかにあったとしても、あなたたちのほうで責任をとってくださいね、と言われたときに、申し訳ございませんでしたと誤ってクレームを終息させるパターンだと思いますね。

【升田】 弁護士でも、いろんな書類関係を宅配便で頼むことがあります。それは本屋さんでも、出版社でも、同じだと思います。そして、相手方に確実に届かないといけないわけですから、そもそも送る前に電話をして送りますということをまず言って、送った後にも確認をするというようなことは、一般的に行っているわけです。

　ですから、送り主のほうも、本当に重要なものであれば気をつけるべきだと思います。もちろん、最終的に本事例のような問題が生じて、宅配業者のほうに責任があるといっても、届かなかったことによって生じた何らかの問題は誰も解決してくれないわけですから、できるだけそれを未然に防止することが重要です。そうすれば、届かない場合に、そのあて名先の人が届かないことに疑問をもつことができますから、連絡をすることは重要だと思います。

　本事例の場合には、最後の最後にはきちっと書面を置いた、置いて、相手方が了知したというところまでは、しっかり対応しないといけないとは思いますね。

(3) 関連するクレームの内容と対応

【編集部】 ファクスやメールの場合でも、同じようなことがいえますか。

【升田】 ファクスの場合にも、原則、出す前と、届いたであろうと思われる

しかるべき後に連絡を入れるというのは原則にしています。また、通信記録も保存するようにしています。

【関根】　いみじくも、先日私が刊行した『日本苦情白書』に関する資料を知人が勤務する会社に送ったわけです。それで10日ぐらいするのに返事もないから、「見ていただけました」と問い合わせたら、「え、どこへ送ってくれたの」という話になったわけです。その意味では、宅配業者も、たとえば3日しても再配達の連絡がないような場合、受取人に電話を入れるといったことが必要なのかもしれないですね。

(4)　今後の課題

【升田】　不在票には期限が書いてあるわけですね。それを見れば、当然電話をしてくるのが普通ですよね。

【関根】　そうですよね。

【升田】　送り主も書いてあり、普通は折り返し電話があるという前提ですから、書面を置いただけというのも、何か不親切なような気がします。最終期限の頃に電話をしてみるというように、そういった工夫も必要ではないかと思いますね。

　ささいな事例のような気もしますが、問題になったときには、やはり法律的には書面を提出しますから、渡したつもりではなくて、渡したということが重要じゃないかと思います。

　ところで、いついつ頃届きますよと言っておいて、午前中ずっと拘束されたのになかなか届かないときに、12時過ぎたけど、どうしようかなというようなことはありませんか。

【関根】　ありますね。

【升田】　ありますよね。送り主のほうはインターネットなどでトレースできるようになっていますよね。今どういう状況になっているか。それによって、後で確認することができるんですが、受取人のほうは事前に連絡がなければ、確認する方法はないわけです。ですから、あとは業者なり、送ったほうがどうするかということです。

宅配業のシステムはよくできていますが、そこから漏れる事情が生じたときに、その漏れた場合の負担、あるいは損失というものをどちらが負担するかという問題に最終的には帰着すると思います。法律上の問題ではありませんが、やはり業者のほうで何らかの対応を考えていただきたいという気がしますね。

【事例21】　マンションの騒音に関するクレーム

当社は、マンション管理業の事業を行っているのですが、マンションの内部は本当にいろいろな争いが見られ、うんざりすることがあります。多数の人間が1つの建物の中に住んでいると、人間の人格がぶつかり合いますからね。争いがひどくなると、マンション全体を巻き込むこともありますから。当社は、管理業務を受託していますが、争いの解決までは受託していません。管理人として派遣している者には住んでいる人からさまざまな問題が出され、その解決を求められるのですが、多くは管理業務とは無関係だと思っています。先日は、あるマンションで隣の部屋の騒音がひどいというクレームがあり、なんとかしてほしいということでした。クレームをつけた家は、高齢者の方ですが、隣の家は、遊び盛りの子供がいて、室内で走っているようなのです。私のほうでは、すぐに騒音ですから注意してくださいとはいえませんので、管理組合の理事長に伝えたのですが、理事長からは騒音問題の解決も管理業務の1つであるなどと言われ、本当に困っています。もともとこのマンションは、価格が手ごろで、床、天井のできもいまいちなんですよ。建築当時、騒音対策にさほど配慮していない建物なのですが、そんなことを言ってもよいのでしょうか。

---

(1)　事例の諸相

【升田】　先ほども、マンションの分譲のときにお話をしましたように、日本全国で500万戸を超えるストックができていて、そこで生活する人も1000万人を超えているという指摘もあるぐらいです。国民の間では非常に一般的な居住形態になっています。マンションにおける生活というのは、基本的には1棟の建物に多くの人がいわば同居しているというところに、非常に大きな特徴があるわけですね。

【事例21】　マンションの騒音に関するクレーム

　もちろんマンションの規模によりますが、最近は400戸、500戸の大規模マンションもありますし、10戸前後のマンションもあって、それぞれのマンションによって規模も違いますし、住んでいる方もさまざまです。マンションの中の生活上のトラブルという問題が従来から指摘されていて、一番多く生じるのが、騒音の問題であるといわれているわけです。

　マンションにおける騒音というのは、いろんな人が住んでいて、いろんな生活時間があるし、趣味嗜好も違うという状況の中で、音に対する考え方というものも相当違っています。ある人にとっては全然問題のない音でも、ある人にとってはそれが不快な音に感じるというようなこともあるといわれているわけです。

　特に生活騒音については、嫌だと思う人は相当嫌ですし、しかし自分のところに、たとえば小さな子どもがいるというときには、それは聞き慣れた、むしろ好ましい騒音のように思うということもあって、音ひとつの受け止め方も随分違うこともあるわけです。

　もちろん、そういった生活騒音にマンションの建物のほうで何も対応がないかといいますと、そうではなく、たとえば天井や床をできるだけ厚くし、防音材を入れる、壁を厚くする、そういうことで対応できますが、マンションの価格の問題もあって、どうしても比較的手ごろな価格のマンションの騒音対策というのは、やはりレベルは落ちてくるということもあるようです。

　ある騒音源がわかったとしても、直接騒音源のところの人に行っていいのか、あるいは管理組合なりそういったところで対応してもらうのかということも問題になるわけです。

　直接クレームをつけると、両者間の険悪な紛争に発展するおそれもありますから、管理組合などに話して対応を求めるということになりますが、管理組合のほうもすぐに対応できるかどうかという問題もありますし、また紛争が余計こじれる可能性もあるわけです。

　事例にもあるように、本当に困っているけれども、どう解決するかというと、なかなかこれといった決め手がないというのが現実ではないかと思いま

す。過去、マンションにおける騒音を取り上げた裁判例もいくつかありますが、それを知ったからといって解決するということにはならないわけです。

　法律的には受忍限度という理論があって、社会生活上、通常人として受忍できる限度内かどうかということを判断基準として、違法か否かが判断されるわけですが、それは通常人の基準であって、ご本人にとってはそんなものは基準ではないということもあり、解決にはならないこともあります。話せば話すほど解決にならないという問題ですが、いかがでしょうか。

(2)　具体的対応策

【関根】　そんな難しい問題、出さないでください。

【升田】　確かに、難しいんですよね。

【関根】　管理業者としてはっきり示さなければいけないのは、管理委託料の経費には入っていませんということです。そして、住人の総意で騒音トラブルの解決まで依頼するのであれば委託料が上がりますと伝えることです。

　もう1つこの事例を読んで面白いなと思ったのは、ADRの利用が適している事案ではないかと感じたことです。

　また、事例にあるように、建物のできがいまいちということは、明解に伝える必要があります。申し訳ないですが、言いづらいのですがと言いながらも、言う。ただし、その場合には、他のマンションと比較して話す必要があります。たとえば壁の厚さはこうで、こういうものが入っている、改善をするならば、防音装置をつける、あるいは防音細工をするというところまで言えるよう、管理業者は事前に勉強しておくことが大切ですね。

【升田】　管理業者の管理業務かどうかということになると、騒音問題の解決まで管理業務ではないという考え方も徐々に変わりつつあります。では、管理組合の仕事かといわれますと、管理の考え方については従来からいろいろな変化があるわけです。もともと法律上は、区分所有者あるいは管理者というものが管理の中心になって、どちらかというと建物の物理的な管理というものをすべきであるという考え方に立っているわけです。

　その後、管理に対する考え方がいろいろ議論されていて、管理の適正化に

ついては別に法律もできていますし、管理の内容についても、建物の物理的な問題だけではなくて、機能的な問題についても管理の対象に含むようになってきています。さらに最近ではマンションの環境や、人間関係といったものも管理の対象として考えるべきではないかというようなこともいわれているわけです。

　マンションの中で、できるだけ安心、安全に、かつ快適に暮らせるようにするということで、コミュニティーの形成というようなことも取り上げられるようになってきていますから、そのような状況の中でマンションに住んでいる人の近隣問題をどう適切に処理し、近隣同士がどうやって快適に過ごしていけるかということも重要な課題になり、それも管理の対象だということになってきていますから、管理組合もそういった管理対象の広がりを念頭において管理をすべきだという認識が強まってきているわけです。

　そうしますと、管理組合は管理対象の広がりに配慮しながら管理を行っていくことにはなるわけですが、管理組合がこういった個別性の強い騒音問題にどのように入っていけばよいかというと、なかなか難しいわけですし、簡単には解決できないわけです。

　もちろん、騒音の規模とか、性質とか、あるいは双方の騒音に対する考え方によって相当違いますし、騒音自体の大きさについても、大きさ自身は測定の方法があるわけですから、測定をすれば一定の数値は出るわけですが、そういった問題にとどまらないところがあります。それから、音の出る時間帯にもよりますよね。そういったことも影響してくると、なかなか騒音だと主張する人を簡単に説得することができない事態もあります。

　しかも、ほかの人があまり気にしないのに、その人だけが気にしているというような状況になった場合、それではクレームを言っている人に対して、根拠はありませんよといって、その人が納得するかどうかは、全然別の話になります。逆にクレームがモンスター化するおそれもあって、余計執拗になってくるかもしれません。

　最悪の事態として、刃傷ざたに及んだというような事例もありますし、そ

こまでいかなくても、上の階がうるさいと、今度は天井を突いたり、お互いに意固地になってしまうことになり、解決を誤ると深刻な問題にもなります。結局最後にはどちらかが転居していくしか解決の方法がないといった悲惨な事例もあるわけです。

やはり先ほどお話ししたように、できるだけ管理組合なりが双方の意見を聞いて、双方がそこに住むという前提であれば、円満な解決を図らないと、余計管理が問題を抱えたまま推移して先送りになってしまうというおそれがあります。単に騒音というように簡単に取り上げられがちですが、それはそれなりに大変だと。モンスタークレーマーのような人にこのような問題を提起されると、難しい問題の1つになるのではないでしょうか。

(3) 関連するクレームの内容と対応

【関根】 歯科医院では飛沫感染を防ぐため、コンプレッサーという機械で診察室から悪い空気を抜いて、逆に新しい空気を入れるんですね。ですから、営業前から、また、営業後も、しばらくの間はコンプレッサーを動かして空気の交換をしています。

20年も開業している歯医者さんなのですが、「おたくのコンプレッサーがうるさい」とある人に文句を言われました。夜の8時までコンプレッサーを動かしているのはとんでもないと。でも診療時間が8時までですから、8時まではコンプレッサーを止められないので、終わったらすぐ止めるようにしますからと言ってもわかってもらえなかった、という相談を受けました。

話しを聞いてみると、相手の人の名前しか聞いていませんでした。その後に今度は7時でコンプレッサーを止めろとクレームをつけてきたわけです。でも、20年も開業していて、誰もうるさいと言ってこなかったのに、その人だけが急にクレームをつけてきたのはおかしいわけですよね。ですから、もし次に来たときは住所と名前を聞いて、家庭事情も聞いてほしいと歯医者さんにお願いしました。

もし、家族の中で誰かが寝たきりになったりすると、事情が少し違うかもしれないが、それ以外であれば対応する必要はないと言いました。結局それ

っきりになりましたが、近隣の人ではなく、ある時期だけその場所を行き来していた人がクレームをつけてきた可能性もあるわけです。ですから、よく調べないうちに慌てふためかないようにすることが大切ですね。

(4) 今後の課題

【升田】　マンション内の生活騒音のような近隣紛争というのは、別にマンションに限らず起こりうるわけで、これは日本全国、場所を問わないで起こるわけですね。ただ、マンションの特徴というのは、非常に狭い範囲でたくさんの人が生活していますので、それなりに紛争が起こりやすいということと、あまり紛争が起こることを予定して入居していないわけですから、やはり実際にそういう紛争が起こるとなると、なぜだろうということで、お互いに不信感をもちやすいということもあるだろうと思います。

　しかも、マンションの管理組合も、本来、先ほどお話ししたようにコミュニティーの形成や人間関係を良くするということも念頭におきながらと言いましたが、別に専門家でもないわけで、管理組合の幹部の人も交代で行っているようなところがあります。そうなると、誰か解決してくれないのかな、と思うのもやむを得ないとすると、結局1つの紛争がマンション内の雰囲気を悪くしてしまうということにもなりかねないわけですね。

　その中で、マンションに入る人の性格までみていませんし、感受性まで判断してはいないわけですから、いろんな人が入居するという前提で考えないと、マンションにおける居住は難しいといえます。そういうところにも、モンスタークレーマーの発生する余地はあります。なお今後とも検討すべき課題は多いように思います。

第4章

モンスタークレーマー 最終章

第4章　モンスタークレーマー最終章

I　さらに重視されるクレーム処理対策

1　変化に応じて柔軟に対応すべき

【編集部】　自動車等さまざまな製品の安全や健康をめぐるクレームが、ある面では一番身近であり、使用あるいは利用した人が第1段階として、販売の現場に訴えるわけですね。

　ところが、その内容をきちっと判断できないために、会社の社会的な信用力を失墜し、企業ダメージを増大させてしまうことに結び付いていくわけです。そうした製品の安全や健康に絡んでくるクレームについて、現場ではどのように見分けていけばよいのか、あるいは現場の人間は常日頃からどのように対応をすべきなのかということが問題になると思います。また、まさに、全社あげて緊急対応態勢を敷かなければならないような事例もあるだろうと思います。これから、特に消費者保護の重視がお客さんの中に浸透していく、あるいは国家政策としても推進していくということになれば、クレーム処理対策はさらに重要になってくるのではないかと思います。その意味で、以上述べた点を踏まえて集中的にまとめることが、読者の方々にも役立つと思いますので、升田先生、関根先生それぞれにまとめていただきたいと思います。

【升田】　企業活動にとって、クレーム処理対策は不可避となっています。いろんな課題が今後発生するわけですが、ただ最後に1つ注意しなければならないのは、クレームの内容は、やはり国民の意識の変化や経済情勢の変化、あるいは、企業活動の変化、さらには時代の雰囲気の変化、そういったものによって常に変化しているところがあります。

　もちろん、現在でもクレームに対して積極的に取り組み、クレームを適切

に分類し、それを活用するという姿勢のある企業も多いわけです。そうはいっても最近のようにモンスタークレーマーというようなものが現れてくれば、そちらへの対応もしないといけない、そういったことも重要ではあります。ただ、それは現代の1つの断面であって、将来的にはクレームの内容、つけ方、あるいはクレームとの対応の仕方は、すべて変数が非常に大きいわけです。

　その変化に応じて柔軟に対応していかないと、従来うまくいったから、あるいは10年前からしっかり社内体制を組んで、運用も適切に行ってきたから、クレーム対応も十分であったと自信をもって言えるというように思ってしまうと、むしろ従来からの対応の仕方を10年間続けたということについて、危機感をもつべきであると思います。

　つまり、クレーム内容の変化に応じて、課題はどんどん変わっていくはずなのに、その課題が変わっているにもかかわらず、対応の仕方が旧態依然としたものであると、また問題が発生するわけです。

　その問題が事情によっては非常に深刻な事態を引き起こすことになると、従来あんなにきちっと対応していたのに、どうしてこんなことになったんだということになり、いろんな喪失感を覚えることにもなります。それが企業のクレーム対応に対して、また深刻な打撃を与え、担当者の方も責められて、担当者の自信喪失にもつながるでしょう。あるいは、場合によっては、企業の経営が非常に悪化するほどの深刻な事態に陥る可能性も考えられます。ですから、常に変化を意識しつつこの問題に取り組んでいく必要があるのではないかと思います。

　もちろんそういった中で法律的な対応の仕方も重要ですが、いかんせんこの分野は従来から後手後手に回っていますので、法律実務を担当される方にとっては、以上のような問題もあるということを踏まえて、法律問題として積極的な対応を、日頃から工夫しつつ取り組んでもらうことが、重要ではないかと思っています。

第4章 モンスタークレーマー最終章

2 クレーマーの気持も考える

【編集部】 では、関根先生まとめをお願いします。
【関根】 まずは、民事法研究会の田口社長のお取り計らいにより、このような場を設けさせていただいたことを、本当に感謝申し上げます。私自身、民間におけるクレーム対応を中心に行ってきました。それだけに、公的な分野においては、まだ十分な対策を構築していたとはいえませんでした。それが、今回升田さんと長時間にわたって対談をさせていただいたことは、今後クレーム対策をより効果的なものとする意味で、私にとって大きなプラスになりました。

このようなクレーム対策の書籍を出版するにあたって問題となるのは、本書をいずれの立場で読んでいるかということです。

すなわち、クレームをつける側も読むし、受ける側も読むと思います。それは、1人の人間がクレームをつけることもあれば、クレーム対応を行うこともあるということです。

そのような視点からみたときに、まず日本におけるクレームそのものをしっかり分析する必要があるということです。それを知らなければ、基本から対応をまちがえているという事態にもなりかねません。

前にもお話ししましたが、グッドマンのコカ・コーラ社を対象にしたクレーム分析結果が、25年たってもまだ一般的な基準になっているわけです。その分析結果を基に、消費者の4％程度がクレームをつけていると説明する人が多いんです。ところが、実際にアンケートをとってみると、現在では、クレームをつける人の割合が21.6％にものぼっています。クレームをつける頻度が、今では4.63回に1回という結果です。いかに、クレームの世界が変化しているか、ということの表れだと思います（アンケート集（『日本苦情白書』より））。

このような現実を踏まえて、今後、クレームをつける男女の比率や、相手

方に怒鳴られたときの男女の影響度など、詳細なデータの分析を進めています。

　また、嫌な思いをしているのはクレームをつける側ということを認識してほしいと思います。ですから、クレームをつけてきた人の逃げ場がなくなるような攻め方、対応は決してすべきではありません。すなわち、正しいことを正しく冷静に伝えることが最も大切であり、効果的だということです。

　これは、私の経験からも、冷静な申し入れをしたほうが、相手も真摯な対応をせざるを得なかったようです。

　そもそもクレームの原因の多くは、人と人との接触にあります。それに対応する人材の育成は非常に難しく、理論ではなく、体験を踏まえた実践的な対策を基にして、人材を育成することが重要でしょう。

　そのためには、企業も先行投資と割り切って、人材育成に経費をかけることが急務であると考えます。

　以上の点を含めて、非常に大事なことは、現場の重視、顧客の最優先をあらためて認識することだと思います。そして、今回私が学んだように、他業界の事象からも学ぶことが大切です。クレームは1種類ではありませんから、他業界からも学ぶことによって、クレーム対応もステップアップするわけです。ですから、読者の方が本書を利用して、クレーム対応力をステップアップしてもらえると、今回の対談も成功したのではないかと思います。本当に長い間ありがとうございました。

※『日本苦情白書』とは
　日本では初めて、世界では25年ぶりのアンケートによる苦情調査集。サンプル数は5059件にのぼる。内容は3領域8職域に分類され、官公庁（教育・行政・福祉）医療（病院・歯科）一般（金融・流通・その他）に及び、さらに性別、年齢別、在職年数別に14の質問に対する回答を分析した。すでに病院や学校関係、さらに一般企業からも支持を得ており、この分析を基にすれば、効果的なマーケティング戦略が可能になる。詳細は、http://claim-sos.ecgo.jp/index.html に掲載。
　メデュケーション株式会社出版部　ISBN978-4-9904725-0-4
　販売委託　民事法研究会　03-5798-7257

第4章　モンスタークレーマー最終章

II　おわりに

【編集部】　私自身、3日間にわたって2人の専門家による対談を聞かせていただいて、最終的にはやはり働く者といいますか、現場を支えている者が人間力、コミュニケーション力、交渉力を日々高めていかなければならないということを、あらためて痛感した次第であります。これは、すべてに通じることだろうと思っております。

　最後に、この対談のきっかけについて升田先生から一言お願いします。

【升田】　3日間にわたりお付き合いいただき、ありがとうございました。元々この対談の遠いきっかけになったのは、数年前に、クレームの問題について執筆しようと考え、そのときにクレームのつけ方の本なのか、クレーム対応の本なのか、いずれをモチーフにして書けばよいのか、田口社長と話したことから端を発しています。双方にとって最強の本を執筆するとなると、矛と盾の関係というように、永遠のテーマであると感じていました。それくらい難しい問題ではありますが、ただ、誰も避けて通れない問題ですから、今後もより適切な対応ができるように、クレームをつける側、クレームを受ける側ともに、日頃から腕をみがいておくことが重要ではないでしょうか。

第2版あとがき

　初版刊行後、本書は法律家と同じくらい一般人に読まれているらしい。最初は意外に感じたが、読者に聞いてみるとこんな本を以前から探していたという。

　本書の出版にあたって、最初は何が狙いかよく理解できず、不可解ですらあった。苦情対応者と法律家との対談というが、苦情は通常事件性が少なく、弁護士などの法律家を必要とするようでいて、あまり必要としない。さらに、苦情対応者からいえば、弁護士を使った解決は顧客を失うことになるのがほとんどである。弁護士は法的知識が十分であるから、苦情問題なんか朝飯前に片づけられると考えていたが、どうも、すべて裁判となると業務効率が悪いらしい。そこで、示談を狙うが、どうもうまくいかないようである。というのも、弁護士は負けることが嫌いで、法律論になってしまうらしい。もちろん十分な量の言葉をもっているのだが、苦情対応のプロからみると、その使い方が決して適切とはいえない場合もある。

　だが、升田さんとの出会いで私の先入観は大きく変わった。やはり、単に「法律家」と一括りにはできないことをあらためて認識した次第である。真の法律家との対談によって、苦情処理に関する視野がさらに広がったことは、まさに升田さんのお陰であり、深く感謝している。

　また、一般の法律書は字が小さいうえに難解な文章が多いため、図書館で利用される傾向があるらしい。ところが、この本には相反する対応方の考えが述べられ、常に下手に出ていつの間にか51：49で折り合いをつけるサービス業と、ある程度白黒をはっきりさせる法律家という、双方の技法を学べる書籍となっているとともに、読みやすくわかりやすいことも特徴となっている。

　私の知る限り、どこの企業もどんな産業も苦情に振り回されて困惑している。しかも、その対応範囲がその業界内対応から抜けられずにもがいてもい

第2版あとがき

る。というより、苦情対応の発想さえ湧かないのが現実である。そのよい例が、学校であり、官公庁であり、病院なのである。もちろんその他の企業も同様である（「日本苦情白書」の分析から）。

　そして、ここ近年、苦情対応には「法律の知識」を持ち合わせねばならないことに多くの企業が気づき出した。それも、「簡単な知識」で十分役に立つことに気づいたのである。その意味からすると、この本の存在は大きいといえよう。

　不可解な印象をもちながら始まり、そして完成した対談集だが、当初から私以外の関係者はこの対談が世の中のために役立つと考えていたようである。読者の方々の一助になる書籍であってほしいと願うとともに、今回も民事法研究会代表取締役・田口信義氏および編集部の杉山弦一郎氏にお世話になったことに感謝申し上げる。

　平成21年10月吉日

関根 眞一

〔著者略歴〕

升田　純（ますだ　じゅん）

昭和25年4月15日生まれ。昭和44年4月京都大学法学部入学　昭和48年国家公務員試験上級甲種・司法試験合格　昭和49年3月京都大学法学部卒業　昭和49年4月農林省（現農林水産省）入省（食糧庁勤務）　昭和50年3月農林省退職　昭和50年4月司法研修所入所　昭和52年4月司法研修所卒業　昭和52年4月裁判官任官・東京地方裁判所判事補　昭和56年7月在外研究・米国ミシガン州デトロイト市　昭和57年8月最高裁判所事務総局総務局局付判事補　昭和60年8月福岡地方裁判所判事補　昭和62年4月福岡地方裁判所判事　昭和63年7月福岡高等裁判所職務代行判事　平成2年4月東京地方裁判所判事　平成4年4月法務省民事局参事官　平成8年4月東京高等裁判所判事　平成9年4月裁判官退官　聖心女子大学教授　平成9年5月弁護士登録　平成16年4月中央大学法科大学院教授

「実務　民事訴訟法〔第4版〕」「最新　PL関係判例と実務」「風評損害・経済的損害の法理と実務」（いずれも民事法研究会）をはじめ著書・論文多数。

関根　眞一（せきね　しんいち）

1950年埼玉県越生町生まれ。西武百貨店入社。全国3店舗のお客様相談室長および池袋本店お客様相談室を担当。大きな苦情やこじれた苦情、クレーマー対応などを専門に担当し、在社中に1300件以上のクレームや苦情を処理した実績を持つ。2003年同社を退社し、歯科技工社、NPO法人歯科医院審査機構事務局次長を経て、メデュケーション株式会社を興す。現在もアドバイザーとしてクレーム、苦情対応の第一線に立ち、処理実績は08年春に2000件を突破した。夕刊紙などにコラムを連載するほか、テレビ、ラジオへの出演多数。講演は、省庁、大学、病院、司法書士会、歯科医師会、市役所、一般企業等、医療から教育などさまざまなジャンルの団体にて実施、全国を飛び回っている。著書に「日本苦情白書」（メデュケーション株式会社）、「苦情学」（恒文社）、「となりのクレーマー」「ぼくが最後のクレーマー」（中公新書ラクレ）、「歯科版・医療安全」（メデュケーション出版）がある。

　苦情・クレーム対応アドバイザー
　　メデュケーション㈱代表取締役

モンスタークレーマー対策の実務と法〔第2版〕
【法律と接客のプロによる徹底対談】

平成21年10月16日　第1刷発行

定価　本体2,700円（税別）

著　者　　升田　純・関根　眞一
発　行　　株式会社　民事法研究会
印　刷　　株式会社　太平印刷社

発行所　　株式会社　民事法研究会
　　　　　〒150-0013 東京都渋谷区恵比寿3-7-16
　　　　　　　〔営業〕TEL03(5798)7257　FAX03(5798)7258
　　　　　　　〔編集〕TEL03(5798)7277　FAX03(5798)7278
　　　　　　　　http://www.minjiho.com/　　info@minjiho.com

落丁・乱丁はおとりかえします。　　ISBN978-4-89628-570-3　C2032　¥2700E
カバーデザイン：袴田峯男